21世纪高职高专经管专业精编教

U0679817

推销技巧与实战

（第2版）

蔡春红　余远坤　冯　强　蒋　勇◎编著

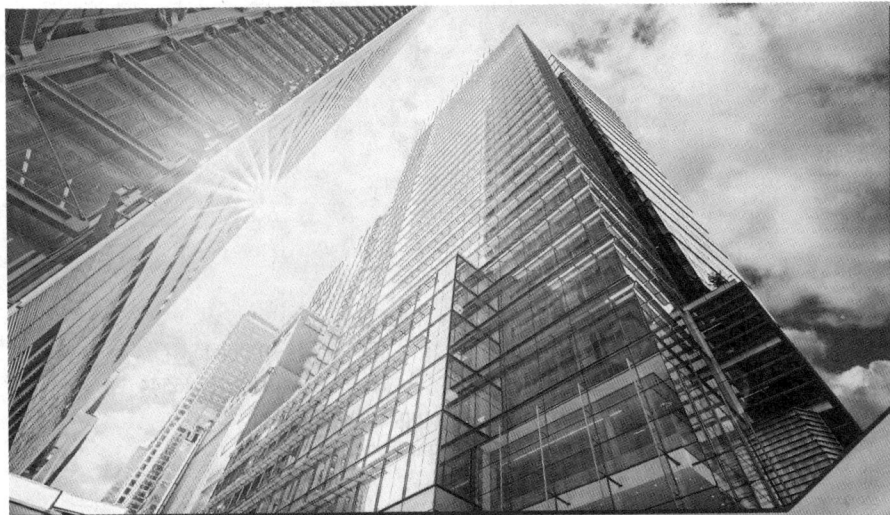

清华大学出版社
北　京

内 容 简 介

本书根据高职高专人才培养目标和企业推销员岗位需求的标准及要求，以项目为导向、职业能力为核心，将推销工作流程分为 8 个学习情境，共 25 个工作任务，详细介绍了推销的各种技术和技巧。教材内容既全面涵盖了现代推销的基本理论，又形成了一个完整的推销工作过程。书中的每一个学习情境中均配有教学导入案例，每一个工作任务下都设有教学思考案例，每一个知识点都辅以寓意相关的小案例，内容实用，可读性强。同时，最后一个学习情境安排了业务技能自测题和综合性模拟实训，帮助学生掌握所学的推销技术与方法，提高分析和解决实际问题的能力。

本书可作为高职高专院校市场营销及经济管理类相关专业学生的教材，也可作为高职高专院校工科类专业和广大在职营销人员的培训教材。

图书在版编目（CIP）数据

推销技巧与实战/蔡春红等编著. —2 版. —北京：清华大学出版社，2017（2021.2重印）
（21 世纪高职高专经管专业精编教材）
ISBN 978-7-302-46258-3

Ⅰ. ①推⋯　Ⅱ. ①蔡⋯　Ⅲ. ①推销-高等职业教育-教材　Ⅳ. ①F713.3

中国版本图书馆 CIP 数据核字（2017）第 021177 号

责任编辑：杜春杰
封面设计：刘　超
版式设计：牛瑞瑞
责任校对：王　云
责任印制：刘海龙

出版发行：清华大学出版社
　　　　网　　　址：http://www.tup.com.cn，http://www.wqbook.com
　　　　地　　　址：北京清华大学学研大厦 A 座　　　　邮　　编：100084
　　　　社 总 机：010-62770175　　　　　　　　　　邮　　购：010-62786544
　　　　投稿与读者服务：010-62776969，c-service@tup.tsinghua.edu.cn
　　　　质量反馈：010-62772015，zhiliang@tup.tsinghua.edu.cn
印 装 者：北京嘉实印刷有限公司
经　　销：全国新华书店
开　　本：185mm×260mm　印　张：17　字　数：411 千字
版　　次：2012 年 5 月第 1 版　2017 年 2 月第 2 版　印　次：2021 年 2 月第 5 次印刷
定　　价：49.00 元

产品编号：071609-02

前　言

在市场经济条件下，企业是市场的主体。从国内外的实践来看，企业的成功与失败无一不与推销工作有关。系统地开展推销工作已成为各类企业市场化经营的重要组成部分，这就需要一大批拥有先进推销理念、掌握灵活多变推销实战技能的推销人员。可以说，推销既是企业发展的助推器，也是个人走向成功的法宝。推销活动的复杂与艰辛，再加上生活中人们对推销工作的误解与偏见，使很多人对推销工作望而却步，导致高素质的推销人才奇缺。因此，需要加大对推销人才的培养。广大推销人员也迫切需要掌握系统、科学、实用的推销技巧，以便全面提升自己的推销能力和推销业绩。

推销技巧是从事推销工作的人必须掌握的基本技能。本书是根据教育部高职高专教材的编写总体要求，针对高职高专教育的特点，并结合时代发展对推销技术的要求而编写的一本适合高职高专教学需要、反映科技发展和时代特征的教材。现推出第 2 版《推销技巧与实战》，与第 1 版相比，本版以学生为主体，更注重对学生学习能力和实践能力的培养，在教材的形式和内容组织方面也作了一些更新，补充了业务技能自测，更新实训项目、案例，以及相关小知识，因而具有更强的针对性、操作性和实用性。

本书在具体的编写过程中，遵循实用和便于学生掌握的原则，突出以下特色。

1. 按推销工作的基本流程，系统介绍了推销各个环节的操作技巧，注重原理与案例相结合，理论与实践相结合，强调实用性。

2. 加强对推销人员心理素质及言谈举止等基本礼仪的训练，强调对推销人员整体素质的培养与提高。

3. 每一个学习情境的开始都配有教学导入案例，每一个工作任务都配有教学思考案例，每一知识点都辅以寓意相关的小案例，既适合学生从事仿真实践操作，也适合企业为广大销售人员进行培训，充分体现了高职高专教育教学改革的新成果。

4. 穿插了各种实用案例、小知识、趣味故事等，内容通俗易懂，突出实用性。理论问题的阐述大多围绕实例展开，有理有据，趣味性强。

5. "以能力为本位"，增加了技能自测、案例分析、实训等内容，从理论与训练两条线入手，加强对学生各项能力的培养。

6. 每个学习情境结束都配有技能训练题，可进一步检测学习者的学习质量，也便于老师对学生的测试。

本书由广东职业技术学院蔡春红老师、广东理工职业学院余远坤老师、广东职业技术学院冯强老师、广州番禺职业技术学院蒋勇老师编著，全书共有 8 个学习情境，25 个工作任务，全书由蔡春红老师总纂定稿。在编写过程中，本书借鉴了大量的文献资料，在此感谢所有参考文献的作者！

由于编者水平有限，书中难免会有缺陷和不足之处，诚恳地希望各位专家和读者提出宝贵意见，以便日后修订，使之更加完善。

本书编写小组

2016 年 8 月于佛山

目　录

学习情境一 感 悟 推 销

◇ 理解推销的含义、特点和原则。
◇ 掌握推销与市场营销的关系。
◇ 掌握推销人员的能力素质要求。
◇ 掌握推销人员礼仪的主要内容和要求。
◇ 理解常用推销模式的含义、推销步骤与要点。
◇ 掌握推销的方格理论与顾客方格理论。

技能目标

◇ 初步学会运用推销流程、推销的方法设计推销方案，满足消费者需求的能力。
◇ 具有了解推销人员礼仪的能力。
◇ 具有能根据实际情况灵活运用各种推销模式进行推销活动的能力。
◇ 初步具有灵活运用推销理论的能力。

导入案例

请你推销自己

很多人问乔·吉拉德同一个问题："你是怎样卖出东西的？"乔·吉拉德有一个习惯，只要碰到人，第一个动作就是递名片。"给你一个选择，你可以留下这张名片，也可以扔掉它。如果留下，你就知道我是做什么的，必要时可以与我联系。"所以，乔·吉拉德认为推销的要点是，并非推销产品，而是推销自己。当你能够带动整个世界一起笑时，世界便接纳了你。

推销自己，是所有成功的推销员必须具备的技能。推销自己的方式有很多，但请记住最关键的一句话——喜欢自己，别人才会喜欢你。

成功的起点是首先要热爱自己的职业。

资料来源：http://www.xzbu.com/3/view-3108837.htm

任务一 感知推销内涵

任务引入

张伟大学毕业来到北京某公司销售部当推销员。在学校里，他学过一些市场营销知识，知道在市场中有很多竞争对手，所以在和顾客洽谈前，他对所推销的产品进行了专门的研究，并同主要竞争对手的商品的各种性能进行了比较，从中发现了公司产品的优势。在和顾客洽谈时，他把比较数据作为推销谈判的主要内容。你觉得张伟的推销方法是否有问题？为什么？

任务1：张伟需要理解推销的内涵。

任务2：张伟需要掌握成功推销的原则。

任务分析

信息时代，市场瞬息万变，竞争也日趋激烈，产品销售已经成为企业竞争优势的一个重要组成部分。可以这样说，产品能否实现顺利销售直接决定着产品的命运和企业的兴衰存亡。企业推销人员的能力与业绩，对企业、对推销人员个人都有着至关重要的意义。推销是一门科学、一种技术、一项艺术。推销活动有着自身的规律和程序，也有着自身的原理和方法。作为一名推销人员要对推销工作有一个正确的认识，在推销过程中，必须善于结合自身条件和市场环境，对各项推销技术巧妙运用，才能取得良好的推销效果。

知识链接

一、推销的概念

有人说，"推销是耍嘴皮、吹牛、经常被人看不起的职业"；

有人说，"推销是贩卖幸福的人"；

有人说，"人人都是推销员"；

有人说，"销售门槛很低，只要能打电话、拉关系，实在不行给点回扣就能做成业务"；

……

对于推销的概念和推销的职业有许多不同的看法，众说纷纭，莫衷一是。究竟应该怎样来理解推销的概念以及推销类职业呢？

推销是一个古老的名词，是人们所熟悉的一种社会现象，它伴随着商品交换的产生而产生，伴随着商品交换的发展而发展。它是现代企业经营活动中的一个重要环节，渗透在人们的日常生活之中。推销就其本质而言，是人人都在做的事情。人类要生存，就要交流，而人类正是在交流中彼此展示着自身存在的价值。世界首席保险推销员齐藤竹之助在几十年的实践中总结出的经验，是"无论干什么都是一种自我显示，也就是一种自我推销"。但由于历史和现实的原因，有些人对推销有着种种误会和曲解，甚至形成了习惯性的思维，总是把推销与沿街叫卖、上门兜售以及不同形式的减价抛售联系在一起；对于推销人员，则认为他们唯利是图，不择手段。这种错误的认识，使人们忽视了对推销活动规律的探讨和研究，也影响了一支优秀职业推销队伍的建立。因此，正确认识推销，是熟悉推销业务、掌握推销技巧的前提。

随着社会的变迁，推销的含义也在不断地演变。在社会发展的不同阶段，人们会对推销有着不同的理解和认识。

（一）广义的推销

从广义上讲，推销是指一个活动主体试图通过一定的方法和技巧，使特定对象接受某种事物和思想的行为过程。但是，这种广义上的推销并不是本书所要研究的对象。本书所要研究的是一个特定范畴中的推销，即狭义的推销。

（二）狭义的推销

狭义的推销是指商品交换范畴的推销，即商品推销。世界著名的欧洲推销专家海因兹·姆·戈德曼认为，推销就是使顾客深信他购买你的产品会得到某些好处。美国施乐公司推销专家兰迪克说："明确顾客的真实需求，并说明产品或服务如何满足这一需求，是改善推销，将推销成绩由平均水平提高到较高水平的关键。"推销人员唯有站在顾客的立场上去考虑"如何做，才能使顾客满意、高兴""如何做，才易于顾客购买"之后，才能与顾客获得更深的沟通，加强与顾客的关系。总之，推销是指推销人员运用一定的方法和技巧，直接与客户或潜在的客户沟通，建立、发展并巩固与客户之间的关系，赢得客户信任，满足客户需求，并为客户提供价值的活动过程；帮助顾客购买某种商品和劳务，以使双方的需要得到满足的行为过程。理解推销的含义应注意以下几个方面。

1. 商品推销是一个复杂的行为过程

传统的观念认为推销就是一种说服顾客购买的行为。这种观念导致了在推销过程中过分强调推销行为本身，推销者一味地将自己的推销意志强加给顾客，而不研究顾客对推销行为的反应，只顾及己方利益的实现，而忽略了顾客需求的满足，这种把推销理解为单纯说服行为的观点，是导致目前社会上人们普遍对推销人员抱有成见的主要原因。

从现代推销活动来看，推销包含寻找顾客、推销接近、推销洽谈、处理推销障碍、成交和售后服务六个过程，如图1-1所示。

寻找顾客 → 推销接近 → 推销洽谈 → 处理推销障碍 → 成交 → 售后服务

图1-1 推销的六个过程

2. 推销行为的核心在于发现和满足顾客的欲望和需求

从现代市场营销学的观念看，顾客的潜在需求更值得经营者关注。潜在需求是需要启发和激励的，这便是推销的关键所在。推销人员作为推销行为的主动方，必须学会通过了解潜在顾客的基本情况，寻找双方利益的共同点，在利益共同点上说服与帮助顾客，使顾客的购买行为得以实施，从而实现双方的最终目标。

3. 在推销过程中，推销者要运用一定的方法和技巧

由于推销者和推销对象属于不同的利益主体，这就使得推销行为具有相当的难度。深入地分析、了解市场和顾客，灵活、机动地采用相应的方法和技巧，才能促成交易。

案例 1-1

李嘉诚先生是华人当中名副其实的首富，但其创业初期有过一段不寻常的推销经历。

他出生于广东省湖安县的一个书香门第，11岁的李嘉诚在读完两年小学后便辍学，在他舅舅的南洋钟表公司做杂工。父亲的早逝，给李嘉诚留下了家庭重担和债务。14岁的李嘉诚凭着毅力、韧性和真诚在港岛西营盘的春茗茶楼找到一份工作，李嘉诚在努力干好每一件事的同时，给自己订了两门必修功课。其一是时时处处揣测茶客的籍贯、年龄、职业、财富、性格等，以便找机会验证；其二是揣摩顾客的消费心理，既待人真诚又投其所好，让顾客在高兴之余掏腰包。李嘉诚对顾客的消费需求和习惯了如指掌，如谁爱吃虾饺，谁爱吃干蒸烧麦，谁爱吃肠粉加辣椒，谁爱喝红茶、绿茶，什么时候上什么茶点，李嘉诚心中都有一本账，练就了一套既能赢得顾客，又能让顾客乖乖掏钱的本领。

之后，李嘉诚到一家五金厂做推销员。每天他起得最早，第一个来到厂里，挑着铁桶沿街推销。靠着一双铁脚板，他走遍了香港的角角落落，从不放弃每一笔可做的生意。李嘉诚凭着坚忍不拔的毅力，建立了销售网络，赢得顾客的信誉，也深受老板的器重。

后来，因为塑胶业的蒸蒸日上，李嘉诚开始推销塑胶产品，由于他肯动脑筋，又很勤奋，在塑胶产品推销中大显身手，业绩突出，20岁便被提升为业务经理，而且也使李嘉诚淘得了第一桶"金"，同时也练就了企业家的才能，为日后进军塑胶业和构建其庞大的企业帝国打下了坚实的基础。

李嘉诚先生花半个多世纪的时间，终于建立了今天的王国。在美国《时代》杂志评选的全球最具影响力的二十五位商界领袖中排名第九，成为香港历史上首位"千亿富翁"，被誉为华人首富。

资料来源：李海琼. 现代推销技术[M]. 杭州：浙江大学出版社，2004.

问题： 谈谈李嘉诚的早期推销经历和后面的成功的关系。

【启示与思考】

家里一贫如洗，连小学学历都没有的李嘉诚，如何成为日后的华人首富呢？他是如何起步的呢？这里面要回答的问题很多。透过李嘉诚淘金的艰辛历程，我们既可以了解李嘉诚非凡的智慧，也可以领悟不同时代不同人的成功之道。但许许多多成功人士的共同特点之一就是靠推销起家，靠推销技术这个无形资产白手起家。

怎样起步，是创业者最艰难的历程。如果你没有资金，没有背景，没有社会关系，除了理想简直一无所有，你就不得不在黑暗中到处摸索。这是最险恶的一道关，你必须倾尽全力越过。记住：如果没有有形资产，那就必须有许多的无形资产。推销技术便是这许许多多的无形资产中最容易找到，又最容易学习掌握，最容易让人起步并使人永葆青春的灿烂明珠。

（三）推销与促销、推销与市场营销的关系

1. 推销与促销

所谓促销，是企业通过人员和非人员的方式，沟通企业与消费者之间的信息，引发、刺激消费者的欲望和兴趣，使其产生购买行为的活动。企业的促销组合主要有广告、人员推销、公共关系、销售促进、直效营销五种方式。推销属于促销组合中的一种手段。人员推销与其他四种促销手段有明显不同，区别在于推销人员不管在售前、售中还是售后，都

必须与购买者交流，通过交流推销人员能够很快获得客户反馈，这是人员推销与其他沟通手段相比所具有的最大优势。正是由于这种手段所具有的这一独特的优点，使得这种最古老的销售方法在现代营销中仍然具有蓬勃的生命力，使其成为一种重要的促销方式。

2. 推销与市场营销

推销是市场营销活动的重要组成部分。按照美国市场营销协会定义委员会 2004 年对市场营销的定义，现代市场营销是一项组织职能，是一系列创造、交流和传递价值给客户并通过满足组织和其他利益相关者的利益来建立良好的客户关系的过程。人员推销同样涉及创造、传递及交付价值，现代推销更强调买卖双方之间的人员沟通，但它不等于市场营销。市场营销是一个系统的管理过程。一般的营销活动包括市场调研、选择目标市场、产品开发设计、产品定价、产品储存运输、销售渠道选择、产品促销、产品分销、产品销售和售后服务等。推销即人员推销，或者人员销售，仅仅是上述营销活动中促销手段的一种，是营销过程中的一个重要环节。推销和营销必须完整地结合起来，好的营销组合能极大推动推销人员业绩的提高。现代推销与传统推销已经有了本质的不同，现代推销关注的是对客户需求的分析，以及通过企业整体营销活动来为客户提供实惠，满足他们的需求。与营销组合的所有方面一样，人员推销并不是一个孤立的因素，而是一个必须放在整个营销战略中来考虑的因素。

随着买方市场、过剩经济和微利时代的到来，越来越多的企业家对"没有推销就没有企业"的观点予以认同。大多数公司都有一个有组织的销售队伍，在大多数商业活动中销售队伍在营销组合中占有重要地位，特别是在服务业，人员销售更是被广泛应用。

二、推销的三要素

任何企业的商品推销活动都少不了推销人员、推销品和顾客，即推销主体、推销客体和推销对象构成了推销活动的三个基本要素，如图 1-2 所示。商品的推销过程，是推销人员运用各种推销技术，说服推销对象接受一定物品的过程。

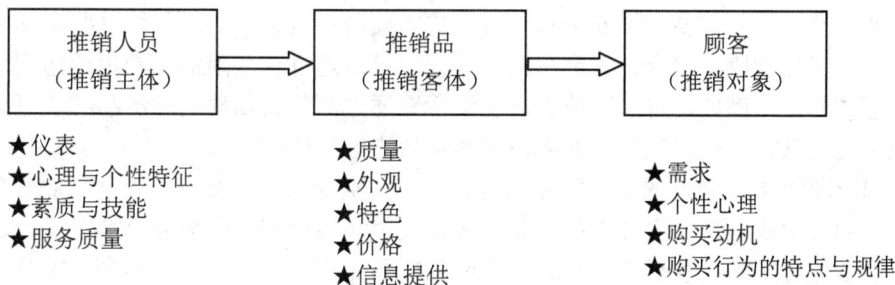

图 1-2 推销活动的三个基本要素

1. 推销人员

推销人员是指主动向推销对象销售商品的推销主体，包括各类推销人员。在推销的三个基本要素中，推销人员是最关键的。在销售领域中，有一个最大的迷惑，那就是许多推销人员以为他们卖的是产品，其实不然，真正的推销不是推销产品，而是推销自己。推销成功与否，往往取决于你的服务精神和态度，因为你是世界上独一无二的，只有顾客喜欢你的为人、你的个性、你的风格，他才会购买你的产品。尽管说"每个人都是推销员"，但对职业化的推销人员来讲，推销具有更丰富的内涵。在观看美国职业男篮——NBA 球赛时，我们能体会到"什么是真正的篮球运动"，为他们娴熟、超人的技巧赞叹。对于职业推销人员来讲也一样，只有以特有的技能赢得客户的信任与赞誉，才能展现其存在的社会价值。关于优秀推销人员应该具备什么样的知识、素质和能力我们将在本章后面继续讨论。

2．推销品

推销品是指推销人员向推销对象推销的各种有形与无形商品的总称，包括商品、服务和观念。按照商品学和市场营销课程中商品整体概念的理解，一个商品一般包括以下四个方面。

（1）商品的功能和效用。商品的功能和效用是指商品为满足消费者的一定需要所要提供的可靠的、必需的职能或效用，如电冰箱的功能和效用是冷藏食物。商品的功能和效用是商品概念的核心。在本质上讲，消费者购买的其实不是商品本身，而是购买它的功能和效用。

（2）商品体。商品体是商品功能和效用的载体。它是人们利用原材料，通过有目的、有效的劳动投入而创造出来的具体劳动产物。不同的使用目的（或用途）要求商品有不同的功能和效用，而功能和效用又是商品体在不同使用条件下所表现出来的各种自然属性的综合。商品体能够具备哪些性能，能带来什么功效，是由商品体的成分组成（原材料或零部件的化学成分及含量）和形态结构（原料或零部件的组织结构、成品形态、规格、内部联结与配合、色彩装饰的组合及其他结构特征）所决定的。因此，商品体是由多种不同层次要素构成的有机整体，是商品使用价值形成的客观物质基础。所以，推销人员必须成为商品的专家，充分了解自己的商品体的特征与功能效用之间的关系，才可以有效说服潜在顾客。

（3）有形附加物。商品的有形附加物包括商品名称、商标及其注册品牌、商品包装、专利标记、商品原产地标志或证明、质量及安全卫生标志、使用说明书等。它们主要是满足商品流通需要、消费需要以及安全和环境保护需要所不可缺少的。尽管这些附加物对顾客没有直接的使用价值，但推销人员在销售过程中可以通过这些附加物的说明达到顾客提高产品的感知价值。例如，讲品牌故事，让消费者通过品牌认知提高对产品的认可度；讲解商品上相关质量认证标志让消费者更相信推销品的可靠性。

（4）无形附加物。商品的无形附加物是指人们购买商品时所获得的各种附加服务和附加利益。例如，提供信贷、送货上门与免费安装调试、售后培训、售后退换以及一定期限的保修、质量保证措施。善于开发和利用合法的商品无形附加物，不仅有利于充分满足消费者的综合需要，为他们提供更多的实际利益，而且有利于企业在激烈的竞争中突出自己商品的附加服务和利益优势，提高其市场竞争力。例如，美国著名谈判学家约翰·温克勒提出了具有普遍适用性的"价格—质量—服务—条件—价格"逻辑循环谈判法则。即如果对方在价格上要挟你，就和他谈质量；如果在质量上苛求你，就和他谈服务；如果在服务上挑剔你，就和他谈条件；如果在条件上逼迫你，就和他谈价格，如此循环，不能直接和轻易地在价格上作出让步。从中我们看到了无形服务的重要性。

案例 1-2

吉林市某丝绸厂生产的丝绸服装不仅质量上乘，而且花色繁多、款式各异。虽然在电视、广播、报纸上做了大量广告，推销员也花费了很多时间进行推销，但是买者甚少，产品积压越来越严重，以致工厂处于瘫痪状态。

危难之际，公关专家李新应聘上任，组建了公关部，并建起一支颇有水平的舞蹈队。队员们穿上本厂生产的丝质西服与丝质旗袍在公共场合进行演出。一时之间，奇迹发生。男士西服的笔挺气派、女士旗袍的风韵神采以及男女服装的相配相宜，为丝绸面料的独特之处和丝绸厂精良的制工做了精彩的说明。与此同时，丝绸厂的宣传车一边广播，一边免费赠送《新款式旗袍、西装裁剪法》和《不同肤色、不同形体选用面料的艺术》等材料。于是形成了一股购买风，市内及外地各服装厂、商场等纷纷来电或来人洽谈订货。许多长期合同被签订，厂内积压的各种丝绸面料很快被抢购一空。

资料来源：李海琼. 现代推销技术[M]. 杭州：浙江大学出版社，2004.

问题：结合商品的整体概念，谈谈是什么推动了丝绸面料畅销。

【启示与思考】

从上面的例子中可以看出，舞蹈队救活吉林市一家丝绸厂绝非偶然，他们唤起了人们想象中、感觉中需要的东西，即一种美丽的形象，通过购买衣服来增加自己的魅力。当这种丝绸质地的服装穿在训练有素的舞蹈队员身上时，便使人们模模糊糊中想要的东西明确起来、清晰起来，从而激起人们的购买欲望，也直观感受到商品的功能和效用；所赠送的裁剪书和选择面料的书就属于有形附加物，但却有助于提高面料购买后真正功效的发挥，增加消费者心中对产品价值的渴望。

3. 推销对象

依据购买者所购推销品的性质及使用目的，可把推销对象分为个体购买者与组织购买者两个层次。个体购买者购买或接受某种推销品是为了个人或家庭成员消费使用；而组织购买者购买或接受某种推销品，是为了维持日常生产加工、转售或开展业务需要，通常有盈利或维持正常业务活动的动机。由于推销对象的特点不尽相同，因而采取的推销对策也有差异。根据消费者的性质差别，推销人员也分为三类：第一类称作 B2B 销售人员，即代表企业向对应企业客户推销，如机器设备、软件等产品的上门推销；第二类称作 B2C 销售人员，即代表企业向终端个体消费者进行推销，如保险推销、卖场推销；第三类称作渠道销售人员，即为企业开发管理经销商，建立销售渠道是主要任务。

现代商品的推销少不了推销人员（推销主体）、推销品（推销客体）及顾客（推销对象）三个基本要素，如何实现其协调，保证企业销售任务得以完成，顾客实际需求得以满足，是广大推销人员应该把握的问题。

三、推销的特点

推销是一项专门的艺术，需要推销人员巧妙地融知识、天赋和才干于一身，无论人员推销还是非人员推销，在推销过程中都要灵活运用多种推销技巧。

推销活动的主要特点如下。

1. 特定性

推销是企业在特定的市场环境中为特定的产品寻找买主的商业活动，必须先确定谁是需要特定产品的潜在顾客，然后再有针对性地向推销对象传递信息并进行说服。因此，推销总是有特定对象的。任何一位推销人员的任何一次推销活动，都具有这种特定性。他们不可能漫无边际或毫无目的地寻找顾客，也不可能随意地向毫不相干的人推销商品，否则，推销就成为毫无意义的活动。

2. 双向性

推销并非只是由推销人员向推销对象传递信息的过程，而是信息传递与反馈的双向沟通过程。推销人员一方面向顾客提供有关产品、企业及售后服务等方面的信息，另一方面必须观察顾客的反应，调查了解顾客对企业产品的意见与要求，并及时反馈给企业，为企业领导作出正确的经营决策提供依据。因此，推销是一个信息双向沟通的过程。

3. 互利性

现代推销是一种互惠互利的双赢活动，必须同时满足推销主体与推销对象双方的不同要求。成功的推销需要买与卖双方都有积极性，其结果是"双赢"，不仅推销的一方卖出商品，实现盈利，而且推销对象也感到满足了需求，给自己带来了多方面的利益。这样，既达成了今天的交易，也为将来的交易奠定了基础。

4. 灵活性

虽然推销具有特定性，但影响市场环境和推销对象需求的不确定性因素有很多，环境与需求都是千变万化的。推销活动必须适应这种变化，灵活运用推销原理和技巧，恰当地调整推销策略和方法。可以说，灵活机动的战略战术，是推销活动的一个重要特征。

5. 说服性

推销的中心是人不是物，说服是推销的重要手段，也是推销的核心。为了争取顾客的信任，让顾客接受企业的产品，采取购买行动，推销人员必须将商品的特点和优点，耐心地向顾客宣传、介绍，促使顾客接受推销人员的观点、商品或劳务。

四、推销的原则

1. 满足顾客需求原则

满足顾客需求原则是指一切推销策略的运用旨在满足顾客的需求和解决顾客的问题，以达到推销的目的。

顾客的需要和欲望是市场营销的出发点，也是推销的出发点。产品是满足人们需要的有形与无形的物质或服务的综合体。顾客之所以购买某种产品或服务，总是为了满足一定的需要。因此，推销人员必须认真了解顾客的需要，把产品作为满足顾客需要的方案向顾客推荐，让顾客明白它确实能满足其需要。顾客只有产生了需求才可能产生购买动机并导致购买行为。

满足需要，是顾客购买的基本动机。推销人员若不能真切地了解顾客的内在需要，在产品与顾客需要之间成功地架设起一座桥梁的话，推销是不可能成功的。因此，推销人员不仅要了解推销对象是否具有购买的需求，而且要了解推销对象的具体需求是什么。同时，推销人员还要熟悉自己的顾客，既了解他们的一般需要，又了解他们的特殊需要，把顾客的需要放在第一位，向其推销适当的产品或服务。

2. 互利互惠原则

互利互惠原则是指在推销过程中，推销人员要保证交易能为双方都带来较大的利益，并且能够为双方都减少损失。因为顾客之所以进行购买，就在于交易后得到的利益大于或等于他所付出的代价。因此，推销人员在推销活动中要设法满足自己和顾客双方所追逐的目标，实现"双赢"，这是顾客不断购买的基础和条件，也是取得顾客口碑的基础和条件。要成为受欢迎、被期待的推销人员，就必须设法为顾客提供利益和实惠，也就是设法使顾客从购买中得到其预期的好处。

正确利用互利互惠原则开展推销活动，必须在推销之前分析交易活动的结果能给顾客带来的利益。顾客追求的利益，既有物质的，也有精神的。不同的顾客对同一产品会产生不同标准的价值判断，需求强烈的产品，价值判断较高；反之则较低。产品不同带给顾客的利益就会有差异。不同的顾客对产品价值的评判也会有所不同，要在准确判断产品给顾客带来的利益的基础上找到双方利益的均衡点，开展"双赢"推销活动。

在进行利益判断时，一个优秀的推销人员，不仅要看到当前的推销利益，还要看到长远的推销利益；不仅要看到直接的推销利益，还要看到间接的推销利益。推销人员要多因素评价利益均衡点，不能以某一次交易的成功与否来判断推销的利益，要坚持用给顾客带来的利益引导顾客成交。充分展示产品或服务能给顾客带来的利益，是引导顾客购买的重要途径。这种展示越充分、越具体，顾客购买的可能性就越大。

3. 推销使用价值原则

使用价值是顾客对产品有用性的认识。推销使用价值的原则，就是在推销产品时，要利用或改变顾客原有的观念体系，设法使顾客形成对产品使用价值的正确认识，以达到说服和帮助顾客认识与购买产品的目的。推销人员要正确认识产品的使用价值，这是顾客决定购买的基本因素，也是顾客购后评价的标准。因此产品的使用价值需要推销。

4. 人际关系原则

人际关系原则是指推销人员在推销产品时，必须建立和谐的人际关系。买卖双方是一种经济利益的交换关系，是人际关系的一种。推销人员建立广泛而良好的人际关系可以为形成更多的买卖关系打下基础。

案例 1-3

美国的埃尔默·莱特曼是 20 世纪 60 年代末世界著名的人寿保险专家，他说过这样的话："我并不销售保险，我建立关系，然后人们就来购买人寿保险。"美国著名的推销员乔·吉拉德也说："生意不是爱情，而是金钱，你不必指望所有的人都爱你，却可以让所有的人都喜欢你。"莱特曼所说的"建立关系"和吉拉德所说的"让所有的人都喜欢你"，就是指建立和谐的人际关系。他们取得了举世瞩目的推销成绩，与他们善于建立和谐的人际关系是分不开的。推销人员应致力于建立一种真诚的、长期的、富于人情味的人际关系，这种关系能使双方感到满意和愉快，而不使一方的利益受到损害。

资料来源：http://search.10jqka.com.cn/yike/detail/auid/3db6381c0ebc5c4d

问题： 推销人员与潜在顾客建立良好的良好的人际关系为什么那么重要？

【启示与思考】

作为一名推销人员，只有做到言而有信，言行一致，表里如一，在推销过程中不提供伪劣产品，不从事欺骗性活动，不传播虚假信息，才能建立起良好的人际关系。著名企业家包玉钢从小就受到"做人诚实可靠，做事规规矩矩"的训诫，并受益终生，成就辉煌业绩。他把讲信用看作企业的根本。他说，纸上的合同可以销毁，但签订在心上的合同是撕不毁的，与人之间的友谊应建立在互相信任之上。

5. 尊重顾客原则

尊重顾客原则是指推销人员在推销活动中要敬重顾客的人格，重视顾客的利益。社会发展到今天，人们基本生活需求的满足已不是一件困难的事，需求的层次在不断地提高。人们越来越重视自我价值的实现，希望自己能得到社会的承认和他人的尊重。即使在购买产品的交易中，他首先需要的也是交易对方的尊重。通俗地说，顾客会要求推销人员对自己的人格、身份、地位、能力、权力和成就，以及兴趣、爱好等方面给予尊重。如果你对一个顾客说"没见过你这种斤斤计较的人"或者"你还是买这件衣服吧，那件很贵，你买不起的"，那就大错特错了。所以，对推销人员来说，学会赞美，善于换位思考，从顾客的立场、角度出发来考虑问题，充分理解顾客、尊重顾客，是一件非常重要的事。

案例 1-4

怀特是一家汽车公司的推销员，有一次他问一位顾客做什么工作时，这位顾客回答说："我在一家螺丝机械厂上班。"

"别开玩笑……那您每天都做些什么？"

"造螺丝钉。"

"真的吗？我还从来没见过怎么造螺丝钉。哪一天方便的话我真想上你们厂看看，您欢迎吗？"

怀特只想让顾客知道：他很重视顾客的工作，尊重顾客。因为在这之前，可能从未有人怀着浓厚的兴趣问过他这些问题。相反，一个糟糕的汽车推销员可能嘲弄地说："你在造螺丝钉？你大概把自己也拧坏了吧，瞧你那身皱皱巴巴的脏衣服。"

等到有一天怀特特意去工厂拜访这位顾客的时候，看得出他真是喜出望外。他把怀特介绍给年轻的工友们，并且自豪地说："我就是从这位先生那儿买的车。"怀特呢，则趁机送给每人一张名片。正是通过这种策略，怀特获得了更多的生意。

资料来源：http://www.docin.com/p-561328067.html

问题： 这个故事给了你什么启示？

【启示与思考】

从案例 1-4 中可以看出，推销人员应尊重每一位顾客，不管对方的身份、地位、职业如何。尊重顾客，会让顾客感到自信，心里舒服。只有心里舒服了，顾客才会购买东西。

小知识

推销的新原则：

1．从客户的观点来说明他们想要的，需要的与了解的……而不是你想推销的。

2．收集个人资料，并学习如何使用这些资讯情报。

3．建立情谊，大家都想向朋友购买，而不喜欢向推销人员购买商品（怎样才能让别人认可，并愿意与你做朋友）。

4．建立竞争对手无法攻破的交情护盾，让自己成为客户心中的专家，以致竞争对手无计可施。

5．建立共同话题，如运动、孩子等。

6．取信于人，你最好是已经建立起他们向你购买的信心，否则，他们会暂时向别人购买。

7．寓乐趣于其中、做个风趣的人，这是你的职业生涯。幽默是最好的开门砖，是一种默许。

8．千万别被认为你在推销，如果说话口气十足像个推销的，那就说明你是一个最低级的推销人员。

资料来源：推销圣经，http://www.zzchn.com/news/20070726/18580.shtml

任务二 推销人员的职责与素质能力分析

任务引入

张伟了解了推销的含义后，又陷入了深深的思考：作为一名推销人员，如何能成为同行中的佼佼者？如何取得成功？一个优秀的推销人员应该具有哪些职业道德、心理特质、专业知识和沟通能力？

任务 1：成功的推销人员具备哪些特有的素质，这些素质又是如何形成的？

任务 2：成功的推销人员应掌握哪些推销知识和能力？怎样获取这些知识和能力？

任务分析

对于企业而言，优秀的推销人员是现代企业最宝贵的人才资源之一，培养和提高推销人员的素质，构建一支优秀而战无不胜的推销队伍，是许多企业扩大产品销路、开拓和占领市场的重要手段。许多企业对于具有较高综合素质的推销人员情有独钟。这不仅因为高素质的推销人员是企业产品新市场的开拓者，更因为他们是企业的形象代言人。同时，市场经济要求推销人员承担更多的职责，具有更优良的素质。如何使自己成为一名优秀的推销人员，以承受社会和企业的重托与厚望，是每一位推销人员或将要成为推销人员的人都应该认真思考的问题。

知识链接

一、推销人员的职责

在日常营销活动中，推销人员可能因为推销对象和推销产品的不同，工作的具体内容会有较大区别，使得推销人员的具体工作职责存在一定的差异。例如，推销人员计划寻找新的顾客，可能要更多地进行市场调查，精心准备资料，熟悉和介绍产品，最终找到并说服潜在顾客购买产品。而面对老客户时，则主要收集客户的产品使用意见或建议，处理顾客的异议和特殊要求，搞好售后服务工作。如果是推销新产品，就要说明新产品的特点；推销老产品，则要指出老产品的优势等。无论推销人员的工作内容有哪些差异，一些带有共性的工作责任和工作义务是所有推销人员都必须完成的，这就是推销人员的一般工作职责。

（一）推销人员的工作职责

推销人员的一般工作职责主要包括以下具体内容。

1. 进行市场调研

开展市场调查研究，是企业经营活动中的重要组成部分，也是企业生产经营决策重要信息的来源。在科技快速发展的市场经济时代，新技术、新材料、新工艺不断应用于物质产品的生产领域，现代市场供求关系究竟是供给创造需求还是需求创造供给，已经不是纯粹的经济理论问题，而是广大企业必须面对的实际问题。引起供求关系变化的影响因素非常复杂，企业要在这样复杂的市场上求得生存，就必然要持续地开展市场调查研究，尽快把握市场需求变化的各种信息，跟上并超前于市场变化的节奏，及时地进行新产品的研究和开发，适时提供新的产品和服务。只有这样，企业才能拥有竞争优势。

推销人员的工作性质决定了他们最贴近市场，熟悉市场上消费者的需求变化，最有条件进行市场调查研究。但这并不等于他们就一定能够或者可以进行市场调查研究，因为机会只青睐那些时刻准备着的人。如果企业的推销人员没有敏感的市场意识和强烈的敬业精神，缺乏良好的职业素质和敏锐的判断力，即使机会就在眼前，也会失之交臂。因此，优秀的企业推销人员要时刻保持强烈的市场意识，利用自己接近市场的有利条件，结合企业当前的资源状况和相关条件，有意识、有目的地开展市场调查研究，为企业的生产经营活动提供及时、可靠，甚至带有前瞻性的市场信息，让每一位推销人员都成为企业深入市场的触角，成为企业的信息员和调研员。

2. 收集信息资料

如果说市场调查研究是在宽泛的范围内进行，以便从纷繁的信息中寻找有利于企业经营决策的依据的话，那么，收集信息资料，就是在小范围内有目的地展开的，针对企业生产经营活动的实际需要以及与实际推销有关需要解决的问题。通常情况下，推销人员必须掌握与销售工作有关的信息资料，如企业当前的销售目标、经营方式、生产能力、研发周期、信贷条件、交货期限以及产品知识、产品优势或特点、维修保养知识等。同时，推销人员还要清楚地了解竞争对手的生产能力、产品特点、服务优势与市场战略。这是因为在推销过程中，面对顾客的疑虑和问题，推销人员要能够准确地说明购买和使用本企业的产品所能获得的利益、售后服务，包括优于对手产品和服务的实际利益。推销人员越是了解市场信息，了解自己和竞争对手，就越是能够掌握推销工作的主动权，推销工作也就做得越好，推销信心就越充足。

3．制订销售计划

计划是针对工作中可预计的未来作出的合理安排。在实际推销过程中，推销人员与顾客面对面交流的时间很有限，如何在短暂的时间内有针对性地开展推销工作，就要求推销人员完成以上两种工作职责之后，认真设计推销前的具体准备工作，以便节约宝贵的时间，有效地拜访客户，迅速掌握销售工作的重点。因此，制订切实可行而有效的销售计划，是十分重要的。一般来说，销售计划包括以下内容。

（1）预计潜在的市场。推销人员应根据本企业生产的产品特征、价格和所处的技术层次（即从技术上划分产品是处于高端还是低端）以及产品效用的满足范围和程度、顾客对现有产品的满意度等，结合经济环境、产业布局、民族习俗和消费习惯等分析，预计有开发潜力的市场，并估计可能的购买量，以便今后的推销工作有的放矢，迅速开展有效的推销工作。

（2）确定重点发展区域。通过市场分析预测后，就可以大致确定产品推销的重点发展区域，并大致确定可重点发展的客户，以保证推销工作的方向明确，安排合理的营销路线，节约宝贵的推销时间，提高推销的效率。

（3）拟订详细的推销计划。推销工作实际上是一项说服人的工作，或者说是让客户信任自己并被自己感动的工作。但这种说服工作并非无的放矢、口若悬河式的夸夸其谈，而是要认真做好向客户充分介绍产品或服务特征的准备，站在客户的角度思考问题。事前应思考客户对本企业的产品或服务可能关心并提出的各种问题一般有哪些。必要时，可与同事一起就相关问题展开讨论，遴选合适的答案；应精心准备好谈话的内容、顺序、步骤和提问的提纲，进行适当的演练，做好充分的方案准备。

（4）预测可能遇到的问题，设计针对性的答疑技巧。推销工作每天要接触不同的人，面对不同的环境和问题，推销人员对此应有足够的思想准备。一般问题不外乎产品质量、特点、价格、供货期限、运输方式、信贷条件、结算方式、折扣优惠等，这些问题通常是根据企业的资源条件和产品的实际属性来回答，不能有虚假成份。要注意，有时难免遇到一些知识丰富、经验多甚至有意刁难的客户，这就要求推销人员有广博的知识、良好的修养、温和的性格、敏锐的判断力、清晰的逻辑思维能力、准确的表达能力和随机应变能力，学会倾听，善问巧答，绝对不与客户争论。平时在企业内部注意与同事之间多沟通，多交流经验，向有经验的资深推销人员学习一些答疑技巧，使自己回答问题和对问题的反应能力不断提高。

（5）找准产品推销的切入点。产品能否顺利推销出去，最重要的是对产品的各种特点要了如指掌。一般而言，企业设计产品时都会赋予产品某些特性或功能，推销人员要善于从各个角度，如从生产工艺上、材料性能上、款式设计上、能耗环保上等，发现产品的特点或优点，并将产品的特点转换成客户的利益。从理论上讲，一个产品的特点就是它的比较优点，往往是根据一定时期的技术发展状况、客户要求和时尚特点进行设计的，能够满足目标市场客户群的喜好和一些顾客的某些特殊需要，这就是产品带给客户的特殊利益。推销人员就是要掌握将产品特性转换成特殊利益的技巧，设身处地地站在顾客的立场上发现客户的特殊需求，将产品的特点巧妙地传递给顾客，迅速地激起顾客的购买欲望，抓住顾客的购买兴趣。

4. 进行实际推销

推销人员开展推销工作，首先要推销的就是推销人员的自信，包括对企业和产品的自信。推销是给客户带来实际利益和价值的工作，但要把产品和服务推销出去，推销人员自己要从内心深处热爱、接受、信任自己的产品和服务。所谓"己所不欲，勿施于人"。如果自己对企业和产品失去信心，甚至不喜欢自己的产品，那么要将其推销出去是困难的。因此，在实际推销工作过程中，推销人员要设法引起顾客对所要推销的产品和服务的注意和兴趣，让顾客清楚地知道产品或服务能够给他们带来的实际利益，通过产品的现场展示、演示和介绍，激发顾客的购买兴趣和欲望。

5. 妥善安排售后服务

售后服务是所有客户都十分关心的问题，因此在产品或服务售出之后，推销人员应现场建立客户档案，留下客户的具体联系方式，便于与顾客保持经常性的联络并为之服务；记录顾客的要求和建议，及时反馈给企业有关部门，采取改进措施，调整服务方式，使顾客从所购买的产品和服务中得到需求的满足。客户对企业的产品和服务能否保持一定的忠诚度，除了取决于产品与服务质量本身外，还取决于售后服务质量的优劣，推销人员应当记住这一点。

有人说过这样的话，良好的推销工作源于90%的态度和10%的知识，即知识+演练+回馈=成功，而成功的秘诀在于先替对方着想。因此，推销人员要把替顾客着想放在推销工作的首位，习惯于站在顾客的角度来思考问题，将顾客至上的观念根植于自己的脑海中，不断学习有关产品保养、使用、维修等知识以及消费者心理知识。明白顾客所需要的，就是我们所要做的。

小知识

参照美国推销心理学者罗伯特·P.德格鲁特的观点，推销人员可分为以下四个由低到高的层次。

（1）销售办事员。这类人员是订单接受者。他仅具备基本的商贸知识和对公司产品、价格、服务等方面的了解，在顾客要了解情况或要求订货时，则予以介绍或办理手续。在推销工作中，销售办事员几乎是一个全面被动的工作人员。

（2）销售助理。这类人员具备推销工作中所需的一方面或几方面的知识和技能，但尚不全面。他能协助或代替其他人员进行推销中的某一阶段的工作，但还不能完全独立工作，往往缺乏与顾客进行商谈并促进其成交的技巧，在推销工作中常常处于被动地位。

（3）推销工程师。这类推销人员在接到公司推销产品的任务后，能够对推销工作进行全面的分析和规划，并能加以实施。具备独立进行推销所需的全部技能，尤其是促使顾客成交的技能。在推销工作中基本处于主动者地位，但还往往受到产品和公司规章的局限。

（4）推销大师。推销大师具有娴熟的推销技能，并能创造性地进行工作。能够针对不同的产品、顾客，得心应手地进行推销工作。在产品和公司规章与顾客要求的矛盾之间，创造性地解决问题。他还能指导他人和利用他人来完成推销工作，在工作中全面主动。

资料来源：李世宗. 现代推销技术[M]. 北京：北京师范大学出版社，2007.

（二）履行推销人员职责的基本要求

推销工作具有创造性和开拓性，要求推销人员对自己所从事的工作充满激情。从事过推销工作的人都知道，在推销实践中要完成推销任务，推销人员必须具备侦察员的眼睛、哲学家的头脑、演说家的口才、数学家的缜密、外交家的风度、宗教家的执着和军事家的果断。因为推销人员每天要面对不同的人和事，工作具有高度的灵活性和随机性，必须调动全身心的每一根神经，综合所有的知识储备，创造性地开展推销工作。这些能力和要求是非常具体的，绝不是一般人所说的有了吃苦精神和良好的口才就可以胜任推销工作的。推销工作之所以对年轻人充满诱惑，就是因为推销职业能够锻炼人的能力，让人获得全面发展。这里我们介绍一下履行推销人员职责的基本要求。

1. 职业道德要求

履行推销人员的职责，首先需要推销人员具有良好的职业道德。推销人员代表企业在市场上"攻城略地"，实际上是企业文化的传播者，也是企业形象的代言人。更重要的是，推销人员是生产经营与市场需求信息交换的直接桥梁，承担着传递企业生产和市场需求信息的重任。如果推销人员没有良好的职业道德，不能正确理解和执行企业文化的核心内容，不负责任地扭曲产品信息，恶意损害企业形象，故意夸大或缩小市场需求的变化，就很可能会给企业带来极为严重的损失。一般情况下，多数企业的推销人员都是单独外出开展工作的，从产品的售出到货款回笼，也基本上由推销人员负责。一旦推销人员出现职业道德上的偏差，其影响是不言而喻的。

2. 身体素质要求

推销工作是创造性和开拓性的，需要推销人员身体力行去实现，它不是坐在办公室里拍脑袋就可以解决的。因此，推销人员必须亲临市场，在日常推销工作中要想尽各种办法，历经千辛万苦，说尽千言万语，访问千家万户，才有可能寻找到理想的客户和市场。毫无疑问，推销工作是兼具体力和脑力劳动的高强度工作，没有良好的身体素质是难以胜任推销工作的。许多企业在招聘业务代表（推销人员）时都有年龄、身体素质的具体要求，如能长期出差、能吃苦等。企业的产品推销需要推销人员长途跋涉、舟车劳顿、日夜兼程，有时还要携带样品，为客户进行安装服务和维修服务，劳动强度非常大，非常辛苦。没有良好的身体条件和充沛的精力，推销工作是难以做好的。

3. 心理素质要求

在所有与人打交道的工作中，推销工作是最容易遭到顾客拒绝的，也是最难以在短期内取得良好成绩的工作。有许多推销人员刚加入到推销行列时充满热情，但经历几次拒绝后就丧失了信心。在他们看来，推销工作无异于乞讨谋生，这是极其错误的想法。实际上，推销是为顾客带来利益、向顾客提供价值的工作。推销人员一定要坚信自己工作的价值，相信自己推销的产品完全满足顾客的特定需求，我们的责任就是向顾客传递未知的利益。许多营销专家告诫我们，推销人员一定要培养自己的第二天性，那就是自信。自信是推销成功的第一秘诀。这种自信取决于推销人员良好的心理状态。当你始终相信自己一定能成功时，你就一定能够成功。因为积极的心理暗示会成为我们每天工作的强大动力，鼓舞自己通过各种努力来战胜推销工作中的一切困难。因此，推销人员只有具备良好的心理承受能力，才能胜任推销工作，才能在推销工作中取得骄人的业绩。

4．外貌要求

推销人员在一定程度上是企业的形象代表，顾客多是通过与推销人员的接触来了解企业和产品的。如果推销人员的形象不佳，就有可能影响产品的销售，甚至影响企业形象。需要说明的是，推销人员的外貌要求并不单纯是指长相，而是包含一个人的衣着、气质、言谈举止、精神面貌、文化修养等多方面的内容。许多企业招聘推销人员时一般都要求推销人员必须有一定的身高和一定的学历，要求五官端正、形象气质佳，不能口吃，身体不能畸形等。可以设想，一个形象猥琐、贼眉鼠眼、长相怪异、穿着邋遢、不修边幅的推销人员站在我们面前，即使他推销的产品或服务是自己急需的，恐怕也是难以接受的。当然，最重要的还是一个优秀的推销人员应具备良好的内在素质。被誉为日本"推销之神"的原一平，身高不足 1.5 米，长相也非常普通，却照样成就了推销神话，就是因为他具有良好的内在职业修养和敬业精神。

小知识

在营销行业中，什么样的素质能使优秀的推销员脱颖而出？什么样的素质能使干练的推销员不同于那些平庸之辈？

为此，盖洛普管理咨询公司对近 50 万名推销员进行了调查。研究表明，优秀的推销员有四方面的主要素质：内在动力、干练的作风、推销能力以及与客户建立良好业务关系的能力。

1．内在动力

"不同的人有不同的动力——自尊心、幸福、金钱，你什么都可以列举，"一位专家说，"但是所有优秀的推销员都有一个共同点：有成为杰出之士的无尽动力。"这种强烈的内在动力可以通过锤炼和磨练形成，但却不是能教会的。动力的源泉各不相同——有的受金钱驱使，有的渴望得到承认，有的喜欢广泛的交际。盖洛普研究揭示了四种性别类型（竞争型、成就型、自我实现型和关系型），这四种人都是优秀的推销员，但有各自不同的源泉。竞争型的人不仅想要成功，而且渴望战胜对手（其他公司和其他推销员）的满足感。他们能站出来对一个同行说："你是本年度最佳推销员，我不是对你不恭，但我会与你一争高低的。"成就型、追求自我实现的推销员就是为了想体验一下获胜的荣耀。他们不论竞争如何，就想把自己的目标定得比自己能做到的要高。他们一般能成为最好的营销经理，因为他们只要能使自己的机构完成任务，对他人的成败与否看得不重。最后一种是善于交际型的推销员，他们的长处在于他们能否与客户建立和发展好业务关系。他们为人慷慨、周到、做事尽力。"这样的推销员是非常难得的,"美能达公司商务部国内培训经理说,"我们需要那种能够耐心回答顾客可能提出的第十个问题的推销员,那种愿意和客户在一起的推销员。"

没有谁是单纯的竞争型、成就型、自我实现型或关系型推销员。多数优秀的推销员或多或少属于其中的某一种类型。"竞争型的推销员如果有一些关系意识,他可能除在照顾客户方面干得很好外,还能得到大笔业务。"盖洛普管理咨询公司主任认为:"对这样的人谁还能苛求更多呢?"

2．严谨的工作作风

不管他们的动机如何,如果销售人员组织不好,凝聚力不强,工作不尽力,他们就不能满足现在的客户越来越多的要求。优秀的推销员能坚持制订详细周密的计划,然后坚决执行。在推销工作中没有什么神奇的方法,有的只有严密的组织和勤奋的工作。"我们最棒的推销员从不稀稀拉拉,"一家小型物资贸易公司的总裁说,"如果他们说他们将在六个月后会面,那么你可以相信六个月之后他们肯定会到客户门前的。"优秀的推销员依靠的是勤奋的工作,而不是运气或是雕虫小技。"有人说他们能碰到好运气,但那是因为他们早出晚归,有时为一项计划要工作到凌晨两点,或是在一天的工作快结束、人们都要离开办公室时还要与人商谈。"

3．推销的能力

如何才能成为一名优秀的推销员呢?经理们和推销事务顾问们认为有一点很重要,即一种百折不挠、坚持到底的精神。他们其中有一位认为:"优秀的推销员和优秀的运动员一样。他们不畏惧失败,直到最后一刻也不会放弃努力。"优秀的推销员失败率较低的原因就是他们对自己和推销的产品深信不疑。优秀的推销员非常自信,认为他们的决策是正确的。他们十分渴望做成交易——在法律和道德允许的范围内无论采用何种方法也要使交易成功。

4．建立关系的能力

在当今的关系营销环境中,优秀的推销员最重要的一点就是成为解决客户问题的能手和与客户拉关系的行家。他们能本能地理解到客户的需求。如果你和营销主管谈谈,他们会给你这样描述优秀的推销员:全神贯注、有耐心、够周到、反应迅速、能听进话、十分真诚。优秀的推销员能够站在顾客的立场上,用客户的眼光看问题。当今的客户寻求的是业务伙伴,而不是打高尔夫的伙伴。"问题的根本在于,"达拉斯的一位推销顾问说,"要目的明确。优秀的推销员不是讨别人的喜欢,他们要的就是盈利。"他还补充道:"优秀的推销员总是想到大事情,客户的业务将向何处发展,他们怎样才能帮上客户的忙。"

资料来源:http://www.docin.com/p-330138675.html,2016

5．学历要求

随着科学技术的不断发展,现代企业所生产的产品科技含量越来越高,一些新材料、新工艺不断应用于产品之中,专业术语或者产品与服务的概念越来越新颖,推销人员如果没有一定的教育背景和足够的知识储备,不能理解并通俗地将相关技术概念解释给顾客,不能解答顾客关心和提出的各种问题,产品或服务的推销将是极其困难的。可以肯定,随着创新经济时代的到来,科学技术转化为生产力的速度将不断加快,未来市场上高科技产品会层出不穷，新概念的服务和需求也将不断出现。与此相对应的是，企业对推销人员的学历特别是知识要求也必然越来越高，推销人员将面临着终生学习的挑战，否则将难以适应科技不断发展的要求。

6. 其他要求

国外曾经有就一个人成功的因素进行的研究，发现家庭背景和智商的影响远不如人们想象的那样大。相反，许多成功者并没有良好的家庭背景或者多高的智商，一样也取得了成功。我们前面提到的原一平，就是既没有优越的家庭背景，又不具备良好的个人条件，更没有超人的智商，但他拥有坚韧不拔的毅力，吃苦耐劳的精神，豁达开朗的性格，乐意与一切人交朋友、与人为善的心理，永不言败的意志，掌控自己命运的信念，不投机取巧的踏实作风和充满自信的心态，这些成就了他辉煌的推销人生。此外，推销人员还必须始终保持强烈的好奇心，这是其不断获取知识的动力。因为好奇心会让推销人员关注任何问题的细节，发现别人不能发现的问题，使自己成为某一领域的专家；好奇心还是推销人员时刻关注推销领域是否出现了新的解决方案、新的营销创意或者新的相关信息的动力，也是推销人员自己开发解决营销难题方案的源泉。

推销人员履行工作职责的基本要求也在不断地与时俱进。不同时期的经济发展催生出不同的时尚习俗，需要理论工作者不断关注时代变化，及时进行理论研究，更需要推销人员注意结合推销实际调整自己。俗话说，留心处处皆学问。推销人员要注意在工作中学习，关注市场的变化和要求，观摩优秀推销人员的工作经验和方法，不断将自己塑造成为优秀的营销大师。

二、推销人员的职业素质与能力

推销工作的特殊性，对推销工作的从业人员提出了特殊的职业素质要求。与其说推销是实务的，不如说推销是艺术的。这种艺术性表现在推销人员不仅要推销产品，还要向顾客推销推销人员本人，并与顾客保持信任、友好的联系；不仅要让顾客喜欢所推销的产品，还要让顾客喜欢推销人员。推销工作的特殊性还对推销人员的职业能力提出了特殊要求。下面就这些具体的内容进行介绍。

（一）推销人员的职业素质

所谓素质，原意是指事物本来的性质。在这里引申为一个人应当拥有的修养和品质；职业素质则是指人们从事某一职业应当具备的基本的修养和品行。推销职业是市场经济的产物。一个推销人员要想获得推销的成功，取得良好的经济效益和社会效益，除了依靠本企业过硬的产品质量、企业良好的社会信誉外，还要依靠一支具有较高素质的、良好的推销队伍。在现代市场经济条件下，推销人员必须具备的基本职业素质主要如下。

1. 坚定的敬业精神

坚定的敬业精神，是指推销人员对所从事的工作充满热情，有高度的责任感，热爱自己的职业，并体现出对推销工作的执着。敬业者才能乐业。正如一个演员要想感动观众，必须首先感动自己一样，要想取得推销工作的成功，就要对所从事的职业充满自豪感，以自己强烈的事业心来感染顾客。推销工作是比较艰苦的，也具有很大的挑战性，需要推销人员在推销工作中克服许多难以想象的困难和挫折。唯其如此，推销职业才能够锻炼人们的意志和勇气。没有坚定的敬业精神，就没有面对挫折的勇气，就没有克服困难的决心。因此，能够胜任推销工作的人，今后无论从事什么职业，都将具备成功的基础。

案例 1-5

　　日本"推销之神"原一平曾经做过艰苦的推销访问工作。原一平的一次保险推销工作，已是他退休以后的事。他当时的推销对象是一家大汽车公司。每次去汽车公司，原一平需要 6 个小时的时间。这样的访问共进行了 300 多次，时间长达 3 年之久。3 年后原一平终于迎来了盼望已久的成功。这一年，原一平刚好 72 岁。可以说，没有执着的精神，这样的业务是根本无法谈下去的。正是凭着这种坚韧不拔的毅力，原一平才能取得辉煌的成就，人们才会把"推销之神"的桂冠送给他。

资料来源：编者整理

问题：推销人员成功的关键是什么？

【启示与思考】

　　推销是一条孤寂的路，遭到的白眼和冷遇都远远超过其他行业，然而，独一无二的原一平用自己的汗水和勤奋、韧力和耐心走过了这条荆棘路，创造了世界奇迹，成为所有人为之敬佩的"推销之神"。

2. 高度的服务意识

　　许多企业都把"顾客至上"作为自己的价值观之一，却没有在实际工作中被真正地体现出来并发挥应有的作用。原因之一就是这些企业并没有真正地将顾客至上的意识融合于企业文化之中，也没有让全体员工认同并从根本上接受这种价值观。推销人员在外代表企业开展工作，如果没有将顾客至上的观念根植于潜意识当中，以此作为推销工作的基本宗旨，站在顾客的立场上，处处为顾客着想，成为顾客的消费顾问和可信赖的朋友，顾客就不会接受推销人员，当然也就不会接受他推销的产品。在竞争日益激烈的时代，服务竞争已经超越了产品质量竞争。企业只有将服务意识渗透到工作中的每一个细节，潜移默化地影响全体员工的行为，企业的竞争才具有优势。

3. 良好的沟通能力

　　说服顾客是推销人员工作的核心。推销人员在工作中要熟悉推销程序，了解顾客的购买心理、购买动机和购买行为，善于熟练地运用各种推销技巧，因人而异地开展推销工作。推销人员要善于运用口头语言和各种肢体语言，在不同的场合遇到不同的客户时，随机应变。在如实介绍产品、站在顾客利益的立场上的同时，做到"投其所好，施其所求"，将产品的特点转化为顾客的特殊利益。同时，要注意观察顾客细微的心理变化，及时调整工作思路，多角度介绍产品，或从产品的梯度（或层次）、系列上指出顾客可获得的利益，不要一成不变地背诵产品解说词，也不能夸大其词，言过其实，欺骗顾客。对不同年龄、不同身份、有不同爱好的顾客，设计不同的说明，以应对各种异议，达到接近顾客、说服顾客、售出产品的推销目的。

4．扎实的专业知识

推销人员工作中的自信源于扎实的专业知识和宽泛的知识面。在知识经济时代，产品的科技含量越来越高，顾客的消费经验和商品知识越来越丰富，面对形形色色的顾客，推销人员如果没有扎实的专业知识，不能解答顾客的相关问题，就不会被顾客信任；没有宽泛的知识面，就会被顾客拒绝。可以这样认为，推销能否成功，取决于推销人员知识的广度与深度。因此，推销人员要注意随时学习，向书本学习，向身边的同事学习，向顾客学习，向竞争对手学习，从失败的教训和成功的经验中学习。在这里提出专业知识和其他知识两个方面的要求，供读者参考。

（1）专业知识。这里所讲的专业知识，是针对具体的产品推销和推销对象而言的。它包括以下内容。

① 市场知识。现代企业招聘推销人员，一般都要求有一定的营销专业教育背景，拥有相应的市场知识和相关专业知识，并且拥有推销人员的职业资格。作为利益集团，出于成本上的考虑，企业一般是不愿意录用没有任何技能的员工的，推销人员也不例外。因此，凡希望从事推销人员职业的从业者，必须认真学习市场营销理论、现代推销技术、商务谈判知识、市场调研与预测理论、消费者行为学等专业知识，并通过对这些知识的学习，能够分析经济环境对市场的影响，了解顾客购买力的变化，预计潜在的市场，发现市场机会，开辟新的营销渠道。

② 产品知识。一个合格的推销人员必须全面了解自己所推销的产品，包括：产品的生产过程、生产工艺、生产方法、生产周期，以及产品的结构、性能、用途，企业的生产能力、自主研发能力等；产品的正确使用方法、维修保养常识与一般故障的排除；产品的不同规格、型号、样式在性能上的差异；本企业的产品技术在行业中的地位、优势、技术特点，行业的技术先进性程度及其发展趋势；目前用户对产品的评价、意见和建议；用户常见的问题及其处理；产品自身的优点、缺点及竞争对手产品的相关问题等。推销人员对产品知识了解得越完整，能够成为产品专家，顾客就越信任推销人员，推销人员的自信心就越强，推销成功的可能性也就越大。

③ 企业知识。推销人员要认真了解自己的企业，包括企业的历史沿革、企业宗旨、生产能力、研发能力、人才与技术优势、装备水平、发展潜力、战略目标、营销策略、定价策略、交货方式与期限，以及企业管理决策水平、管理者前瞻性及市场适应能力、人才与技术发展战略、企业的民主意识、在行业中的声望，还包括企业生产的合法性、应承担或已承担的社会责任、对公益事业的态度与环境保护措施等。可以这样说，在上述几个方面企业做得越好，推销人员的自豪感、归属感就越强，对所推销的产品就越有信心。

④ 用户知识。推销人员要了解不同用户的购买习惯，特别要了解不同用户中的购买决策者。有经验的推销人员都知道，"擒贼先擒王"的道理用在营销上同样是非常合适的。因为不同用户的购买动机、购买方式、交易条件和要求、信贷条件是不同的，家庭购买与集团购买是有区别的。推销人员要善于作营销日志，归纳不同用户的决策者及其特点，并选择有代表性的用户进行定期回访，征求他们的意见、建议或要求，不断充实自己的用户知识。

（2）其他知识。

① 礼仪知识。推销人员的工作性质，决定了他们要与不同地区的各色人等打交道。"未

曾开口三分笑"是推销人员必修的基本功。善于微笑的人是快乐的人，也是具有亲和力的魅力使者。中国地域辽阔，又是礼仪之邦，不同区域的礼仪习俗差别较大，推销人员要注意了解和学习不同地区的习惯礼仪。在工作中只有做到对任何顾客都能以适当的礼仪相待，以真诚、谦逊、和蔼、亲切、平和的态度接近顾客，融入顾客的文化圈，才能与他们友好相处，顺利地开展推销工作。

② 语言知识。语言是人们交流的工具，也是一门艺术。俗话说："一言可以兴邦，一言亦可误国。"推销人员与不同的顾客相处，要用不同的语言与之沟通，并能够针对不同性别、不同身份的人，运用不同的语言技巧。推销人员除了必须掌握普通话外，还应熟悉国内主要的方言，相应的语法修辞与语言技巧，必要时要能熟练运用一两门外语。

③ 美学知识。随着社会经济的发展和人民生活水平的不断提高，审美情趣和审美意识不再是富有阶层的专利，已经成为普通百姓日常生活中的平常事。推销人员应掌握一定的美学知识，尤其是工业美学，如工艺美、材质美、色彩美、装饰美等，包括服饰美、舒适美、和谐美，便于与不同顾客在美学方面进行零距离沟通，成为顾客的美学顾问。

④ 宗教知识。中国是一个多民族国家，不同民族的宗教图腾衍生出不同的宗教文化和宗教禁忌，推销人员应了解不同宗教的基本信仰，特别是在少数民族地区开展营销工作时，更要了解这些问题，防止在生活、饮食、服饰色彩等问题上出现难堪。当然，明智的做法是绝对回避宗教问题，不谈论宗教信仰，但只有了解宗教文化，才能做好这方面的准备。而且了解了宗教文化，还能够利用宗教节日开展有效的营销活动。如果考虑进行国际市场营销，就更应该作有针对性的事先调研分析了。

⑤ 民俗知识。民俗是典型的民族亚文化，它是特定的区域在长期的生活变迁中逐渐形成的，并为这一特定区域所独有。我国民俗有"十里不同天"之说，即便是同一个民族，民俗文化也有区别。如同为汉族人，北方人春节包饺子，南方人春节吃汤圆。如果不懂得民俗知识，推销人员就很难做到"到什么山上唱什么歌"，相反，懂得民俗知识，就能够发现潜在的市场，开辟新的营销天地。

⑥ 社会知识。社会知识在一定程度上被理解为"人情世故"，泛指为人处世应具备的诸如风土人情、经济地理、人文掌故、民俗习惯等常识。从推销工作的角度看，社会知识是指推销人员要了解市场所在区域的"人情世故"，以便能够"入乡随俗"，迅速融入当地的文化氛围。中国人虽然具有较强的文化包容性，不排斥其他民族的文化，但中国人更看重乡情。如果推销人员能够在市场所在的区域操一口流利的方言，熟知当地的风土人情和处世原则，就能更加顺利地开展营销工作。严格地说，社会知识源于社会阅历，源于一个人对生活的感悟。一个人的社会知识越丰富，越是懂得"人情世故"，工作就越好开展，推销工作当然也不例外。

（二）推销人员的职业能力

能力是指胜任某项工作的主观条件。职业能力是指一个人顺利完成各种活动必须具备的个性心理特征。在理论上，通常将能力分为一般能力和特殊能力，前者又称为"智力"，指从事某项活动所必需的基本能力，如记忆力、理解力、观察力、思维想象力、判断力等；后者则指从事专业活动所必需的能力，如调音师的特殊听力、古董鉴赏家的鉴别能力、管理者的组织协调能力等。推销人员的职业能力也属于特殊能力的范畴，是指推销人员在特定的工作场所中说服顾客，顺利地将产品销售出去，并顺利地收回货款的能力。推销人员除了要具备一般能力外，还应具备以下能力。

1．创新能力

在知识经济时代，推销工作是具有高度智慧性的脑力劳动与体力劳动，属于复杂劳动，是属于具有开拓性、创造性、前瞻性、后续性以及挑战性特征的复合性工作。在这些特征中，又以开拓性、创造性为主体。推销人员每天的工作内容都是全新而无法复制的，甚至是无法预料的，即是说推销人员无法运用某一个固定的模式来开展推销工作。只有推销人员具备了很强的创新能力，才能在实际工作中随机应变，捕捉稍纵即逝的市场机会。创新能力是创新思维的结果，也是推销人员不断战胜自我的结果。推销人员如果因循守旧、墨守成规，不敢越"雷池"（以往的工作经验或者惯例）一步，推销工作将很难取得令人满意的结果。

2．观察能力

观察能力，是指推销人员在工作现场通过认真观察顾客细微的外部表现所透露的点滴信息，去研究顾客购买心理变化的内在原因的能力。推销工作的创新绝不是莽撞、盲目地打破常规，而是建立在观察、研究、判断顾客心理变化的基础之上，重新整合原有的工作方案所进行的全新尝试。细致的、高质量的观察既需要丰富的知识，如心理学知识、行为科学知识等，又需要科学的方法，如自上而下观察、由表及里观察等。科学的方法能让推销人员及时而准确地获取顾客信息，丰富的知识则能让推销人员快速而理性地了解顾客的真实意图，通过"见微"而"知著"。认真观察是许多工作的基础，推销人员在工作中要有目的地进行观察，及时调整工作中心和工作重点，使推销工作有的放矢。

3．决断能力

多数情况下推销人员是在现场独立地开展工作的，在推销现场遇到的所有问题，都需要推销人员现场作出判断，并及时地予以处理。现代推销面临的主要问题有两个：一是消费者日益成熟，大多能理性地面对推销技巧和消费诱惑，能够内行地提出多方面的商品专业问题，巧妙而又不失礼貌地拒绝推销；二是推销人员自身是否具有宽泛的知识、坚定的自信心和果断的决策能力。推销人员在工作现场遇到顾客的问题和拒绝时，要善于分析和判断虚假的表象，了解问题或拒绝的本质，发现问题或者拒绝的漏洞，作出正确的判断，迅速抓住问题的关键，并作出正确的行为反应和行动选择。注意不要在枝节问题上与顾客发生争执，也没有必要回答顾客所有的问题（其实有些根本不是问题），在礼貌的赞美中不失时机地结束某些纠缠，运用推销技巧达成交易。推销人员要注意在工作中不断积累经验，认真学习有关知识，提高自己的决断能力。

4．社交能力

推销界有一句老套话，是说推销人员"没有不认识的朋友，只有来不及结交的客户"。由于推销工作是开放性的，决定了推销人员要养成随时推销的习惯，也就决定了推销人员的性格是开放性的（注意性格的开放性与一个人性格的内向或外向是有区别的）。从事推销工作需要有高水平的社交能力，在朋友或社交圈中要以自己独特的人格魅力、丰富的社会经验和广博的知识，成为人们关注的焦点，并以自己良好的亲和力、合作性和组织能力，引导社交场合的谈话主题。要做到这一点，需要推销人员善于换位思考，站在他人的立场上理解问题，善于与不同的顾客进行交往，通过与他们的真诚沟通，获得他人的信任，并且能够适时地化解和处理各种矛盾。被誉为日本"推销之神"的原一平有一句名言：决定谈话能力的高低不在于话术而在于热忱，并适时说出一两句肺腑之言，这时彼此的心灵就沟通了。

培养推销人员良好的社交能力，要求推销人员努力做到待人诚恳热情，言行举止大方，体谅他人苦衷，能够换位思考；态度热情而不轻浮，言语自信而不自负，富有逻辑而不强词夺理，有主见而不盛气凌人；遇事沉着冷静，处理问题坚决果断。这种能力需要长时间的培养和锻炼，需要我们从现在做起。当推销人员有了一定的社交能力之后，就会发现，原来客户就在身边。

5．表达能力

表达能力是建立在语言知识的基础之上的，但有了语言知识不等于就有了表达能力。通俗地讲，表达能力是指人们熟练地运用语言艺术，通过与他人进行交流、传递思想并被对方理解和接受的过程。需要说明的是，语言艺术不单独指口头语言，还包括肢体语言。"哑巴卖刀"靠的是肢体语言，舞蹈艺术同样依靠肢体语言，但在这里我们主要说明口头语言表达能力。

良好的语言表达能力的标志是：口齿清晰（清）、措辞准确（准）、说明简洁（洁），语意层次清楚、重点突出、逻辑性强，必要时，要赋予语言以激情，有适当的抑扬起伏，让听众（顾客）感到亲切，富有感染力；有时要善于运用谐音、歇后语和幽默语言，但要注意场合和对象；可以辅之以适当的手势予以配合，以增强语言的说服力，但注意幅度不要太大。戴尔·卡耐基认为，一个人的成功，约有 15%取决于技术知识，85%取决于口才艺术，说明了高超的语言表达能力是多么重要！因此，推销人员要认真学习语言艺术，并锻炼自己的口头表达能力。

6．应变能力

在现代市场上进行实际推销，有时难免会遇到意想不到的情况，如果推销人员没有随机应变的能力，推销工作就有可能遇到难以逾越的障碍并陷入困境。应变能力，实际上是要求推销人员在不违背国家的法律法规、企业基本利益和行业基本规范的前提下，巧妙灵活地实施应变行为，以适应现场突发情况，达到推销的目的。在推销现场，推销人员如果遇到意外，有时甚至不妨将错就错，起到化腐朽为神奇的作用，达到绝处逢生的推销效果。相反，如果推销人员拘泥于"游戏规则"，墨守成规，优柔寡断或者缺乏主见，害怕承担责任，就有可能失去难得的市场机会。

应变的关键是"辨变"。要求推销人员有丰富的经验，思维敏捷，悟性好，反应快，有瞬间的分析判断能力和果断的性格，能及时察觉细微的现场变化对推销效果的影响，有时要通过顾客的一个眼神、一个动作、一点点语言或语气上的变化，准确推断顾客的心理反应，及时采取应对措施，抓住营销机会。一般来说，推销人员在特定的现场作出的应变办法，只要对推销工作有利，多半会得到企业的授权或谅解，推销人员不必有过多的忧虑。

7．环境适应能力

一个优秀的推销人员还要有比较强的环境适应能力。环境适应能力有三层含义：一是指推销人员要能够迅速适应特定地区的人文环境，这依赖于推销人员长期工作经验的积累。

通俗地说，就是要对不同地区的风俗习惯、语言环境、人际交往方式等有一定的了解，能够在所在的推销区域迅速地与当地人打成一片，不被当地人排斥。二是适应特定地区生活环境的能力。这里主要是指生活习惯。中国地域辽阔，生活习惯差异大，素有"东辣西酸，南甜北咸"之说，只有适应不同地区的生活习惯，推销中的人际关系才能快速建立。三是适应不同地区的营销环境，包括对当地的地方法律法规、政策、制度以及经济发展、宗教、教育水平、文化、消费时尚等的了解和适应。

此外，推销人员还要具备其他一些能力，如文字综合能力、公关能力、分析能力与综合能力、用生动的语言说服顾客的能力、赢得顾客信任与尊重的能力、控制自己情绪的能力、必要的妥协与变通能力、信任与洞察他人感觉的能力、善于表达自己想法和人际关系协调能力等。文字综合能力是指推销人员能够及时将推销工作中发现的有关问题、现象，产生的各种创意、设想等整理成书面的文字报告，以便及时提供给企业作为决策的参考。公关能力则是指熟悉并利用当地的媒体、公众、政府等，为产品推销创造有利条件。其他能力我们在有关章节中的相关问题解说时会有所涉及，这里不一一介绍，读者也可自行思考。

案例 1-6

日本保险推销大师、世界首席推销员齐藤竹之助有自己的一套寻找推销对象的经验，其中非常重要的就是"新客户其实就在我们身边，寻找的过程就是从无到有的过程"。

在齐藤竹之助刚从事推销工作的那年夏天，公司组织职工去山田温泉游玩。齐藤竹之助从中途上的火车，找到一个空座位后就坐了下来。这时，他发现同排座位上已经坐着一位约三十四五岁的妇女，她还带着两个小孩，大的约7岁，小的有3岁左右。齐藤竹之助断定这位必是家庭主妇，心想从小孩到大人的保险都有希望，试试看吧，争取成功。趁列车在一站暂停之时，齐藤竹之助下车买了当地的特产食品，很有礼貌地赠送给小孩吃，以此为缘，他同那位夫人聊了起来。他打听到她丈夫的工作性质、范围，还谈到小孩的学费等。这样，他了解了对方的基本情况，更添了几分信心。那位夫人说她准备在轻井车站住一宿，第二天乘车去另一个旅游点。齐藤竹之助立刻表示很愿意为她在轻井车站找一家旅馆，夫人听后非常高兴。因为轻井是避暑胜地，又逢盛夏，单个旅客想要找到旅馆是相当困难的。当然在介绍旅馆时，齐藤竹之助在自己的名片背面为她写了介绍信。不用说，齐藤竹之助也知道了她和她丈夫的名字等。两周以后，齐藤竹之助前往那位妇女家拜访，就在这天，他的推销获得了成功。

资料来源：斯默尔. 跟全球顶尖销售大师学销售[M]. 南宁：广西人民出版社，2004.

问题：齐藤竹之助具备什么样的职业能力？从推销人员应具备的能力角度看，这个案例给你什么样的启示？

【启示与思考】

案例中不难看出齐藤竹之助具备较强的观察能力、社交能力、创造能力；还可以看出齐藤竹之助具有从客户出发，为客户解决问题、提供需求的理念及真诚、热情、善解人意的良好品格和人格魅力，这更加证实了推销绩效与推销人员素质及能力关系的重要性。

三、推销人员的基本礼仪

现代商务活动中的礼仪，是社会交往行为规范在商务活动中的延伸，从广义上讲，属于道德范畴。推销活动是现代商务活动中的重要组成部分，推销人员作为企业和市场联系的桥梁所进行的产销沟通，实际上是推销人员与顾客之间的交往活动，仍然是社会交往的范畴，礼仪礼节必然会渗透到这种人际交往关系之中。在现实生活中，无论是推销人员还是顾客，都希望获得对方的礼遇，这一点是毋庸置疑的。但推销人员的工作性质，决定了他们的商务交往不同于普通的社会大众。这种交往中的陌生拜访与一般的人际交往最突出的区别，更要求推销人员注意交往中的礼仪规范，以赢得陌生客户的认可和信任。推销人员的礼仪与推销活动是紧密联系的。它自始至终贯穿于整个推销活动之中，从陌生拜访之初的介绍、寒暄，到推销活动的开始直至磋商、达成交易，完全依赖于推销人员始终运用得体的礼仪和适当的推销技巧，对整个推销活动施加有利的影响，最终实现推销目标。

（一）礼仪的基本原则

1. 尊重原则

无论是普通的人际交往还是商务交往，都应遵循彼此尊重对方人格的原则。尊重是礼仪的情感基础，也是人际关系的前提，古今中外概莫能外。推销人员的工作主体就是要不断地建立和谐、融洽的人际关系，也只有在这种彼此尊重的、和谐的、融洽的关系基础上，才能有效地开展推销活动，达到推销的目的，取得应有的社会经济效益。

案例 1-7

在一次印度官方代表团前来我国某城市进行友好访问时，为了表示我方的诚意，有关方面做了积极的准备，就连印度代表团下榻的饭店里，也专门换上了舒适的牛皮沙发。可是，在我方的外事官员事先进行例行检查时，这些崭新的牛皮沙发却被责令立即撤换掉。原来，印度人大多信仰印度教，而印度教是敬牛、爱牛、奉牛为神的，因此，无论如何都不应当请印度人坐牛皮沙发。

资料来源：http://max.book118.com/html/2016/0621/46220088.shtm

问题：这个事例说明了什么？

【启示与思考】

这个事例说明有涉外业务的人员必须尊重客人的信仰，因此掌握一些宗教礼仪是非常有必要的。

2. 遵守原则

所谓遵守原则，是指每一个社会成员都应当在社会交往中自觉遵守、执行礼仪规范。由于这种规范不具有强制性，如果存在违反礼仪规范的行为和现象，也只能受到社会舆论或公众的谴责，因而强调要靠社会成员的自觉意识。如前所述，推销人员是特殊的社会公众，更应成为遵守礼仪规范的模范，以自身良好的行为树立企业的形象。

3. 适度原则

礼仪方面的适度原则，是指人际关系中的情感尺度，即人与人之间的交往无论在什么情况下，都要保持必要的、与环境相适应的社交距离。除了在与长期保持密切关系的老客户交往时可以适当亲近外，推销人员与其他客户，特别是与异性的交往，就需要做到既要彬彬有礼，又要不卑不亢；既要热情大方，又要不失风度，不要过于谦卑或轻浮。简而言之，运用礼仪原则要因人、因时、因地而异。

4. 自律原则

礼仪作为社会规范，要求全体社会成员在内心深处树立起道德信念，并以此作为自己的行为准则，成为一种自然的行为习惯。道德没有强制性，完全依赖社会成员的自觉与自律，因而自律意识就显得十分重要。推销人员社交活动频繁，自律意识应高于其他社会公众，这样才能吸引顾客，引起顾客由衷的好感。

推销人员是否注重和遵循礼仪原则，直接关系到自己在客户心目中的形象，关系到推销业绩的好坏。推销人员在外代表企业，顾客是通过对推销人员的了解来间接了解企业的；如果是进行国际市场营销，推销人员代表的则是国家形象。因此，推销人员要在思想上对礼仪问题引起高度重视，不能掉以轻心。

（二）个人礼仪

如前所述，无论是推销活动还是普通的人际交往，都要遵守基本的道德规范，以文明、礼貌的方式待人接物，使自己的言谈举止大方得体，态度和蔼可亲，衣着庄重整洁，处处体现出一个人良好的修养。在商务活动中的个人礼仪的主要内容如下。

1. 言谈

富兰克林说过，说话和事业的成功有很大的关系。推销过程中的言谈礼仪，除了前面提到的说话要"清、准、洁"以外，推销人员还要注意说话的逻辑性，不能出现前言不搭后语、自相矛盾的现象。与顾客交谈时要有热情，注意语言的规范性，不要攻击竞争者，也不要挖苦别人。同时，要注意倾听顾客的谈话和提问，要给别人发表意见的机会，并且不能轻易打断别人的谈话。如果自己有不同意见需要说明，要寻找适当的机会；必须要打断对方的讲话时，一定要说"对不起，我打断一下（或我插一句），……对不起（或不好意思打断您了），请您继续"。在与顾客交谈或回答顾客问题的言谈中，要注意礼貌用语的使用，如"您、阁下、某某长或主任、请问、拜托、谢谢"等，尽可能采用委婉的表达方式或者适当幽默的语言艺术，切忌使用粗俗的语言。

在与顾客交谈的整个过程中，始终注意语气要委婉，态度要和蔼，表情要自然，语言要得体，手势要适度。对方发言时，不能心不在焉，左顾右盼，眼睛要看对方的"面部三角区"，并不时点头、轻声地回应或调动各种适当的面部表情（肢体语言），表示欣赏、赞同、惊讶、疑虑或重视；不能经常看表或显出不耐烦的样子，伸懒腰，打呵欠，玩东西。一般不要谈论私人问题和宗教问题，对方不愿意回答的问题不要寻根问底，穷追不舍；不要与顾客争论，更不要与顾客随便开玩笑。总之，恰当、礼貌的交谈方式不仅能增进双方的了解、友谊和信任，而且能促使推销工作更加顺利、有效地进行。因此，推销人员必须注意讲究和遵守交谈中的语言礼仪，平时注意自己语言和表达能力的训练，积累交谈技巧，掌握语言艺术。

2. 举止

推销人员的举止可以归纳为八个字：潇洒、有度、得体、文明。潇洒是指推销人员的外表——从表情到衣着，要自然大方，整洁优雅，从容不迫，显示适当的风度。男士以"洁"为主，体现阳刚之美；女士以"雅"为主，体现高雅之美。有度是指推销人员的举止要符合公认的标准，即通常所说的"站有站相，坐有坐相"，不夸张，不做作。得体是指在推销的特定场合要正确运用具有特殊礼貌意义的举止，准确表达自己的意愿，例如点头、举手表示打招呼，起立或双手与对方相握表示敬意，如此等等。文明是指推销人员与人交谈时要面带微笑，保持一定距离，不能双腿抖动，挤眉弄眼，擤鼻涕，挖耳朵，随地吐痰等。举止包括的内容比较多，限于篇幅，这里不作详细介绍。

3. 衣着

美国有一项调查表明，80%的客户对推销人员的不良外表持反感态度，因为推销人员的着装相当于销售商品的包装，包装粗糙，里面的商品即使是昂贵的，也会被人视为便宜货。中国历史上向来重视服饰问题，并且有极其严格的服饰制度。因此，推销人员应重视自己的服饰，注意衣着要与自己的年龄、体形、肤色、职业以及所处的场合相适应，并注意服饰色彩及其整体的搭配，以体现推销人员的审美情趣，给顾客留下良好的第一印象。推销人员的衣着一般应干净、整洁、朴素、自然、协调，不一定要求名贵或特别讲究，只要给人以清爽、精干的印象，整体感觉比较舒服即可，切忌衣冠不整，肮脏不堪。同时，注意不要佩带过多饰物或带有宗教色彩的饰物，以及过于名贵或廉价的饰物。因为从服饰礼仪的角度看，衣着不是纯粹的个人问题，它关系到是否对他人尊重，也折射出一个人内在的素质与修养。

案例 1-8

一汽车零件批发公司B（简称B公司）的推销员，推销业绩不佳，特地向一位营销专家咨询，以下是两者的对话。

专家问	推销员答
推销的对象是谁？	很多小修理厂。
谁具有购买决策权？	老板。
老板平时穿什么服装？	蓝色工作服。
你常穿什么服装？	西服。

专家建议：你最好穿蓝色的工作服。

不久，专家的"B公司推销员的服装应改为蓝色工作服"的提案在该公司顺利通过，B公司的推销员都换上了蓝色工作服。换装使B公司销售业绩迅速提高。半年后，该专家以"B公司推销员换装"为题，对B公司的主要顾客进行了调查，顾客反映如下。

推销员与我们穿同样的服装，不仅大大增加了我们之间的共同语言，消除了优质西服与蓝色工作服之间的差异感，而且推销员身着油渍斑斑的工作服给人一种同伴的感觉。以往推销员身着西服来推销，身上充满了商品气，而穿上工作服来访，使人感到亲近。

资料来源：http://doc.mbalib.com/view/3693802a9554413770e6be4a60d22f93.html

问题： 这个案例给了你什么启示？

【启示与思考】

得体的衣着打扮对推销人员的作用就相当于一个赏心悦目的标签对于商品的作用。所谓得体的衣着打扮，并非要求所有的推销人员都穿着华丽。事实上，华丽的服饰不一定适合所有的人、所有的场合，而且也不一定会得到客户的认同。作为一名专业的销售人员，必须根据本行业的特点选择合适的衣着。

（三）拜访礼仪

陌生拜访是推销人员经常进行的十分重要的工作。一般而言，推销人员的实际推销，都要在事前对客户的有关信息进行一定的了解，并进行必要的沟通，以使推销达到预期的目的。拜访客户要遵守以下礼仪。

1. 预约时间

推销人员多半是通过登门拜访，来实现与客户交流并介绍产品的。选择什么时间登门，要事前与客户进行预约，以便客户能安排适当的时间。

推销人员要选择适当的时间与对方进行预约，如不选择周一和周末，不选择刚上班或快下班的时候，也不选择重大节假日前后，而以对方相对比较空闲的时间进行预约为宜。

预约后，登门时间一般应选择节假日的下午或平日晚饭之后。此外，一定要遵守预约时间，不能无故失约。遇到非失约不可的意外事件，一定要设法提前通知对方并致歉，并再次预约时间。

2. 拜访准备

推销人员在约定时间后到拜访对方之前，要作相应的拜访准备。例如，要设法了解对方的基本信息，如兴趣爱好、家庭状况、婚姻状况等。拜访客户不能等同于推销，这一过程实际上是与客户增进交流、建立感情的阶段，如果没有充分的事先准备，不能与对方进行广泛的交流，达成彼此的了解和信任，接下来的推销工作就比较困难。必要时，可以根据对方的兴趣爱好，准备一份适当的礼物，但应注意礼物不能太贵重，以免弄巧成拙。

3. 尊重主人

在约定的时间拜访客户时，一定要注意尊重对方。推销人员来到拜访对象门前，必须先轻轻敲门或按门铃，并后退一步等待主人开门；主人开门后应主动行握手礼（遇女主人时例外），首先向主人致以问候并主动作自我介绍，待主人允许后方可进门。进门后，要逐一问候主人的家庭成员，待主人示意请坐时应礼让主人先坐下，然后再坐下来，要坐在座位的 1/3 处，且身体略向前倾，不可一屁股坐下，仰靠在沙发靠背上，更不能跷二郎腿。主人若客气地上茶、敬烟时，要起身致谢并双手迎接。

在进入主人家门后，要迅速看一眼主人家里的陈设，为即将开始的拜访留下寻找话题的伏笔。记住未经主人许可，不能擅自参观主人家居，也不要在落座后东张西望。谈话时，跟上主人的思路，不要过多谈论私人问题，除非主人自己主动介绍。谈话中以介绍企业历史、当前规模、生产能力、技术领先状况等为主。要领悟主人的兴趣所在，不妨多谈些主人感兴趣的话题，及时对主人的兴趣、爱好予以赞美。拜访时间一般不超过 1 小时，到时间要及时告辞。如果主人再三挽留，可以适当延长一些时间。辞谢时一定要对主人的会见、招待表示感谢，并对打扰主人表示歉意。

（四）会谈礼仪

在实际生活中，推销活动有时要通过邀请重要客户或大客户到企业进行参观、考察来实现，并就产品的特殊要求、交货时间、运输条件、价格优惠、信贷条件、合作期限等双方关心的问题交换意见，双方高层管理者之间要会晤和具体商谈，这就涉及会谈的一般礼仪问题。

1．会场准备

会场的布置，应体现出礼仪的规范和对来客的尊重，还要体现适当的隆重。通常情况下，会场一般安排在正式的专用会谈室，也可以安排在一般会议室或办公室，使用长方形或椭圆形的会议桌，宾主各坐一方。如果对方来人不多，也可以只设沙发，不需要桌子。较为正式的会谈，事前还要与对方就会谈的具体事宜（如会谈的目的、内容、时间、双方参加人员等）进行磋商，以便作更为妥当的安排。

在会谈场所的显眼处，最好张贴欢迎标语，并在会谈桌子上放置鲜花（如果对方是外商，则要考虑宗教禁忌和习俗，如日本人忌荷花、欧洲人忌菊花等）。会谈开始前双方一般要作简短致辞，互赠有纪念意义的礼品。如安排有合影则在合影后入座。

2．合影礼仪

合影时，一般是主人居中，主人右边为主宾，客方其他人员在主人和主宾两边依次站立，主方人员站两旁。如果人员较多，分两排及以上时，第一排人员要考虑身份，按身份高低从中间依次向两旁排开。

3．进入会场

双方会谈时间确定后，主方应提前到达准备，客人到达时要在正门或会议室门前迎接，也可安排迎宾、工作人员在会场大楼前迎候并引领到会谈地点，主人在会谈室门口迎接。会场内要安排足够的座位，在座位的前方安放座位卡（外宾要有中英文对照）。

4．座位安排

座位安排所体现的礼仪，集中于双方座位的位置和座次的安排。通常主、宾相对而坐，一般面对正门一方为上座，应安排客方面对正门就座、主方背对正门就座为好。座次安排则由双方的主谈人员居中，其他人员按礼宾顺序左右安排就座。后排是记录人员或译员（国际营销时有的译员安排在主、宾之间，或安排在主谈者右侧）。

（五）宴请礼仪

在推销工作中，有时需要安排一些宴请活动，或在客户参观企业时安排，或在推销所在地安排。宴请形式有宴会、招待会。选用哪种形式一般根据需要而定，但不同的宴会形式有不同的礼仪。

1．宴会概况

宴会是较为正式的宴请，从宴请时间来分，分为早宴、午宴和晚宴，以晚宴最为正式和隆重。从宴会的正式程度来分，宴会一般又分为正式宴会和便宴两种。正式宴会用于规格较高的宴请，讲究宴会的排场和气氛，对于餐具、酒水、陈设等要求严格，有时要在请柬上注明对参加宴会者的服饰要求，甚至对服务员的服饰也有特别要求。在宴会上，宾、主要按身份就座，并且一般在宴会前有一个简短的仪式，如宾、主致辞等。便宴则多用于规格较低或日常往来客户的非正式招待，不需要有太多的讲究。

2. 招待会

招待会在形式上有冷餐会、酒会、茶会和工作餐等，一般用于各种非正式和较为灵活的宴请，其中又以冷餐会和酒会最为常见。其形式一般不排座位，可以自由走动。

3. 宴会组织

宴会的组织最能体现礼仪礼节知识。中国的饮食文化源远流长，在社会交往中只要有需要，都会举行宴请活动。但是宴会组织一旦出现疏忽，结果是"香火敬了，却把菩萨得罪了"。因此，一个成功的宴会，一定要有细致的宴会组织。这里简要介绍中国宴会组织的基本程序。

（1）明确宴请目的。宴请目的是属于迎来送往、纪念（喜庆）节日、开业庆典，还是增进了解、发展友谊、合作成功，是庆贺交易成功、展会开（闭）幕，还是工程开（竣）工等。

（2）明确宴请对象。邀请什么人参加宴会，由谁来出面邀请，要根据主人的身份和宴会的规格来确定。如一个村办企业开业，由业主亲自出面邀请村长和乡长就够了，不必非要邀请县长、市长（除非创业者与他们有特别的关系或者所办企业是非常特殊的）。谁出面邀请客人是有讲究的，邀请人身份低了，易给对方造成受到冷落、宴会规格不高或不尊重客人的印象，而邀请人身份过高，则会给受邀者无所适从感。

（3）明确邀请范围。宴会邀请范围的确定要考虑多方面的因素，一般应考虑宴请性质、主宾身份、主人身份及宴请惯例等。

（4）明确宴请形式。宴请形式取决于所在地区的习惯。中国地区差异虽大，但宴请习惯并无太大差异。如果考虑国际营销中的宴请，则要尊重国际习惯。

（六）赴宴礼仪

有些推销人员有时也会受到客户的宴请邀请，无论能否出席，都要尽早回复对方，以便主人进行安排。在国际营销中如遇到请柬上注有"R.S.V.P"（请答复）的字样，则一定要及时答复，而仅有"To remind"（备忘）字样的请柬，可不必答复。一旦接受邀请，不能随意更改。注意应邀出席宴请活动之前，要核实宴请的主人，活动举行的地点、时间，是否邀请了配偶，对服饰有无要求等，以免失礼。

要掌握好出席宴会的时间。因为到达宴会地点时间的迟早、逗留时间的长短，在一定意义上反映了对主人的尊重程度。除非你的身份高，否则应提前到达宴会地点。当然，要根据习惯或者宴会性质来掌握好时间。

入座与进餐礼仪。到达宴会地点后，应首先向主人问好、祝贺或致谢，然后遵照主人的安排在指定的桌次与座次就座，不宜随便就座。就座后如果左右邻座已有客人，应主动与他们打招呼；如果几乎同时就座，则应主动帮助他们先就座，特别是长者和女士，然后再入座，且应从座位的右侧入座。待主人招呼后，方可进餐。如果有多桌客人，则应等待主宾席开始进餐后才能进餐，不能自己先进餐。

有时在宴会上可能出现意外情况，特别是吃西餐，要注意刀叉碰击盘子的声音不要太响，吃饭、喝汤的声音不能太大。若不慎有这样的情况或出现餐具掉落、酒水洒溢，应轻声向邻座或主人说声"对不起"。

（七）参观礼仪

在一些大型成套设备推销和长期产销合作关系建立的推销活动中，有时要通过参观对方企业或邀请对方来自己的企业进行参观，以了解企业的经营管理水平、技术装备水平、员工素质状况、企业的生产规模和产品供应能力等。参观一般有两种情形：一是因洽谈业务的需要，而应邀或邀请对方来参观企业，无论哪种情况，事先都应坦率说明参观的目的和要求，让彼此了解参观的真实意图，并在参观中如实介绍有关情况；二是通过参观来增长知识。

（八）其他礼仪

推销人员在实际工作中会遇到许多具体需要注意的礼仪礼节问题，如馈赠电话商谈、信函往来、合同签署、休闲活动安排等，这里不详细介绍。

任务三 推销理论与推销模式分析

任务引入

推销员张伟在推销产品时注重对产品的了解，对产品的作用、性能倒背如流。所以，在见到顾客时，他总是先礼貌地打个招呼，恭敬地把名片递给顾客，一边说："您好，我是某公司销售部的推销员，我叫张伟，我来是推销××的，请多关照。"然后很快就开始他的推销介绍，可是他的推销成绩并不理想。后来，张伟在进行推销介绍时，又列举了很多关于顾客应该购买推销产品的理由，虽然说得头头是道，但是他的推销成绩仍不理想，他苦恼极了，你认为张伟欠缺的是什么呢？你能帮助他吗？

任务1：张伟需要掌握推销的理论，针对不同客户特点调整策略进行推销。

任务2：张伟需要了解推销的模式，根据推销活动的特点以及顾客接受推销过程各阶段的心理演变采取不同的策略。

任务分析

现代推销活动是以满足顾客需要为前提的，推销人员通过各种推销技术和推销手段，向顾客说明推销品给其带来的利益，以吸引顾客，说服顾客购买推销品。因此，推销人员在推销之前，必须调整好自己的心态，掌握顾客的购买心理，以便能够针对顾客的具体情况熟练地运用恰当的推销模式。只有这样，才可能取得良好的销售业绩。

知识链接

一、推销方格理论

推销方格理论，是美国管理学家罗伯特·R.布莱克教授和J.S.蒙顿教授于1970年根据管理方格理论的要旨，研究了推销人员与顾客的关系而率先提出来的，它是推销学基础理论的一大突破。

推销人员向顾客推销的过程实际上是双向沟通的过程。在交往中双方会对彼此产生一定的印象和看法，而这种印象和看法会直接影响推销结果。推销方格理论分为推销人员方格和顾客方格两部分。推销人员方格是研究推销活动中推销人员心理活动状态，顾客方格则是研究顾客在推销活动中的心理活动状态。大量实践工作表明，要做好推销工作，必须了解买卖双方对推销活动的态度。学习推销方格理论，一方面可以直接帮助推销人员更清楚地认识自己推销态度的状况，看到自己在推销工作中所存在的问题，进一步提高自己的推销能力；另一方面，推销方格理论还可以帮助推销人员更深入地了解顾客，掌握顾客的心理活动，以便有的放矢地开展推销活动。下面我们分别介绍推销人员方格和顾客方格。

（一）推销人员方格

推销人员在推销活动中有两个目标：一是尽力说服顾客，完成交易；二是尽力迎合顾客的心理活动，与顾客建立良好的人际关系。在第一个目标中，推销人员关心的是销售；在第二个目标中，推销人员关心的是顾客。不同的推销人员对待这两个目标的态度是不同的，把它们表示在方格图上，就是推销人员方格，如图1-3所示。

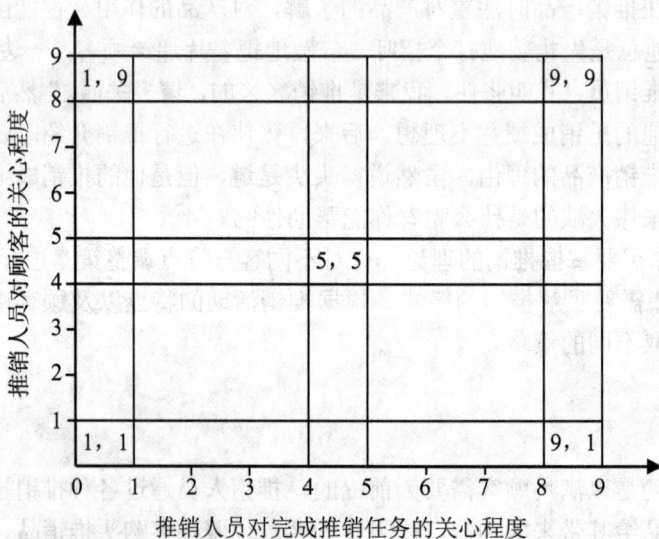

图1-3 推销人员方格

在图1-3中，横坐标表示推销人员对完成推销任务的关心程度，纵坐标表示推销人员对顾客的关心程度；坐标值由 1 到 9 不断增加，坐标值越大，表示推销人员对其关心的程度越高。根据推销人员方格可将推销人员分为许多不同的类型，以下是五种典型的推销人员类型。

1. 事不关己型

推销人员方格图中的（1，1）型推销人员，他们既不关心自己的推销任务能否完成，也不关心顾客的需求和利益能否实现。这种类型的推销人员对工作缺乏必要的责任心和成就感，也没有明确的奋斗目标。他们对顾客缺乏热情，顾客是否购买商品与己无关。他们对待工作的态度极差，回答顾客所提的问题极不耐心，甚至在推销商品过程中与顾客发生争吵，在顾客当中的形象很差。产生这种心态的原因：一是推销人员缺乏敬业精神，不思进取；二是企业缺乏有效的激励机制。要改变这种态度，首先要求推销人员树立正确的推销观念，正确对待顾客，正确对待推销工作，严格要求自己，树立积极向上的人生观；其次，企业要建立明确的奖惩制度，奖勤罚懒。

2. 顾客导向型

推销人员方格图中的（1，9）型推销人员，他们非常重视与顾客的关系，而不关心销售的完成情况，即推销人员刻意强调在顾客中树立自己良好的形象，处处为顾客着想，甚至放弃原则来迎合顾客、迁就顾客，尽量满足顾客的要求，达到与顾客建立良好关系的目的。这类推销人员只重视建立与顾客之间的良好关系，而忽视了推销任务的完成，他们不会成为好的推销人员。产生这种心态的主要原因：一是推销人员片面扩大了人际关系在推销过程中的作用；二是推销人员对以顾客为中心的现代推销观念的实质认识不清。因此，成功的推销人员必须明确：一方面，承认人际关系对增加订单、完成推销任务有积极作用，但这种关系如果不能使销售额增加，那这种关系对于促进交易的作用就不明显了，推销人员需要改变推销策略；另一方面，推销人员要坚持为顾客服务的思想，同时又必须善于对顾客进行教育，对顾客明显的偏见、误解等表明自己的态度和立场，这样既能满足顾客的需要，又有利于推销目的的顺利实现。

3. 强力推销型

推销人员方格图中的（9，1）型推销人员，他们具有强烈的成就感与事业心。这种推销人员的心态与顾客导向型正好相反，只重视推销是否成功，而不考虑顾客的需要和利益。他们千方百计地说服顾客购买，甚至不择手段地采取强行推销的方法，将商品推销出去，而不考虑顾客是否真正需要所推销的商品。这类推销人员在推销商品时一般只考虑其个人的推销成果，而忽略了与顾客之间的关系，更不会去考虑其行为给企业形象带来的不良影响。他们有很强的推销意识，就是想尽一切办法将商品推销出去。

产生这种态度的原因，是推销人员对"达成交易"是推销工作的中心任务这一观点产生了片面性理解，以至于急于求成。推销人员应充分认识到，达成交易作为推销工作的中心任务，是针对推销工作的长期性而言的，推销人员决不能要求每一次业务拜访都能达成交易，不能把它推广到每一次具体的推销活动中去。俗话说，"欲速则不达"。如果推销人员只顾完成销售任务，而不尊重顾客，不考虑顾客的实际需要，强行推销，则会断送企业的长远利益。因此，推销人员只有按现代推销理念的要求，诚心诚意地进行推销，才能有所成就。

4. 推销技巧型

推销人员方格图中的（5，5）型推销人员，他们既关心推销成果，也关心与顾客之间的关系。他们热爱推销工作，十分重视对顾客心理和购买动机的研究，善于运用推销技巧。若在推销中与顾客意见不一致，一般都能采取折中的办法，使双方相互妥协，避免矛盾冲突。他们能够非常巧妙地说服一些顾客购买实际上并不需要的商品，从表面现象来看，这种推销人员是较理想的推销人员，但值得注意的是，他们只重视对顾客心理、行为及推销技巧的研究，而对顾客的需求和利益考虑得很少，这实际上损害了顾客的利益。这种类型的推销人员从某种程度上看，有一定的推销能力，但实际上这种推销人员很难适应现代推销观念的要求，在激烈竞争的现代市场中是很难取得成功的。

虽然这类推销人员踏实肯干、经验丰富、老练成熟，往往也具有较好的推销业绩，但他们不能成为推销专家。因为他们在推销中只注意推销技巧，注意顾客的心理状态，注重说服顾客的艺术，而不十分关心顾客的真正需求，不十分关心自己的销售额。他们对销售额和顾客的关心仅限于中等的水平上，而且其推销技巧也尚未达到娴熟的程度。他们可能会说服顾客购买不需要的产品，从长远讲，既损害了顾客的利益，也不利于企业的长远利益。

5. 解决问题型（满足需求型）

推销人员方格图中的（9，9）型推销人员，他们属于较理想的推销人员，其推销心态极佳。他们对自己的推销工作及效果非常重视，并且十分关心顾客的需要。他们注意研究整个推销过程，总是把推销的成功建立在满足推销主体双方需求的基础上，针对顾客的问题提出解决办法，并在此基础上完成自己的推销任务。这种推销人员能够最大限度地满足顾客的各种需求，同时取得最佳的推销效果。这类推销人员可以说是理想的推销人员。

解决问题型的推销人员具备了现代推销人员的基本素质和能力的要求，能够适应现代市场经济的发展要求，能够成为最理想、最优秀的推销人员。

案例 1-9

拦截路人推销化妆品

高高兴兴地走在街头，突然被人拦住，要送你"免费试用"的化妆品，但称要收取一定的交通费。市民李小姐就碰上这样的"好事"。当天傍晚她正和朋友逛街，一个提着几袋化妆品的女孩很礼貌地叫住她："小姐，耽误您 1 分钟行吗？我是××化妆品公司的营销员，这是我们公司的化妆品，送您免费试用……"李小姐表示不要，但那位女孩继续缠着她说："我们公司的产品是与雅芳齐名的国际品牌，刚要打进国内市场，现正在进行免费赠送活动，一套化妆品 200 多元免费送给您。"见李小姐停了下来，女孩又抢着说，"产品免费送您。但由于我们到漳州来赠送产品要花路费，公司规定每赠送一套产品收取 20 元交通费。"李小姐厌烦地说："以前派送小广告，扔了就了事。这回被拦住推销了半天的化妆品，实在搞得不胜其烦。"

街头强行推销，不买不放行

化妆品促销人员为了使自己的化妆品尽早出手，竟在大街上拦住年轻貌美的女子，向其推销化妆品，引来路人一片骂声。据媒体报道，金小姐在上班途中，突然被一名推销化妆品的妇女拦了下来，金小姐没有理睬。孰料，这位妇女竟强行拉住金小姐的车子不让她走，向金小姐推销她的化妆品。正当金小姐想摆脱这名妇女的纠缠时，又有三四个推销化妆品的妇女围了上来，七嘴八舌地向金小姐推销各自的化妆品。眼看上班时间到了，但这几名妇女却"齐心协力"地拽着金小姐的自行车，大有"不买决不放人"之势，令金小姐好不厌烦。正好执勤的交警巡逻至此，几名死缠不休的妇女才慌忙收起家伙开溜了。

资料来源：http://qiangjianglin.blog.163.com/blog/static/381737752008423113655468/

问题：请谈谈我们所要求的推销和以上案例中的推销有什么区别？案例中的推销方式会带来哪些危害？

【启示与思考】

我们所要求的推销是在充分了解顾客需求的前提下，通过恰当的、顾客可以接受的方式让顾客认识、认可、喜欢、接受产品，并且让顾客在购买产品后得到预期的价值。本案例中的推销实际上是把顾客推到自己的对立面，强行让顾客购买不需要的产品，严重地侵害了顾客的利益，不利于公司的发展，最重要的是损害了推销人员的形象，造成广大消费者产生对推销人员抵触的情绪和态度。

（二）顾客方格

推销活动不仅受推销人员态度的影响，而且受顾客态度的影响。交易能否实现，最终取决于顾客的态度。顾客在与推销人员接触的过程中，会对推销人员与推销活动、自身购买活动产生两方面的看法。这就使他们在购买商品时，头脑中都装有两个具体、明确的目标：一个目标是与推销人员谈判，力争以尽可能小的投入，获取尽可能大的收益，完成其购买任务；另一个目标是争取与推销人员建立良好的关系，为今后的合作打好基础。每个顾客对这两个目标的追求程度和态度是不一样的，将其表现在方格图上就称为顾客方格，如图 1-4 所示。

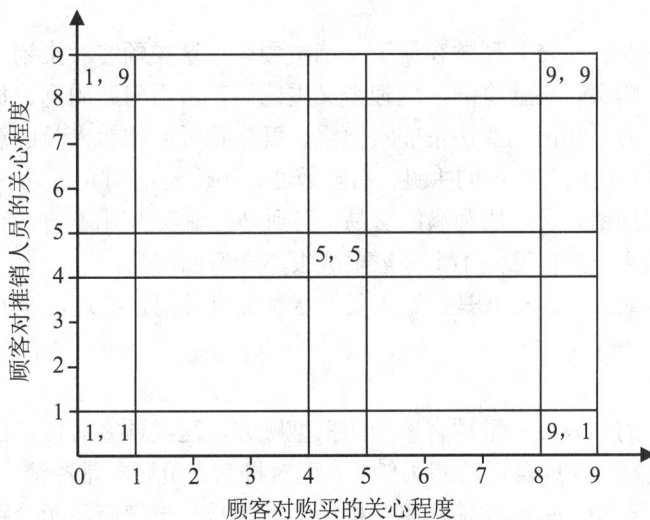

图 1-4　顾客方格

在图 1-4 中，横坐标表示顾客对购买的关心程度，纵坐标表示顾客对推销人员的关心程度。不同位置的方格代表着不同顾客在购买过程中的心理和态度，数值越大表示顾客关心的程度越高。按顾客方格，可以划分出顾客态度的类型，其中具有代表性的有以下五种类型。

1. 漠不关心型

顾客方格图中的（1，1）型顾客属于漠不关心型顾客。这类顾客对上述两个目标的关注程度都非常低，既不关心自己与推销人员的关系，也不关心自己的购买行为及结果。他们当中有些人的购买活动有时是被动和不情愿的，购买决策权并不在自己手中，他们往往要服从于长辈或上级领导；也有些人的购买活动是受人之托的，自己做决策有风险。具体表现为尽量避免作出购买决策，回避推销人员，认为购买决策与自己无关。他们对推销人员和自己的购买活动既不热心，又不负责任。向这类顾客推销商品是非常困难的，推销成功率是相当低的。

对待这类顾客，推销人员的首要任务是尽力使推销工作能继续进行，并主动了解顾客的情况，搞好与顾客的关系，消除其戒备心理；其次是向顾客说明自己的推销是为了满足顾客的需要，并为其提供优质服务，绝不会为顾客增添烦恼，并强调自己是讲信用的，以提高顾客的信心，促其作出购买决策。

2. 软心肠型

顾客方格图中的（1，9）型顾客属于软心肠型顾客。这类顾客对推销人员以及对与推销人员建立良好关系极为关注，而对自己的购买行为和目的却不大关心。这类顾客非常注重情感，当推销与购买发生冲突时，为了能与推销人员保持良好的关系，或者为了避免不必要的麻烦，他们很可能向推销人员作出让步，吃亏地买下自己不需要或不合算的推销品。许多老年人和性格柔弱、羞怯的顾客都属于此类顾客。

对待这类顾客虽然容易成交，但推销人员同样必须以自己的理智调动顾客的理智，要善于保护顾客的感情，绝不能愚弄顾客，更不能欺骗顾客，以确保与顾客的长期合作。

3. 干练型

顾客方格图中的（5，5）型顾客属于干练型顾客。这类顾客对推销人员及自己的购买活动都十分关心，购买时头脑冷静，既理智又重感情，考虑问题周到。他们都具有一定的商品知识和购买经验，作出购买决策非常慎重，既乐意听取推销人员的意见，又倾向于自主地作出购买决策。他们有自己的主见，有自尊心，不愿轻信别人，更不会受他人的左右。这类顾客有时会与推销人员达成圆满的交易，买到自己满意的商品，但有时也会为了自尊、身份及其他原因购买一些自己并不十分需要或很不合算的商品。

对待这类顾客最好的方法就是推销人员要尽量满足其消费心理，充分摆明事实和证据，让其自己作出购买决策。

4. 防卫型

顾客方格图中的（9，1）型顾客属于防卫型顾客。这类顾客对自己的购买行为极其关心，只考虑如何更好地完成自己的购买任务，而对推销人员则非常冷淡，甚至有敌对态度。在他们的心目中，推销人员都欺骗顾客，推销人员都是只想把商品卖给顾客，从而本能地采取防卫的态度，担心受骗上当，怕吃亏。这类顾客在购买过程中小心谨慎，斤斤计较，总希望获得更多的利益。

这类顾客只是对推销人员或推销工作有偏见，而不是不愿意接受推销品。所以，推销人员必须首先推销自己，取得顾客的理解和信任，才能使推销工作顺利进行。随着市场经济的发展，推销工作越来越受到社会各界的重视，也会有更多的社会公众理解推销工作。但推销自己的形象、信誉、人格，永远是推销人员确保推销活动顺利进行不可缺少的内容。

5. 寻求答案型

顾客方格图中的（9，9）型顾客属于寻求答案型顾客。他们被认为是最成熟的顾客。他们不仅关心自己的购买行为，而且高度重视推销人员。他们在考虑购买商品之前，能够非常理智地对商品进行广泛的调查分析，既了解商品质量、规格、性能，又熟知商品的行情，对自己所要购买商品的意图十分明确；他们对商品采购有自己的独特见解，不会轻易受他人左右，但他们也十分愿意听取推销人员提供的观点和建议，对这些观点和建议进行分析判断；他们充分考虑推销人员的利益，尊重和理解他们的工作，不给推销人员出难题或提出无理要求；他们把推销人员看成自己的合作伙伴，最终买卖双方都满意。

对待这类顾客，推销人员应积极参谋，主动为顾客提供有效服务，及时向顾客提供真实、有效的信息，诚心诚意帮助顾客解决问题。

（三）推销人员态度与顾客态度的关系

推销的成功与失败，不仅取决于推销人员的工作态度，同时也受顾客态度的影响。布莱克教授总结出推销人员方格与顾客方格的关系，反映了推销人员态度与顾客态度之间的内在联系。

一般地说，推销人员的心理态度越是趋向于解决问题型，如图 1-3 中的（9，9）型所示，其推销能力越强，就越有可能收到理想的推销效果。从国外有关人士与机构对推销人员推销心态和推销绩效之间关系的比较研究发现：在推销业绩方面，按照如图 1-3 所示的推销人员分类，（9，9）型（解决问题型）比（5，5）型（推销技巧型）高 3 倍，比（9，1）型（强力推销型）高 15 倍，比（1，9）型（顾客导向型）高 9 倍，比（1，1）型（事不关己型）高 75 倍以上。由此可见，不同的推销人员对推销工作的贡献相差很大。可见，要成为一位出色的推销人员，健康的心态是不可缺少的。推销人员应树立正确的推销态度，要加强培训与锻炼，调整与改善自我心态，努力使自己成为一个能够帮助顾客解决问题的推销专家。

当然，具有（9，9）型推销心态的推销人员是理想的推销专家，但并不是说只有这种心态的推销人员才能取得推销佳绩。推销人员的推销活动能否成功，除了自身的努力以外，还要看顾客是否愿意配合。如果推销专家遇到一位铁了心不购买推销品的顾客，纵然他有很高明的推销技法，也很难成功。如果一位（1，9）型（顾客导向型）推销人员遇到一位（1，9）型（软心肠型）顾客，双方都特别关心对方，尽管推销人员不算是一个优秀者，但他依然能够取得推销的成功。

根据推销方格理论，五种类型的推销人员和五种类型的顾客可进行不同的组合。这时就会发现：有的能顺利达成交易，有的不能成交，有的即使成交也不是二者简单搭配的结果。为此，我们可用表 1-1 表示推销人员与顾客的关系。

表 1-1　推销人员与顾客的关系

顾客方格 推销人员方格	(1，1)	(1，9)	(5，5)	(9，1)	(9，9)
(9，9)	+	+	+	+	+
(9，1)	0	+	+	0	0
(5，5)	0	+	0	-	0
(1，9)	0	+	0	-	0
(1，1)	-	+	-	-	-

注："+"表示推销成功的概率高；"-"表示推销失败的概率高；"0"表示推销成功的概率与推销失败的概率几乎相等。

正确把握推销心态与购买心态之间的关系是非常重要的。只要二者能达到相互配合、和谐统一，推销就会成功。

案例 1-10

几位客人到杭州某酒店商场购物，在茶叶专柜前看了看标价，便议论道："这儿东西贵，我们还是到外面去买吧！"这时，服务小姐走上前，关切地说："先生们去外边买茶叶一定要去大型商场，因为市场上以次充好的茶叶很多，很难辨别。"客人立即止步问道："哪家商场比较好，茶叶又怎么进行选择呢？"于是服务小姐便告诉茶叶等级的区分，如何区分茶叶好坏，又介绍了本商场特级龙井的特点，价格虽略高于市场，但对游客来说，买得称心、买得放心是最重要的。几位客人听了小姐的介绍，都爽快地买了几盒茶叶。

资料来源：http://www.6eat.com/DataStore/CardExpensePage/269054_0

问题： 请问为什么销售人员向顾客推荐去商场最终顾客却在她那里买了呢？

【启示与思考】

"你忘记顾客，顾客也会忘记你"，这是国外成功推销人员的格言。无论是否成交，继续不断地关心顾客，了解他们对产品的满意程度，虚心听取他们的意见，对产品和推销过程中存在的问题采取积极的弥补措施，防止失去顾客。推销人员与顾客保持密切的关系，可以战胜所有的竞争对手。

总之，赠给推销人员的应是这句话：永远不要忘记顾客，也永远不要被顾客忘记。

二、推销模式

所谓推销模式，就是根据推销活动的特点及对客户购买活动各阶段的心理演变应采取的策略，归纳出的一套程序化的标准推销形式。在推销实践中，由于推销活动的复杂性，市场环境的多变性，推销人员不应被标准化程序所束缚，而应从掌握推销活动的规律入手，灵活运用推销模式。只有这样运用推销模式，才能起到提高推销效率的作用。

（一）"爱达"模式

根据消费心理学的研究，客户购买的心理过程可以分为四个阶段，即注意（Attention）、兴趣（Interest）、欲望（Desire）、行动（Action），其英文缩写为 AIDA，音译为爱达。国外心理学家和推销专家根据上述四个阶段的特点和他们的实践经验，研究出一套应对客户的方法和程序，这就是推销中的"爱达"模式。"爱达"模式的内容可以表述为：一个成功的推销人员必须把客户的注意力吸引或者转移到其产品上，使客户对其推销的产品产生兴趣，这样，客户的购买欲望也就随之而产生，而后促使客户做出购买行动。该模式可分为以下四个步骤。

1．唤起注意

唤起注意就是要使客户的注意力从自我或他人转向推销方面。为了吸引客户的注意力，说好第一句话是至关重要的，心理学家在研究推销心理时发现，客户听第一句话比听以后的话认真得多。如果客户听到的第一句话是一些杂乱无章的内容，那么往往会导致而后的推销谈话丧失效用，为了防止客户走神或者考虑其他问题，开头几句话必须生动有力，不能拖泥带水，支支吾吾，力求避免使用毫无意义的问句，如"很抱歉，打扰你了，但……""我只是想知道……""我到这里来的目的是……""我来只是告诉你……"等。一位钢铁产品推销人员对客户说："我们新近生产了一种新产品，这种产品可以降低你们的生产费用。现在我能问你几个问题吗？"哪一个生产厂商能对减少生产费用的建议不感兴趣呢？最后，这个推销人员得到了大笔订单。

2．诱导兴趣

诱导客户购买兴趣的关键是要让客户清楚地意识到接受推销的产品之后会得到利益或好处，推销人员要利用各种方法向客户证实推销的产品的优越性，以此引导他们的购买兴趣。一般来说，诱导客户兴趣的最基本的方法是示范。

示范具有如下功能：（1）它能够运用动作的刺激，使注意倾向优先地发生，并集中于推销的产品，防止注意力的转移和分散；（2）示范刺激是一种视觉刺激，视觉比其他知觉具有更明显的印象效果；（3）示范更具体，比其他刺激更容易为人们所理解，因而也更容易在短时间内奏效。

在推销中常用的示范方法有对比、体验、表演、写画等。为了增强示范的效果，示范要有计划地进行，同时要给人以新颖感。例如，有一个胶水推销人员，让客户在一页纸的一端涂抹胶水，然后把带胶水的一端贴在一本厚厚的电话簿上，再用这页纸把号码簿提起来，以此向客户示范胶水的黏合力，这种方式使客户耳目一新，印象十分深刻。

3．激发欲望

如果推销人员的示范令人信服，客户也明确地表示了这一点，但客户还未采取购买行动，其原因之一就是购买欲望尚未被激起，兴趣和欲望毕竟不是一回事。因此，在这一阶段，推销人员首先应当尽量刺激客户的购买欲望，然后再做说服工作，通过向客户介绍情况、讲道理，提出一些颇有吸引力的建议，使客户信服，使客户认识到这种购买是必需的，并使其产生购买念头。

一般来说，客户对推销的产品发生兴趣后就会权衡买与不买的利益得失。对那些正处在买与不买的犹豫状态的客户，推销人员若能巧妙地向客户说明购买了本产品后客户将会感到称心如意，并从中分享到乐趣，得到实惠，并强调产品的心理性使用价值以及在物质的基础上描绘精神上的"图景"，这样就会大大增添产品吸引人的魅力，加强客户的购买欲望。

4. 促成交易

所谓促成交易就是指推销人员运用一定的成交技巧来敦促客户采取购买行动。有些客户在产生了购买欲望之后，往往不需要任何外部因素的刺激就会自己作出购买决策。但在通常的情况下，尽管客户对推销的产品发生了兴趣并有意购买，也会处于犹豫的状态。这时，推销人员就应注意成交的信号，掌握有利时机，运用一定的成交技巧来施加影响，以促成客户尽快作出购买决策，而不是任其发展。

"爱达"模式是一种传统的推销手法，最早起源于美国。事实证明，这一模式的生命力是很顽强的。"爱达"模式四个发展阶段的完成时间是不固定的，可长可短；四个阶段的先后次序也不是一成不变的。这一推销过程可能需要几个月的时间才能完成，也可能只需几分钟就能完成，有时也可以省掉其中的一两个阶段，但促成交易是其终极目标。

案例 1-11

在超市见到一名销售拖把的推销人员进行如下的现场销售。

刚进超市就听见远处传来大声的吆喝：我们的拖把来自台湾，是传统拖把卓越的替代品，省事、省力、省水，轻轻一抹，灰尘都扫光……

顺着声音找过去，看见一个小伙子正将一瓶墨水倒在地上，地上一下子变得黑乎乎的。正感到奇怪的时候，小伙子用拖把在墨水上轻轻一抹，地上一下子变得很干净，再看拖把，拖把头变得黑乎乎的了，然后他把拖把放到旁边一个水桶里面，用拖把上一把扳手来回扳几下，将拖把取出，拖把上没有一点黑色了。

小伙子一边做一边说："我们的拖把不仅可以将灰尘、难以擦洗的颜料很方便地擦干净，还具有很好的吸附作用，可以将图钉、小石子、小线头吸起来，买了我们的拖把，你就相当于买了一个吸尘器。我们的拖把不但效果好，用起来也十分方便，清洗拖把快速简单，不需要你碰到任何脏物和脏水，深受家庭妇女的喜爱。"

小伙子见到我看得认真，就对我说："大哥你可以亲自试一下，我保证你试过后一定会喜欢它的。而且你现在购买，我还可以赠送你一个拖把头，相当于你花一个拖把的钱买了两个拖把。你看我今天总共带来了50个拖把，到现在为止只剩下7个了。你如果在其他地方购买这样的拖把至少需要150元以上，而你今天在我这里购买只需要98元……"

资料来源：编者整理

问题：请描述这个推销人员是如何一步步利用"爱达"模式进行拖把推销的。

【启示与思考】

分别从引起注意、诱发兴趣、刺激欲望、促成购买四个步骤来分析。

（二）"迪伯达"模式

"迪伯达"模式是国际推销权威海因兹·姆·戈德曼从推销实践中总结出来的一种行之有效的推销模式，即发现（Definition）、结合（Identification）、证实（Proof）、接受（Acceptance）、欲望（Desire）、行动（Action），缩写为DIPADA。该模式的基本思路是：

找出客户需求，促使客户想到需求，推销人员说明自己的产品可以满足其需求，并由此促使客户购买。与传统的"爱达"模式相比，"迪伯达"模式的特点是紧紧抓住了客户需求这个关键，使推销工作更能有的放矢，因而该模式具有较强的针对性。

"迪伯达"模式把推销全过程概括为六个阶段：（1）准确地发现客户有哪些需要和愿望；（2）把推销的产品和客户的需要、客户的愿望结合起来；（3）证实推销的产品符合客户的需要和愿望；（4）促使客户接受所推销的产品；（5）刺激客户的购买欲望；（6）促使客户采取购买行动。

"迪伯达"模式是一种更灵活、更高级的推销方式，按照这种方式进行业务洽谈看起来比较复杂，但效果却是很理想的。

案例 1-12

以下是某品牌冰箱推销员在苏宁电器商场进行产品推销的实例。

推销员："这位小姐，您好。请问您需要购买什么样的冰箱？"

顾客："我看看。我家的冰箱小了，想换个大一点的。"

推销员："是啊，现在家庭的食品越来越丰富了，以前的冰箱容积一般都比较小，不太适用了。请问您家几口人啊？"

顾客："我家人不多，夫妻俩加一个孩子。不过我们平时工作忙，上街购物时间不多，所以每次都会一次性买很多东西放到冰箱里面。"

推销员："一次性买得多，使用时间长，那就要买一个容积大同时有很好保鲜效果的冰箱。我们的生物保鲜系列冰箱就是具有超长保鲜功能，容积大，食物长时间储存不变质、不脱水，特别适合您这样一次购物量大的家庭。"

顾客："我觉得食物放在冰箱里面时间一长就容易脱水，味道不好了。"

推销员："是的，一般冰箱保鲜能力差，但是我们的生物保鲜系列冰箱采用了零度保鲜技术。您知道，纯水在 0℃时冻结成冰，但食品在 0℃时却不会结冰。因为结冰以后的食物营养会大量地流失，所以在 0℃时的食物仍然保持'鲜活'状态，同时使食品腐败变质的细菌繁殖又得到最大限度的抑制。因此，我们的零度生物保鲜冰箱能够有效地锁住食物的营养和水分，延长食物的保鲜寿命。您看，这是中国家电研究院对市场上我们正在销售的生物保鲜冰箱进行的实验室保鲜性能检测。各项检测数据显示，我们的'零度'保鲜冰箱在水分、VC 等保鲜指标上名列前茅。"

顾客："感觉是不错。我再考虑考虑吧。"

推销员："对了，您刚才说您有个孩子，多大了啊？"

顾客："六岁半了，很调皮。"

推销员："孩子是家长的未来，孩子身体发育期间要注意营养更要注意卫生。其实现在冰箱里面放很多东西，生食和熟食常常混放，小孩子不懂事，容易吃到不干净的食物。你看我们的冰箱生食区和熟食区是独立隔开的，同时有明显的指示图案，小孩子很容易分得清。"

顾客："你们这一款 218 升的价格多少啊？"

推销员："这一款现在的价格是 3 970 元。"

> 顾客："有点贵啊！"
>
> 推销员："我们的这一款价格不贵的，现在在做特价，您可以看看其他家一样大小的不具有超长保鲜的冰箱也要这个价格。您花同样的价格买一个我们这样的超长保鲜冰箱，很划得来的啊！"
>
> 顾客："我觉得这一款冰箱还可以，不过我觉得价格还是贵了一点。那我再到国美去看看，比较一下吧。"
>
> 推销员："我们的产品是全市最低价的。您如果不放心，我们可以承诺，您如果在其他商场买到同样的产品，价格比我们低，我们双倍返还差价。同时我们今天在举行购物幸运时段时间，您在幸运时段时间可以享受免费购物。祝您好运啊！不过这个活动今天是最后一天啊。"
>
> 顾客："这样啊，呵呵，我最近运气不错。那好吧，我就定这款冰箱，我要这种红色的。你开票吧。"
>
> 资料来源：胡善珍. 现代推销[M]. 北京：高等教育出版社，2010.
>
> **问题：**请描述这个推销人员是如何一步步利用"迪伯达"模式进行冰箱推销的。

【启示与思考】

分别从"迪伯达"六个步骤来分析销售员的推销过程和关键点。

（三）"埃德帕"模式

"埃德帕"模式将推销全过程分为五个阶段：第一阶段，把推销的产品与客户的愿望联系起来（Identification）；第二阶段，向客户示范合适的产品（Demonstration）；第三阶段，淘汰不宜推销的产品（Elimination）；第四阶段，证实客户已作出正确的选择（Proof）；第五阶段，促使客户购买推销的产品，使客户作出购买决定（Acceptance）。该模式的英文缩写形式 IDEPA 由上述五个阶段的英文首位字母组成。

"埃德帕"模式是"迪伯达"模式的简化形式，它适用于有着明确的购买愿望和购买目标的客户，是零售推销较适用的模式。当客户主动来到零售商店，提出要购买某些产品，或者手里拿着购货单，此时应使用"埃德帕"模式。总之，无论是哪种类型的购买，只要是客户主动与推销人员接洽，哪怕是通过电话询问某一产品的情况，"埃德帕"模式都是一种较为适合的推销模式。

（四）"费比"模式

"费比"模式是由中国台湾地区中兴大学商学院院长郭昆漠总结出来的推销模式。费比是英文 FABE 的中文译音，而 FABE 则是由英文单词 Feature、Advantage、Benefit 和 Evidence 的首位字母组成。这四个英文字母表达了费比模式的四个步骤：把产品的特征（Feature）详细介绍给客户；充分分析产品优势（Advantage）；描述产品给客户带来的利益（Benefit）；以"证据"（Evidence）说服客户购买。

1. 详细介绍产品

该模式要求推销人员要以准确的语言向客户介绍产品的特征。介绍的内容包括产品的性能、构造、作用、使用的简易性及方便程度、耐久性、经济性、外观、优点及价格等，如果是新产品则应更详细地介绍。如果产品在用料和加工工艺方面有所改进的话，也应介绍清楚。如果上述内容多而难记，推销人员应事先打印成广告式的宣传材料与卡片，以便在向客户介绍时将材料和卡片交给客户。因此，如何制作好广告材料和卡片成为"费比"模式的主要特色。

2．充分分析产品优势

推销人员应针对在第一步中介绍的特征，找出其特殊的作用，或者是某项特征在该产品中扮演的特殊角色、具有的特殊功能等。如果是新产品，则务必说明该产品的开发背景、目的、设计时的主导思想、开发的必要性以及相对于老产品的差别优势等。当面对的是具有较高专业知识的客户时，则应以专业术语进行介绍，并力求用词准确，言简意赅。

3．明确产品给客户带来的利益

这是"费比"模式中最重要的一个步骤。推销人员应在了解客户需求的基础上，把产品能给客户带来的利益，尽量多地列举给客户。在列举时，不仅要讲产品外表的、实质上的利益，更要讲产品给客户带来的内在的、附加的利益。从经济利益、社会利益到工作利益以至社交利益，都应一一列举出来。在对客户需求了解不多的情况下，应边讲解边观察客户的专注程度和表情变化，在客户表现出关注的主要需求方面要特别注意多讲解、多举例。

4．以"证据"说服客户

推销人员在推销中要避免用"最便宜""最合算""最耐用"等字眼，因为这些话已经令客户反感而没有说服力了。因此，推销人员应用真实的数据、案例、实物等证据解决客户的各种疑虑，从而促使客户购买。

案例 1-13

一个推销员在推销冰箱，其介绍如下。

你好，这款冰箱最大的特点是省电，它每天的用电才 0.35 度，也就是说 3 天才用 1 度电。

以前的冰箱每天用电都在 1 度以上，质量差一点可能每天耗电达到 2 度。现在的冰箱耗电设计一般是 1 度左右。你一比较就可以算出一天可以为你省多少钱。

假如 0.8 元 1 度电，一天可以省 0.5 元，一个月可省 15 元，相对来说你就省下手机的一个月租费了。

这款冰箱为什么那么省电呢？

推销员拿出了产品的说明书：你看它的输入功率是 70 瓦，就相当于一个电灯的功率。这款冰箱用了最好的压缩机、最好的制冷剂、最优化的省电设计，它的输入功率小，所以它省电。

推销员又拿出了销售账本，说：这款冰箱销量非常好，你可以看看我们的销售记录。假如合适的话，我就帮你试机。

资料来源：胡善珍．现代推销[M]．北京：高等教育出版社，2010．

问题：请按照"费比"模式分析案例中推销人员的推销技巧。

【启示与思考】

分别从特点、功能、利益、证据四个角度来分析，特别要关注这四者之间的关联度。

（五）"吉姆"模式

"吉姆"模式（GEM）是一种对培养推销人员的自信心、提高其说服力极有帮助的模式。该模式的关键是"相信"，即推销人员一定要相信自己所推销的产品（Goods）、相信自己所代表的公司（Enterprise）、相信自己（Man）。推销业务的"成交"是产品、公司和推销人员三要素综合作用的结果。

推销这种职业要求推销人员首先说服自己，然后再说服别人。在所拜访的客户中，有4/5 的人会对所推销的产品不感兴趣。这就需要推销人员在精神上和感情上作出极大的努力。正是由于这种原因，推销人员必须完全相信他所从事的推销工作是大有作为的。只有相信自己的产品和公司才能充满信心，只有具备自信才会产生积极性，而积极性又可以使推销洽谈获得成功。对所代表的公司缺乏信任是非常危险的；对所推销的产品缺乏信心是十分有害的；而对自己缺乏自信心则是最致命的。因此，"吉姆"模式可以说是推销洽谈的先决条件。

在多数企业里，要求推销人员掌握的只是产品知识、市场情况和一些必要的推销技巧，很少关心推销人员是否具有自信心。事实上，工作热情不是自发的，它需要帮助。不仅是推销新手，就是有经验的推销人员也需要得到别人的帮助。

1. 要相信自己所推销的产品

公司及其各职能部门要向推销人员介绍有关产品的各类资料，使推销人员对本企业产品有全面、深刻的了解。同时，还要把所推销的产品同竞争产品相比较，使推销人员看到自己产品的长处，使其更加相信自己的产品。

2. 要相信自己所代表的企业

要使推销人员相信自己的企业及其产品，公司和产品的信誉是基础，推销人员和企业的全体职工要共同创造企业的商业特征，树立企业的形象，创造企业的个性，提升企业的声誉，创造企业的成功，激发客户的购买动机。

3. 要相信自己

推销人员首先要相信自己是一个合格的推销人员，对每次产品的推销都要有必胜的信心，要相信自己的辛勤劳动会有成果，相信自己的工作在企业发展中能起到重要作用。

任务总结

张伟通过深入地学习研究，对推销的含义特点、推销的理论与模式及推销人员应具备的素质与能力有了深入的理解，他将学习结果归纳如下。

1. 商品推销是指推销人员运用一定的方法和技巧，帮助顾客购买某种商品和劳务，以使双方的需要都能得到满足的行为过程。这一过程包括寻找顾客、推销接近、推销洽谈、处理推销障碍、成交和售后服务六个阶段。推销行为的核心在于满足顾客的欲望和需求。在推销过程中，推销人员要运用一定的方法和技巧，才能促成交易。

2. 商品推销由推销人员、顾客及推销品三个基本要素组成，其特点是特定性、灵活性、双向性、互利性、说服性。

3. 商品推销的基本原则：满足顾客需求的原则、互惠互利的原则、推销使用价值观念的原则、人际关系的原则。

4. 推销人员作为一种促进社会生产交换的特殊职业，全社会对其应具有的品性素质与职业能力等方面有着与其他从业者不同的要求，与社会一般从业者相比要有更高的素质、能力和礼仪要求。

5. 推销方格理论包括推销人员方格和顾客方格。推销人员方格反映的是推销人员的态度，典型的推销态度有事不关己型、强力推销型、顾客导向型、推销技巧型、解决问题型。解决问题型的推销态度是最佳的推销态度。顾客方格反映的是顾客的态度，典型的顾客态度有漠不关心型、软心肠型、防卫型、干练型、寻求答案型。寻求答案型是最成熟的顾客态度。推销模式是根据推销活动的特点以及对顾客接受推销过程各阶段的心理演变应采取的策略，归纳出的一套程序化的标准推销形式。

业务技能自测

一、判断题

1. 人员推销并不是一个孤立的因素，而是一个必须放在整个营销战略中来考虑的因素。（　　）

2. 一般来说，诱导客户兴趣的最基本的方法是示范。（　　）

3. 推销人员的任务就是满足顾客提出的明确需求。（　　）

4. 和客户拉关系就是要多请客户吃饭，玩。（　　）

5. 在推销过程中，推销人员应主要关注销售结果，无须关注与客户之间的关系。（　　）

6. 推销只是由推销人员向推销对象传递信息的过程。（　　）

二、选择题

1. 相对于其他促销沟通方式，推销最大的优势是（　　）。

　　A. 传播面广　　　　　　　　　　B. 很快获得客户反馈

　　C. 沟通信息量大　　　　　　　　D. 沟通成本低

2. 假如利用 FABE 模式卖一款老人手机，推销人员提到手机屏幕大，按键大，请问这是指 FABE 的哪个部分？（　　）

　　A. F　　　B. A　　　C. B　　　　　　D. E

3. 在接待客人时，下列说法正确的是（　　）。

　　A. 如果对方来人不多，也可以只设沙发，不需要桌子

　　B. 通常主、宾相对而坐，一般面对正门一方为上座，应安排客方面对正门就座

　　C. 座次安排则由双方的主谈人员居中，其他人员按礼宾顺序左右安排就座

　　D. 合影时，一般是主人居中，主人左边为主宾

4. 爱达模式中为了吸引顾客的注意力，应该避免的说话语句有（　　）。

　　A. "很抱歉，打扰你了，但……"

B. "不好意思，我想占用你一点时间……"

C. "我想向你推销一样我们的新产品？"

D. "我们新近生产了一种新产品，这种产品可以降低你们的生产费用。现在我能问你几个问题吗？"

5. 盖洛普管理咨询公司对近 50 万名推销人员进行了调查。研究表明，优秀的推销人员具有的主要素质有（　　）。

A. 内在动力　　　　　　　　B. 干练的作风

C. 推销能力　　　　　　　　D. 客户建立良好业务关系的能力

6. 推销的原则包括（　　）。

A. 满足顾客需求原则　　　　B. 互利互惠原则

C. 推销使用价值原则　　　　D. 人际关系原则

思考与讨论

1. 什么是推销？应该如何全面把握推销的含义？

2. 推销人员在进行商品推销时应遵循哪些基本原则？

3. 假如你是一家家具厂的销售人员，由你来负责一个地区产品的销售，请列出你的主要工作职责有哪些？

实训题

项目一　冰箱推销

【实训目标】

1. 培养学生掌握如何发现、理解顾客的需要。

2. 培养学生了解顾客目前使用产品过程中不满意和缺憾之处，并帮助顾客创造更大的价值。

【实训内容】

学生模拟作为美菱冰箱的销售人员，走访普通家庭用户以及冰箱的销售商。了解清楚他们对于购买冰箱最关心的是什么，以及正在使用的冰箱产品和售后服务有什么缺陷，提出如何更有效地为客户服务。

【实训要求】

1. 要求学生充分了解顾客对于冰箱的需要。

2. 要求学生了解目前顾客家里冰箱产品和售后服务的缺陷。

3. 走访经销商客户，了解经销商客户业务运营各个环节是否存在问题，看看能否发现对客户决策有重大价值的真相。

4．要求老师对学生的情景模拟进行点评。

【组织与实施评价】

1．学生分组确定走访对象，列出将要询问的问题。
2．学生实地进行客户拜访。
3．教师点评。

【考核要点】

询问问题能力、灵活应变能力、语言表达能力等。

项目二　手机推销

【实训目标】

该项目训练帮助学生理解顾客的需要，掌握如何发现和总结某一商品相对于它的竞争品有哪些优势，锻炼准确向顾客传达产品价值的基本技能。

【实训内容】

学生模拟对使用对象为学生的三款手机的性能进行对比的训练。

【实训要求】

1．了解学生对于手机的需要和关注点。
2．要求学生针对目标客户的需要总结各款手机的FABE。
3．要求老师对学生的情景模拟进行点评。

【组织与实施评价】

1．学生分组确定角色。
2．推销情景模拟。
3．教师点评。

【考核要点】

角色特征把握准确程度、针对性推销的有效性、角色的灵活应变能力、语言表达能力等。

案例分析

案例一　成功的推销

推销员：迪尔先生，我这次来主要目的是想向你了解一下商店的销售情况，我能向您提几个简短的问题吗？

顾客：可以，你想了解哪方面的情况？

推销员：您本人是一位出色的推销员。

顾客：谢谢您的夸奖。

推销员：我说的是实话，只要一看商店的经营状况，就知道您是一位出色的推销员。不过，您的职员怎样？他们的销售业绩与您一样吗？

顾客：我看还差一点，他们的销售成绩不太理想。

推销员：完全可以进一步提高他们的销售量，您说呢？

顾客：对！他们的经验还不丰富，而且他们当中的一些人现在还很年轻。

推销员：我相信，您一定会尽一切可能帮助他们提高工作效率，掌握推销技术的，对吗？

顾客：对，但我们这个商店事情特别多，我整天忙得不可开交，这些你是知道的。

推销员：当然，这是难免的。假如，我们帮助您解决困难，为你们培训商店职员，您有什么想法？您是否愿意让你的职员学习和掌握：怎样制订销售计划、赢得顾客、增加销售量、唤起顾客的购买兴趣、诱导顾客作出购买决定等技巧，使他们像您一样，成为出色的推销员？

顾客：你们的想法太好了，谁不愿意有一个好的销售班子。不过如何实现你的计划呢？

推销员：迪尔先生，我们厂为你们这些零售商店的职员开办了一所推销技术学校，其目的就是训练这些职员掌握您希望他们掌握的技能，我们特别聘请了一些全国有名的推销学导师和高级推销工程师负责学校的培训工作。

顾客：听起来不错，但是我怎样知道他们所学的东西正是我希望他们学的呢？

推销员：增加您的销售量符合我们的利益也符合你们的利益，这是其一；其二，在制订训练计划时，我们非常希望您能对我们的教学安排提出宝贵的意见和建议。

顾客：我明白了。

推销员：给，迪尔先生，这是一份课程安排表，我们把怎样为您培训更好的销售人员的一些设想都写在这份材料上，您是否把材料看一下？

顾客：好吧，把材料交给我吧。（推销员向迪尔介绍了计划）

推销员：我已经把你提出的两条建议都记下来了，现在，您还有什么不明白的问题吗？

顾客：没有了。

推销员：迪尔先生，您对我们这个计划有信心吗？

顾客：有信心，办这所学校需要多少资金，需要我们分摊吗？

推销员：您只需要负担受训职员的交通、伙食、住宿费用，而其他费用，包括教员的聘金、教学费用、教学工具等，统统由我们包了，我们初步计算了一下，每培训一个推销员，您最多支付45英镑，为了培养出更好的推销员，花费45英镑还是值得的，您说呢？假如经过培训，每个受训职员的销售量增加5%的话，您很快就可以收回所支付的这笔费用了。

顾客：这是实话，可是……

推销员：假如受训职员的推销水平是您的一半……

顾客：那就很不错了。

推销员：迪尔先生，我想您可以先派3个有发展前途的职员参加第一届训练班，这样，您就知道训练的结果如何了。

顾客：我看还是先派两个吧。目前我们这里的工作也比较忙，不能多派了。

推销员：那也是，您准备先派哪两位去受训呢？

顾客：我初步考虑派……不过，我还不能最后决定，需要我马上作出决定吗？

推销员：不，您先考虑一下，下周一告诉我，好吗？我给您留两个名额。

顾客：行，就这么办吧。

资料来源：http://wenku.baidu.com/view/28ed3e7c27284b73f24250c0.html

分析思考：

1．该推销员运用了什么推销模式？

2．他是如何使用该种推销模式取得成功的？

案例二　盛田昭夫的醒悟

在《财富》杂志 2003 年度世界 500 强企业排行榜上，索尼公司（SONY）排名第 31 位。多年来，索尼的产品风靡全球，领导着电子产品的新潮流。在索尼走向辉煌的过程中，正是盛田昭夫从零开始，把一个街道小企业最终做成了跨国公司。

1946 年，盛田昭夫与井深大共同创建了索尼公司的前身——东京通信工业公司。创业之初，他们利用自己在物理学方面的专长试制出了磁带录音机及磁带。这种录音机比原有钢丝录音机使用方便，录放音质高，磁带的生产也比录音的钢丝成本低，在鉴定时得到了专家的一致好评。盛田昭夫也以为这种新型录音机自然能畅销，但是，他将其推向市场后并没有马上被消费者接受，许多人甚至没有搞清它到底是一种什么东西。

于是，他把大量的精力投入到产品的推销宣传活动中。他用汽车拉着产品，到公司、学校、商店，展示新产品。应该说，推销活动搞得有声有色。当用这个看起来怪模怪样的录音机录下人们的谈话，然后再放出来时，人们无不感到惊奇万分。可是，惊奇归惊奇，购买的人却很少，因为大家有一个相同的感觉："这东西好是好，不过作为娱乐品，似乎太贵了。"

盛田昭夫百思不得其解，后来还是一件偶然的事情让他茅塞顿开。有一天，他在一家古玩店发现一位顾客毫不犹豫地以高价买下了一个旧坛子。他想，旧坛子在一般人的眼中一文不值，但在懂得其价值的人看来却是宝贝。这启发了盛田昭夫：一定得面向懂得产品价值的人来推销，新产品才会畅销。那么，哪些人最懂得录音机的使用价值呢？当然是真正需要它们的人。

盛田昭夫开始有针对性地展开推销。当他得知许多法院的速记员因为人员不足而不得不加班工作时，马上带来录音机上门表演。法院很快就大批订货了。随后，他把推销的重点又转到了学校。因为当时日本在驻日美军的控制之下，开始大力进行英语教育，英语教师不足，特别是进行会话、听力训练的条件很差，正好急需要录音机这种工具。盛田昭夫和井深大又设计制造了一种价格更低廉、体积更小、更适合学校使用的磁带录音机。这样录音机便迅速普及全国各地的学校。销路打开了，磁带录音机成了热销货。盛田昭夫的事业也由此奠定了坚实的基础。

资料来源：李世宗. 现代推销技术[M]. 北京：北京师范大学出版社，2007.

分析思考：

1．从这则案例中，你得到了什么启发？

2．是什么帮助索尼公司的磁带录音机打开了销路？

学习情境二　寻找和审查潜在顾客

◇　了解寻找潜在顾客的重要性。
◇　理解潜在顾客的含义和类型。
◇　掌握寻找顾客的方法。
◇　了解潜在顾客资格审查的意义和内容。
◇　掌握潜在顾客所应具备的基本条件。

技能目标

◇　具有寻找和审查潜在顾客的能力。
◇　初步具有获取潜在顾客各项资格审查信息的能力。

导入案例

下一个顾客在哪里

推销之神原一平善于在生活中发现顾客，其敏锐的眼光令人不得不佩服。

一天，原一平搭计程车赶路。车子在十字路口遇到红灯停了下来，不一会儿，一辆漂亮的黑色轿车也驶过来，停在他们旁边。原一平不经意地向那辆车瞥了一眼，发现坐在后座上的是一位头发半白的先生，看得出这位先生是有身份的人，他正闭目沉思，绿灯亮了，那辆车立刻赶到前面驶开。

那天，他开始追踪那位头发半白的绅士。他先打电话查询白色车牌的车子到底是哪家公司的。获悉公司名称后，原一平又打电话给那家公司，查出使用这个牌号的是谁的车；头发半白的先生是谁；什么职位；平常什么时候在公司；公司的规模如何；目前的经营状况怎样；将来有何发展计划，如此等等。

原一平还查出那位先生是哪个地方的人，参不参加同乡会的聚会、毕业于哪个学校、住宅的地址、嗜好、家里有哪些人、有几个孩子、进这家公司的供职情况、平时的行动范围如何、是不是家庭至上的人……一切调查清楚之后原一平开始行动了。

"喂，喂，是同乡会吗？我也是那里出生的人，请问下一次聚会是什么时候？"

"是下个月 10 日。"

"噢！我也想参加。请问，贵公司的大谷常董，您可认识他？"

"我很熟。"

"他最近好吗？"

"他吗？很好。每次开会他都参加，是个很幽默的人。"

"是的，他早年就是一位很受欢迎的人。听到他很好，我也高兴。谢谢您。"

原一平也到过大谷先生常住的私宅附近，在鱼铺和杂货店探听一些消息——大谷先生的确切位置、他的家庭气氛等。

原一平认为：只要有意去查，上面所说的事都能很快就查出来。如果不肯行动，当然什么都不会知道。多知道某一项事，往往就是缔约成功的开端。

顾客不会主动把订单递过来，就正如顾客不会把你所需要的信息主动告诉你一样。只有行动，才能找到下一个顾客，也只有行动才能收获判断顾客是否是真正顾客的有价值信息，也为今后成功缔约提供尽量多的信息。

资料来源：李玮. 金牌推销员的100个细节[M]. 深圳：海天出版社，2005.

任务一　寻找潜在顾客

任务引入

三个月实习期很快结束了，张伟被派往华南区域负责业务开发，销售部李部长告诉张伟，在华南地区市场空间较大，但目前本企业产品在该地区市场比重较小，希望张伟到达后能结合当地市场状况尽快确定潜在顾客的范围和特征，为真正寻找潜在顾客做好充足准备，那么张伟应该做好哪方面准备呢？

任务1：张伟需要掌握潜在顾客的含义。

任务2：张伟需要掌握潜在顾客的条件和寻找的原则。

任务3：张伟需要掌握潜在顾客的类型。

任务分析

推销人员在做好推销准备工作之后的任务就是寻找推销对象。寻找推销对象，是实质性推销活动的第一步。如何能在人海茫茫的消费者群体和成千上万的企业中，找到最好的推销机会和最有希望购买的顾客，是每一个推销人员面临的重要问题。推销人员如果不能把目标顾客范围准确定位，当然就无法做到有重点的突破。因此，首先，张伟在寻找推销对象前应该通过市场分析，明确具备哪些条件的顾客才是其企业真正有价值的目标顾客，即潜在顾客。其次，张伟还应该理清寻找潜在顾客过程中应遵守的原则有哪些，以便使后期工作更有效率。最后，张伟应该掌握潜在顾客的类型及各类型的特点，从而使其寻找潜在顾客更具有针对性。

知识链接

一、潜在顾客的含义

潜在顾客亦称准顾客，是指既能购买某种推销商品获得价值，又有支付能力购买这种商品的个人或组织。推销人员按照某种要求评估合格的潜在顾客就是实现销售的对象，即目标顾客。

二、潜在顾客与顾客的关系

潜在顾客是相对现实顾客而言的，潜在顾客是有可能购买本企业产品和服务的个人或组织，顾客则是正在与本企业保持交易关系的个人或组织。首先，现实顾客是企业生存的根本和基础，能够给企业带来直接的销售和利润，保持稳定的或增长的现实顾客数量对企业的稳定发展相当重要。其次，由于顾客的复杂多变，拥有一定数量的潜在顾客能提高企业抗风险的能力。据估计由于外界环境的变换每年有 15%～20% 的顾客发生转移，因此，销售人员必须寻找新的顾客群来代替这些转向竞争对手的、破产的、退出该项领域的、被兼并而成为非顾客群体的，或那些决定中止该项生产和服务的顾客群。最后，顾客和潜在顾客之间存在相互影响、相互转化的关系。顾客购买行为、购买评价会影响准顾客的未来决策，把潜在顾客转化为顾客是推销人员的目标之一。寻找潜在顾客对于无论是新手还是经验丰富的销售能手都是至关重要的。

三、潜在顾客的基本条件

寻找潜在顾客实际上从确定顾客源（Lead）开始，顾客源是一个也许会、也许不会成为真正潜在顾客的人或组织。通过对潜在购买者的寻找，推销人员会获取包括许多潜在顾客在内的一份名单，但是，所有这些潜在顾客是否都值得花费时间与精力去进行接触或拜访，这是推销人员制订推销计划时必须予以考虑的一个关键性因素。为了避免出现盲目推销的情形，推销人员必须确定顾客源的资格，锁定合适的潜在顾客，选择拜访那些有较大可能会成为买主的顾客，才能提高推销的工作效率。

从顾客源确认定为潜在顾客必须满足五个基本条件：对该产品或服务存在真实的欲望或需求；购买能力；购买决定权；购买资格；易于接近。

如果顾客源符合以上五个条件，那他基本就可算作是优秀的潜在顾客了。但实践中，有些企业还加入了一些其他标准。例如，潜在顾客与竞争对手的合同什么时候到期？是否真的即将作出一个购买决定？如果企业追求长期合作伙伴，潜在顾客是否认同我们的经营管理理念并情愿和我们建立一种长期伙伴关系，是否一些竞争对手已与他们建立了长期伙伴关系？与某个顾客源建立关系会不会影响到与其他核心顾客的关系？如果一个顾客虽然能提供销售利润，但他们影响到其他顾客的购买积极性，这样的潜在顾客需慎重对待。寻求这些问题的答案有助于决定该顾客源是否值得追逐。

案例 2-1

判断准顾客，真的很不容易，王军最近深深地体会到了这一点。

刚从大学毕业的王军是 M 公司的员工，在总部接受了一个月的培训，参加了国庆期间全国大规模促销活动的策划与组织工作，对产品和市场都有了一定程度的了解，现在他被派往四川分公司工作。到四川后，分公司经理安排他负责川南四个县的销售。

M公司的产品主要销往二线城市及县、乡市场，这个层次的市场竞争非常激烈，近三十个品牌的产品在市场上竞争，这还不包括大量知名度不高的地方品牌，以及一些杂牌产品。M公司的产品属全国知名度较高的品牌，市场占有率较高，但在重视价格竞争的县、乡级市场，M公司面临的压力也是非常大的：论品牌、知名度与美誉度，比不过全国一线品牌（如H公司的产品），无法提高售价；论价格，拼不过地方品牌，因为他们成本低。在这种情况下，M公司的一些经销商对M公司的产品保持着复杂的心态：既希望M公司的产品提升自己企业的档次，以免被顾客说自己只是卖低档品的商家；又希望M公司的产品价格能低一点，使自己有更多的利润空间。经销商吴老板就是这种类型的顾客。

据王军调查，吴老板是该县的一个经营大户，与本县的同行相比，他的年销售额居第二位，他主要经销M公司的竞争对手H公司的产品，是H公司在本县的总经销商，但是，吴老板多次主动与M公司四川分公司联系，表示希望代理M公司的产品，以前吴老板曾经从其他渠道弄到一批M公司的产品销售，对M公司的产品有一定的了解。但四川分公司从没有与吴老板建立直接、正式的交易关系。

王军到了四川，吴老板的问题马上摆在了眼前，是否把吴老板纳入自己负责的销售网络中？王军非常犹豫。

吴老板强大的销售网络与销售队伍是最吸引王军的地方。毕竟全县第二的销量，任何一个公司都不会轻视这样的经销商，原因很简单：拥有吴老板这样的大顾客，就等于拥有了一个巨大的销售网络。新产品上市、促销活动的开展等活动，都可以轻易地铺开。从推销员自身的角度来看，马上就可以拥有稳定的销量和业绩。吴老板本来就是销售此类产品的，手下的销售队伍实力很强，熟悉产品，可以省掉很多产品销售培训工作。从这个角度来看，吴老板应该是一个优质的潜在顾客。况且吴老板自己又有很强的合作意向，这对王军来说，又是一件好事。

可是，王军也有一些犹豫和担心。

第一，由于吴老板的实力很强，他要求代理的产品都独家代理，也就是说，如果选择了吴老板，那么王军就要放弃目前保持业务关系的其他三个经销商，虽然那三个经销商的实力都远不如吴老板，但发展的潜力还不错。王军很难做取舍。

第二，选择吴老板，目前的销量肯定会上升的，但是，若放弃了另三个经销商，由吴老板在本县独家经销，当销售上升之后，会不会受制于吴老板？若吴老板在明年的合同中提出更多的利益要求，该怎么办？

第三，吴老板的销售能力确实很强，但是，他的产品销往何处了？这一点王军还不太清楚。王军隐约听前任销售经理说过，吴老板有窜货的前科。要是吴老板把货悄悄卖到了邻县，会引起本公司在那里的经销商的不满，到最后矛盾上升到省总公司，损失的还是本公司。

第四，吴老板同时也是H公司的总代理，他为什么会与本公司联系？是不是他与H公司的合作出了问题？如果不是，那么他打算怎样处理本公司的产品与H公司的产品的关系？

资料来源：胡善珍. 现代推销——理论、实务、案例、实训[M]. 北京：高等教育出版社，2010.

问题：如果你是王军，你会怎么办？

【启示与思考】

对许多推销人员来说，这都是一个难以决断的问题。面对这样的顾客，首先，应当收集足够的信息，对顾客的经营现状、经营理念进行分析，必要时应该正面接触交流，研究该顾客的中、长期规划，看是否与本公司的经营目标相冲突；其次，本公司的短期经营目标是否要求迅速提升销量，如果是，那么可以考虑与吴老板进行尝试短期性合作，但双方签订的合同一定要反复斟酌，严格执行合同，同时要注意联系其他潜在顾客，以防被吴老板所要挟。总之，一定要分析吴老板高市场占有率是怎样形成的，如果存在重大隐患，则宁愿放弃这个顾客。

四、寻找潜在顾客的原则

寻找潜在顾客是最具挑战性、开拓性和艰巨性的工作。推销人员必须明白，寻找潜在顾客是一项讲究科学性的工作，是有一定的规律可循的。推销人员需遵循一定的规律，把握科学的准则，使寻找顾客的工作科学化、高效化。通过借鉴前人总结的经验和创造的方法，使寻找准顾客的方法更加科学化和高效化。

1. 准确地定义你的目标市场

寻找潜在顾客前必须明白，潜在顾客是一个特定的群体，这个群体有自己的一些特征，区别于其他群体，即所谓的商品细分市场。对于细分市场你能得到并能用相似的方式对他们的需求作出反应，这些方式与其他客户群体有所不同。一个成功的市场细分能使你满足一类顾客中所有人的特殊需求。顾客要求的特点和选择越多，你就有更多的理由把他们分类。这就是说推销人员应该学会辨别顾客的身份，权衡顾客的实际情况，从而有针对性地向顾客介绍商品，让顾客感到你既了解他的需要，又能满足他的需要，并对不同人介绍不同的商品，必然会使买卖成功的比率增加。

案例 2-2

20世纪20年代中期，亨利·福特和他有名的T型车统治了美国的汽车工业。福特汽车公司早期成功的关键是它只生产一种产品。福特认为如果一种型号能适合所有的人，那么，零部件的标准化以及批量生产将会使成本和价格降低，会使客户满意。那时福特是对的。

随着市场的发展，美国的汽车买主开始有了不同的选择口味。有人想买娱乐用的车，有人想要时髦的车，有人希望车内有更多的空间。当然，福特也对其轿车进行了改进，比原来的轿车更加坚固耐用、更安静、驾驶更平稳。可是，当客户们参观福特汽车展览厅时，他们看到的全是与老式汽车一样的模型——还是那些深浅不同的黑色轿车。

而这时，艾尔弗雷德·斯隆这位具有传奇色彩的通用汽车公司总裁开始崭露头角。斯隆的天才在于他认识到买车的人并不是都想要同一种车。他抓住了这一发现，说道："通用汽车要生产出各种用途和适合不同收入阶层的轿车。"

斯隆不久招聘了一种新雇员——市场研究人员，让他们研究购买轿车的潜在客户的真正需要是什么。虽然他并不能为每个客户生产出一种特别的车，但他通过对市场的研究，识别出有相似口味和需求的客户。他指导设计师和工程师设计生产出能满足这些需要的轿车。结果就有了与市场细分相联系的新产品：

    ◇　Chevrolet 是为那些刚刚能买起车的人生产的；

    ◇　Pontiac 是为那些收入稍高一点的客户生产的；

    ◇　Oldsmobile 是为中产阶级生产的；

    ◇　Buick 是为那些想要更好的车的人士生产的；

    ◇　Cadillac 是为那些想显示自己地位的人生产的。

因此，通用汽车不久就开始比福特汽车更畅销了，而市场细分作为公司计划中一种重要的技巧，不仅对汽车，而且对全国乃至于全世界的主要工业都发挥了重要的作用。

资料来源：http://3y.uu456.com/bp_17ivj0qi688az813iuuw_3.html

问题：人员推销和市场营销策划是什么关系？市场细分对推销人员寻找顾客起什么作用？

【启示与思考】

人员推销是市场营销策略的一部分，所以要想将人员推销做好，销售人员就必须先了解企业所设计产品时所针对的目标顾客是哪一类细分市场，这样有助于销售人员更好地了解潜在顾客的范围和特征，并准确地非盲目地寻找顾客。

2．选择合适的途径，多途径寻找顾客

对于大多数商品而言，寻找推销对象的途径或渠道不止一条，各种方法各有所长，各有所短，在可能的情况下把各种方法同时并用，相互补充，密切配合，扬长避短，发挥优势，以取得较好的效果。究竟选择何种途径、采用哪些方法更为合适，还应将推销品的特点、推销对象的范围及产品的推销区域结合起来综合考虑。

3．培养敏锐的观察力和正确的判断力

销售人员只有通过观察，方能发掘许多潜在顾客。观察就是要运用你的视觉和听觉，多看、多听；利用人人都喜欢表现的欲望，多请教别人问题，然后倾听、分析、判断。只有通过观察，才能判断顾客有没有需求及支付能力，才能判断该顾客能不能自己做主买东西，也才能判断该顾客是否只是一个听一听就算了的对手。如果该顾客没有资金买商品，不能自己做出购买决定，或者是个对交易不认真的顾客，那么就应该放弃他，不必把他列入潜在顾客的名册，以免空耗时间。同样也只有通过观察才能有足够的顾客信息将潜在顾客分为 A、B、C 三级，实现计划的要求。

4．养成随时发掘潜在顾客的习惯

在市场经济的社会里，任何个人、单位都有可能成为你的顾客，对一个推销人员而言，潜在顾客不仅出现在推销人员的市场调查、推销访问等工作时间内，而且更多的是出现在推销人员的非工作时间内。因而推销人员应随身准备一个记事本，只要听到或看到一个可能的顾客就立刻记录下来，然后加以整理、分析、定级，只有这样才能保证顾客来源不至减少。

五、潜在顾客的类型

了解了发掘潜在顾客的原则后，还须了解潜在顾客的基本类别，这样才能有的放矢地寻找潜在顾客。一般来说，潜在顾客可以分为以下四种。

1. 潜在的顾客

潜在顾客是指有购买意向和购买力，但还没有实施购买行为的顾客。他们的数量相对较多，但对销售人员来说，要准确地识别出来，并与之建立联系，却存在一些困难。主要原因如下。

（1）这类顾客相对比较隐蔽。一般来说，除非一位顾客走进推销人员的办公室或门店，明确告知自己需要什么产品，咨询价格，并表明了购买的意愿，推销人员才能够确定这是一个潜在顾客，有成交的机会，否则，除非受过专业训练，拥有丰富的销售经验，并且掌握了大量的有效市场数据，推销人员才可能通过分析，主动发现潜在顾客。

（2）这类顾客的防备心理较强。由于此类顾客尚未实施购买行为，特别是其中一部分顾客属于首次购买，对此类产品缺乏购买和使用经验。在多数产品进入买方市场的今天，顾客的选择权较大，可选择范围较广，顾客在收集市场信息、作出购买决策之前，面对推销人员可能不太愿意过早暴露出购买意图，这为推销人员识别出他们增加了困难。

（3）部分顾客的购买潜力需要激发。一些潜在顾客由于多方面的原因，可能自己还没有意识到需要某个产品，或者是不知道某个新产品已经上市可以解决自己工作、生产、生活的困难等，一旦他们获知了此类信息，就会激发出购买需求。例如，某公司的文档复印工作一直是外包的，即送到社会上的打字复印部处理，原因是公司领导认为复印机价格昂贵、操作复杂、保养麻烦、容易损坏。这些都是老式复印机的特点，新款复印机已经有了很大的改进，以上问题许多已经不存在了。如果推销人员能让该公司领导意识到这一点，并告知文档复印外包有可能造成公司商业信息外泄，给公司带来风险，那么，该公司对复印机的购买潜力就有可能被激发出来。

案例 2-3

小丽是个漂亮的公司职员，刚好有个朋友出差到香港给她带了一条非常漂亮的裙子，她很喜欢。可是在家里试穿所有的上衣，发现都没办法和这条裙子完美搭配。小丽决定到商场买一件适合的上衣来搭配这条价格不菲的裙子。

小丽来到一家知名的品牌服装经营店，店员礼貌地说："欢迎光临，请随便看看！"小丽的眼光扫过几个模特身上的上衣，目光停留在一件衣服上。店员注意到了小丽目光的停留，紧接着说："喜欢可以试一下！"小丽在心中默默地把这件上衣和家里的那条裙子做了匹配，不尽满意，转而看下一件。

店员注意到小丽的关注和思考，走上前来问："您好，您是看上衣吗？"小丽回答道："是的。"店员经过销售的培训，开始使用销售技巧："您是做什么工作的？"小丽说："我在一家 IT 公司上班。"店员心中暗喜，因为这个客户像是有购买能力的，随口说道："哦，您是白领啊！白领的着装标准是这样的……这几件是今年的新款，很适合白领的……"

资料来源：夏凯，田俊国. 赢单九问[M]. 厦门：鹭江出版社，2010：22-23.

【启示与思考】

当我们不知道顾客的具体需求时，任何的推销都是在乱枪打鸟，企图能够碰上顾客的需求。很多时候我们都在日复一日地这样"误打误撞"地做着销售。不仅有些顾客不愿说出其需求，而且更多时候是连顾客自己买车、买房或是装修，都没有办法完整地、清晰地描述他们心中那种朦胧的愿景和美妙的感觉。销售的任务就是要和顾客一起找到他们购买的理由和心中那种美妙的愿景与感觉，有效地将我们的产品和服务与顾客的感觉联系起来，甚至为其建立购买标准。

2．竞争者的顾客

竞争者的顾客是指已购买或决定购买本公司竞争对手的产品的个人或组织。这类顾客中的一部分对品牌、供应商的选择比较专一，无特殊原因，不轻易转换品牌或供应商，也有一部分顾客对此比较随意。对于前者，获取比较困难，但他们一旦转变为我们的准顾客，后期的维护成本就相对较低，因为他们的忠诚度较高；对于第二类顾客，获取容易一些，但他们也容易流失。

与第一类准顾客相比，竞争者的顾客购买需求比较明晰，容易识别，另外，他们对此类产品有购买和使用经验，推销人员与他们容易建立对话，不需要对顾客进行过多的产品教育。可是，由于这类顾客有过购买经验，甚至有的已经拥有稳定的供应商，对于推销人员提出的交易请求，他们会显得比较精明，缺乏经验的推销人员在与他们的谈判中，可能会处于被动位置。

3．中止交易的顾客

中止交易的顾客是指由于种种原因，曾经与公司有过交易历史，但没有继续购买本企业产品的顾客。中止交易可能是顾客自身的原因，也可能是本公司产品或服务出了问题。这些顾客中相当大的一部分存在重新被激活的潜力。推销人员应当重视这个群体，积极主动发现并重新转化他们成为本企业的准顾客。由于双方已经有了一定程度的了解，许多是愿意与本企业保持关系的。即使短期内没有重新建立交易的可能，分析他们不再购买本企业产品的原因，也是有价值的商业信息。

4．现有顾客

有些推销人员在寻找潜在顾客时居然忘了站在自己面前的现有顾客，这也是很不应该的。如果推销人员想推销一种新商品、新创意，或者研究出原有商品的新用法时，就一定要告诉他们，一定要掌握住现有顾客。当他们可能离开时，请记住"如果不幸被人当面拂袖而去，就抓住他们的袖子；如果被人用脚踢开，就抓住他的脚"这句话，极力地挽留住他们。如果你和他们的关系良好，那么请让他们为你推荐用户，宣传你的产品和服务。他们在其他顾客面前帮你说上几句好话，要胜过你自己的千言万语！

任务二　寻找顾客的方法

任务引入

张伟在确定了顾客范围及特征后开始尝试查找黄页或地毯式搜索的方法寻找潜在顾

客，由于张伟勤奋，的确在拜访过程中收集到一些有价值的顾客信息，同时积累了其接触顾客的经验，但张伟还是感觉到他所选用的寻找顾客的方法存在成功率偏低和成本较高的弊端。由于公司费用限制，他不得不思考有没有其他成功率较高、成本较低的方法来寻找顾客。张伟通过上网查找，确实了解到很多相关寻找方法，但每个方法各有优缺点，那么，张伟应该选择哪些方法来寻找顾客呢？他能否应用好每种方法呢？

任务1：张伟需要了解各种寻找顾客的方法的含义。

任务2：张伟需要掌握各种寻找顾客的方法的优缺点及注意事项。

任务分析

寻找顾客是一个困难的过程，不仅需要推销人员付出巨大的努力，还需要掌握正确的方法。正确的方法可以帮助推销人员提高工作的效率。寻找顾客的方法非常多而且具有灵活性和创造性。不同企业、不同行业的推销人员需根据自己面对的实际情况，逐渐形成一套符合自己需要和客观情况的寻找顾客方法的组合。

知识链接

从古到今，只要有市场的地方就会涉及顾客的寻找，但企业寻找顾客的方法并非都一样，笔者将寻找顾客的方法分为三大类：第一类方法采用"拉式"策略，即企业重点在于制定一些营销手段、策略吸引目标顾客自动找上门来选购；第二类方法是"推式"策略，即企业重点在于是依靠推销人员主动走出企业寻找顾客，把企业的产品和服务"推"出去；第三类方法是"推拉式"策略，即企业既采用营销策略吸引顾客上门采购，同时也会派推销人员主动去寻找顾客，并且二者之间是相互配合，互相促进，如某幼儿英语教育机构采用免费体验课及家长课堂等方式吸引顾客，同时会派推销人员到小区或幼儿园门口寻找到对其培训感兴趣的家长，企业的策划活动和推销人员的推销活动对企业找到真正的顾客同等重要。

以下则按照各种方法使用时间的长短，分为传统寻找顾客的方法和创新寻找顾客的方法两类分别进行介绍。

一、传统寻找顾客的方法

（一）"地毯式"搜寻法

1."地毯式"搜寻法的含义

"地毯式"搜寻法也称普遍寻找法、逐户寻找法、挨门挨户访问法或走街串巷寻找法。它是指推销人员在不太熟悉或完全不熟悉销售对象的情况下，直接拜访某一特定地区或某一特定行业的所有组织和个人，从中寻找准客户的一种方法。运用此方法时，销售人员应根据产品的各种特性和用途，进行必要的销售拜访的可行性研究，确定一个可行的销售地区或销售对象的范围。

逐户访问法适用于制造企业对中间商的销售或者大型工业品的上门推销，也适用于日用消费品及服务的推销。在国外被广泛地应用到生活消费品的挨家挨户的推销中，例如化妆品、食品、药品、保险服务等。总之，这种方法是现代推销人员最常用的寻找潜在顾客的方法之一。

案例2-4

　　某食品机械设备厂的销售员小王要到上海进行销售，他到上海后的第一天就买了一本最新的《上海工商企业电话号码簿》，找出了食品和饮料生产及加工企业三百多家。根据各企业的地址及相距其所住宾馆的远近，小王制订了如下销售拜访计划。第一，对所有的企业进行一次电话拜访，预约面访。第二，凡是同意面访的客户，确定具体的面访时间，进行销售洽谈；凡是不同意面访的客户，如果距离近，也进行一次实地考察，不做销售面访，仅进行资料传递和收集，并争取建立联系，加深第一印象，他日再做销售面访。

　　资料来源：http://edu.sina.com.cn/1/2004-8-27/81822.html

　　问题：如何看待电话寻找潜在顾客？

【启示和思考】

　　这种方法在推销人员不熟悉推销对象的情况下，不失为一种寻找顾客的有效途径。它是建立在"平均法则"的基础上，即在推销人员走访的所有人中，准顾客的数量与走访的人数成正比，要想获得更多的准顾客，就要访问更多数量的人。

2."地毯式"搜寻法的优缺点

　　该方法的优点：可以借机进行市场调查，能够比较全面地了解某地区或某行业顾客的需求情况。寻找过程中接触面广，信息量大，各种意见和需求、客户反应都可能收集到，是分析市场的一种方法；可以培养和锻炼推销人员，积累产品推销工作的经验。在搜索的过程中同时可以扩大企业或推销产品的品牌知名度等。如果推销人员事先做了必要的选择和准备，拜访和销售技巧得法，则可以争取更多的新客户。

　　该方法的缺点：该方法有一定的盲目性，针对性较差，如果推销人员过于主观，判断错误，则会浪费大量的时间和精力。由于需要访问每一个消费者和企业，所以会花费大量的时间和精力；在许多情况下，人们大多不欢迎不速之客，从而给推销工作带来阻力，给推销人员造成精神负担。

3."地毯式"搜寻法使用注意事项

　　（1）推销人员首先要根据自己所推销产品的各种特性和用途，确定一个比较可行的推销地区或推销对象的范围，即寻找一块具有可行性的、可供访问的目标"地毯"。如果你是一位中央空调的推销人员，你挑选的"地毯"可能是刚建起、正在建或装修的办公大楼、酒店、高档住宅区等；如果你推销的是某种特效洗衣粉，你确定的"地毯"可能是某一社区的居民或宾馆客房部。

　　（2）采用这种方法的企业应该注意对推销人员各自负责的目标"地毯"进行计划和协调，避免一个"地毯"被多个推销人员反复搜索，一方面造成企业资源浪费，另一方面会给所拜访对象造成企业管理混乱的不良印象。

（3）做好访问的准备工作，以减少被拒之门外的可能性。例如推销人员最好将其与其他方法配合使用，事先可以进行公告，免费为顾客提供某项服务或赠品，并为推销人员准备好各种识别标志和进入手续等，做到随机应变，以取得良好的销售效果。

（4）要注意提高访问的效益。因此平时应把如何使销售成功的理由和顾客拒买的理由加以整理归纳，并且把针对拒绝理由的应答列入推销的准备方案之中，使自己能对顾客的拒绝很快地作出正确的判断和反应。要总结以前的经验，设计好谈话的方案与策略，尤其是斟酌好第一句话的说法与第一个动作的表现方式，以便提高上门访问的有效性。

（二）连锁介绍法

1. 连锁介绍法的含义

所谓连锁介绍法，是指推销人员依靠他人特别是依靠现有顾客，来推荐和介绍他认为有可能购买产品的潜在顾客的一种方法。当其推荐人是满意顾客或合作伙伴时，这种方式会达到最好的效果。当然，这种方式也可被用于尚未买过其产品的潜在顾客。

有些人反对用他们的姓名作为交友和商业结识的敲门砖。还有一些人，特别是那些信任销售人员或对于产品和服务非常热忱的人，会毫不犹豫地提供额外的潜在顾客的名单，甚至会为某位销售代表写一封引荐信、便条或者提前打个电话等。潜在客户名单既可以来自某位顾客，也可以来自某位潜在顾客。

销售人员有时会利用推荐人集会活动产生顾客源，这是一种预先设计好的，允许当前顾客把潜在顾客介绍给销售人员的集会。销售人员可以利用的其他活动包括研讨会、免费讲座、体育项目、在一家不错的餐厅就餐、短途的旅行等具有乐趣且具社交性质的集会。

采用连锁介绍法寻找特定用途的产品、专业性强的产品、无形产品（旅游、教育、金融、保险等）的潜在顾客尤其适合，因为在这些领域，采购经验、信誉、感情和友谊尤为重要。

案例2-5

一位推销员在与客户成交的第二天晚上，给客户打了一通电话，表达三层意思：一是询问客户对产品是否满意。如果客户回答"满意"，就祝贺客户作出了一个正确的决策；如果客户回答"不满意"，就提出为客户服务。二是送客户一件小礼品，这是一个巧妙的招数。麦当劳的口号是"给客户101%的满意"，多出的1%，就是给客户一份惊喜。业务员在成交后再送给客户一件礼品，会让客户感动。接着，他请求客户帮他介绍有团购需求的客户。客户不会拒绝这样讨人喜欢的推销员所提出的要求。

资料来源：http://www.docin.com/p-524169639.html

问题：推销人员服务老客户和寻找新客户之间的关系是什么？

【启示与思考】
要想获得老客户的推荐支持，赢得现在客户的好感是关键。

2. 连锁介绍法的优缺点
该方法的优点：可以避免推销人员寻找顾客的盲目性；连锁介绍法既是寻找新客户的

好办法，也是接近新客户的好办法。可以赢得被介绍顾客的信任，并且现有顾客推荐的新顾客大多是他们较为熟悉的单位或个人，甚至有着共同的利益，所以提供的信息准确，内容详细，使销售人员更好接近顾客，推销成功率比较高。研究表明：朋友、专家及其他关系亲密的人向别人推荐产品，影响力高达 80%，向由熟人推荐的顾客推销比向没有熟人推荐的顾客推销，成交率要高 3～5 倍。

该方法的缺点：事先难以制订完整的推销访问计划，推销人员由于依赖于别人的积极性，所以常常处于被动地位。

3. 连锁介绍法使用注意事项

（1）企业利用连锁介绍法成功的关键，是取信于现有顾客，努力留住老顾客。有时候顾客并不乐意推荐其他人。因为他们担心如果销售人员的工作没做好，他们就会被推荐的顾客源责备。所以在这种情况下，销售人员必须持续地让作为推荐人的顾客和其推荐的潜在顾客完全满意。当然，对于刚签约的新顾客就要求其推荐其他人也许还为时尚早。一般最好等到新顾客已经使用过本公司的产品，并感受到产品的好处和销售人员的服务水平后再请求推荐。成功的销售人员一定要与他们的满意顾客时常保持联系，从而确保他们一直保持满意的状态。

（2）对现有顾客介绍的未来顾客，推销人员也要进行详细的评估和必要的推销准备，尽可能多地从现有顾客处了解新顾客的情况。不能因为推荐人的关系而忽视了对所推荐人员的重视，让潜在顾客感受到销售人员确实能帮其解决问题，而非依赖于面子去接受你的产品或服务。

（3）要向现有顾客（即推荐人）确认是否告知对方姓名，并在约见后向推荐人回馈表示感谢。如果其所推荐人员已经是你或你同事的潜在顾客，则要提前告知，否则会造成不必要的误会。

小知识

九个简单的步骤可以帮助你建立起自己的客户群——并且能够帮助你获得最好的客户。

推荐永远是你获得新客户的最佳渠道。不幸的是，很多人请求推荐找错了人，用错了方式，选择了错误的时间，而且后续的跟进工作也做得非常差劲。

（1）理解你的要求是什么。当你请求对方推荐的时候，实际上你是在请求对方用他或者她的信誉担保你是一个值得别人注意的人。这是一件大事，所以要当作大事来对待。

（2）首先赢得信任。在你第一次联系一位目标客户时就要求对方推荐就是浪费自己的时间。如果一个人还没有从你这里买过任何东西并且认为你值得同时注意的话，你就不会得到有效的推荐。

（3）明确你需要的人是谁。与其请对方帮你寻找"某个需要我们服务的人"，还不如对推荐人说清楚哪种类型的人和公司最有可能需要你提供的东西。更好的做法是在头脑中有特定的目标。

（4）请求对方采取一个行动而不是要对方提供一个联系方式。不要简单地让对方提供一个姓名、电话和电子邮件地址，你应该让你的推荐人给目标客户打个电话或者写一封电子邮件。要明确你希望你的推荐人说什么，并且确保你的推荐人愿意说这些话。

（5）得到确认的承诺。请你的推荐人告诉你推荐的情况（或者将推荐的电子邮件抄送给你），这样你就能够确保你的推荐人已经采取了你要求的行动……在你跟进之前。

（6）立刻感谢你的推荐人。当你的推荐人同意采取行动帮你推荐时，在对方采取行动之前，就要真诚地感谢对方。这不仅仅是出于礼貌，还能够提醒对方要记得采取行动。

（7）跟踪推荐的情况。既然你的推荐人已经推荐了你，你就有了内部关系。善加利用吧。

（8）再次感谢你的推荐人。在你跟进对方帮你推荐的目标时，写一封电子邮件或者打一个电话表达你的感谢，并且简单地说明跟进的情况，例如"你是对的，弗雷德是个很好的人"。

（9）如果你做成了一笔生意，就应再次感谢你的推荐人。如果推荐人帮你介绍的生意做成了，就应再次感谢你的推荐人。这不仅仅是表达感激，还会鼓励你的推荐人把你介绍给其他目标客户！

资料来源：微信公众号：管理销售技巧知识，2014.9

（三）中心开花法

1．中心开花法的含义

中心开花法是指推销人员在一个地区或社区有目的地选择一批有一定影响力的中心人物，取得这些中心人物的帮助，通过他们来影响周围其他顾客使其成为自己的准顾客。如推销计算机的可以找计算机方面的专家。因为专家对本领域的动态比较了解，知道哪些部门对哪些商品需求量较大，哪些商品是先进的、有竞争力的，哪些商品是过时的、应被淘汰的，这些商品上又有哪些竞争者，他们的竞争实力如何等。一般而言，这些核心人物最终或是推销人员的顾客，或是推销人员的朋友，前提是这些中心人物愿意合作。

中心开花法实际上也是一种链式传递介绍法，只是中心开花法是利用"核心人物"的链式关系来不断地扩大其顾客群，而不是利用普通的现有顾客。因此，中心开花法的关键是找出有影响力的核心人物即"领头羊"，并极力说服这些核心人物，如果该核心人员已经成为销售人员的满意顾客，这种方式也会像无尽循环的价值链一样，达到最好的效果。

核心人物也可能从不购买。例如一位家庭卫生保洁员可以在为他人提供家庭清洁服务的时候，向其顾客推荐某种品牌的清洁剂。总之，销售人员在取得他们的信赖和支持后，就可以利用他们的影响力、权威性或示范效应，带动一大批潜在顾客。

该如何发现核心影响人物呢？去试着问问那些顾客和潜在顾客，看看他们认为在他们的行业或协会中最具影响力的人是谁，然后积极地培养同该核心影响人物的关系吧。

中心开花法主要适用于金融服务、旅游、保险等无形商品及时尚性较强的有形商品的准顾客的寻找。

2．中心开花法的优缺点

该方法的优点：推销人员只需要集中精力做核心人物的工作，就可提高效率；利用核心人物的影响作用，可以扩大商品知名度。

该方法的缺点：推销人员需反复地向核心人物做细致的说服工作；核心人物的寻找与

确定在某些行业比较困难。

3. 中心开花法使用注意事项

（1）寻找中心人物是决定使用效果的关键。这就要求推销人员一方面进行详细而准确的市场细分，确定每个子市场的范围、大小及需求特点，从中选择具有较多潜在客户的子市场作为目标市场，在目标市场范围内寻找有影响力的中心人物。

（2）推销人员应努力争取中心人物的信任与合作。在较详细地了解中心人物后，推销人员应首先以良好的产品和高质量的服务充分满足其需求。

（3）在现行政策允许范围内，千方百计地开展推销活动，与中心人物建立良好的人际关系。

案例2-6

以下是一位工业保洁服务的销售人员在遇到一位知名的、德高望重的维护工程师时，对核心人物影响力方式的应用：

现在，我有机会来介绍我的服务，而您也有机会多了解我一些。我想知道您是否愿意帮我这个忙？您曾提到过，这可能是您所见过的设计得最好的包装。我知道，作为一名工程师，您个人也许不需要我的服务，但您是否想过让您的同事从这个项目中获益？是否有一个名字浮现于您的脑海？

资料来源：（美）巴顿·威姿，史蒂芬·卡斯伯里. 销售与顾客关系管理[M]. 小约翰·坦纳，胥悦红，等，译. 北京：人民邮电出版社，2008.

问题：该案例对你在工业销售中寻找中心任务有什么启示？

【启示与思考】

在工业销售中，那些有核心影响力的人常常处于重要部门，但并不直接介入购买决策，例如质量控制、设备维护和修理人员。推销人员会在很长一段时间内与这些人保持密切的接触，径直地请求他们的帮助，并让他们了解通过他们的帮助后的交易情况。

（四）人际关系网拓展法

人际关系网拓展法是通过相互间有联系与合作的个体间的关系来达到目的，即利用推销人员自身与社会各界的种种关系寻找准顾客的方法。在推销学中，简单来说，人际关系网开拓法意味着同其他人建立关系网络，并且用这些网络吸引潜在顾客、收集资料、促成交易等。值得注意的是，其中这个网络还经常包括满意的顾客。

在众多寻找准顾客的方法中，最大限度地利用推销人员自身的关系网发现准顾客是最可靠、最有成效的方法。通常人们都愿意同自己认识、喜欢和信任的人做生意，谈及自己的业务。一次性买卖的时代已经一去不复返了，现今已步入构建人际关系网、培育忠诚客户的销售新时代。

连锁介绍法和中心开花法都是人际关系网拓展法的一种，其优缺点、注意事项与这两种方法一致。人际关系网拓展法的关键是建立自己可以利用的人脉关系网。

小知识

为了能显著地增加顾客推销业务，总结了以下实用性建议。第一，每天至少联络两个人，每周至少参加一次社交活动以增加你的曝光率和与你的交往对象交流的时间。你必须尽力从社交规范中你自己感觉舒服的范围中走出来，学会与你还不认识的人交往。有专家管这种行为叫"反客为主"。第二，当你与一位新结识的人初次交流时，应多谈及对方的事，而不是你的事情，且不要忘记了解对方的个人兴趣和爱好。第三，继续保持与你的新交往对象进行规范的交往，诸如利用卡片和便条对其嘉奖或升迁给予祝贺，以及提供对其帮助的信息和文章。无论什么时候，只要从你的交往对象那里获得顾客源，无论这位顾客是否从你那里购买了，你都应以个人的名义用书面方式向其致谢。同样，无论什么时候，只要有可能，你也应尽力给你的交往对象提供其所需的顾客源信息。

（五）委托助手法

1. 委托助手法的含义

委托助手法也称"猎犬法"，就是推销人员雇佣他人寻找顾客的一种方法。在西方国家，这种方法运用十分普遍。一些推销人员常雇佣有关人士来寻找准顾客，自己则集中精力从事具体的推销访问工作。这些受雇人员一旦发现准顾客，便立即通知推销人员，安排推销访问。例如，西方国家的汽车推销员往往雇请汽车修理站的工作人员当"猎犬"，负责介绍潜在购买汽车者，车主很可能就是未来的购车人，这些推销助手发现有哪位修车的车主打算弃旧换新时，就立即介绍给汽车推销员。所以，他们掌握的情报稳、准、快，又以最了解汽车性能特点的内行身份进行介绍，容易取得准顾客的信任，效果一般都比较好。

另外，西方一些大的推销公司也为老推销人员安排新的推销人员作为助手。这种以老带新的方法主要有两个目的：一是尽快培养新手，增强他们独立工作的能力；二是充当老推销人员的助手，帮助他们寻找新顾客。一般来说，大量的调查和准备工作由新推销人员负责，而老推销人员则主要是在前者工作的基础上，判断、确定哪些顾客是最具吸引力的，并据此来拟定详尽的推销方案。这样无疑能有效地加速推销活动的进程，提高工作的效率。

除此之外，推销人员若能与不同行业的人之间相互交换信息，实现信息共享，就可以使得自己掌握的信息成级数增长。同样，相互交换潜在顾客，也可以使双方所掌握的潜在客户的数目都迅速地增长。如汽车推销员与珠宝推销员之间就可以相互协作。汽车推销员把购买自用轿车而又有购买珠宝意愿的潜在客户传递给珠宝推销员；同样，珠宝推销员也可以把购买了珠宝又想购买汽车的潜在客户提供给汽车推销商。这样，双方各自的潜在顾客就都增加了一倍。如果不只和一个行业的人交换信息，那么潜在顾客的个数就会增加得更多，何乐而不为呢？当然，采用这种方法时，应和对方商定好他不能把他掌握的潜在客户提供给自己的竞争对手。作为交换，自己也不泄露自己所掌握的潜在顾客。这样，就可以有效地防止潜在顾客的名单泄露出去了。

2. 委托助手法的优缺点

该方法的优点：委托助手法可提高高级推销人员的推销效率；可在一定程度上提高产

品的知名度。

该方法的缺点：推销助手的人选难以确定；推销人员会处于被动地位，其推销绩效要依赖于推销助手的合作；提供信息方可能会面临顾客信息泄露的风险。

3. 委托助手法使用注意事项

（1）要选择理想的推销助手，推销助手帮助推销人员做成了一笔生意，推销人员要立即向推销助手支付报酬，而且要感谢推销助手的友好合作。

（2）当推销助手提供一位准顾客名单时，推销人员应该立即告诉推销助手，这位准顾客是否已经列在自己的顾客名册上，尤其要告诉是否已经被其他推销人员所掌握。

案例 2-7

我们被谁出卖了？笔者王卫经常为此而烦恼。几年前，一位大学同学在报考司法考试时，故意留下笔者的手机号码，不幸那年他没有通过司法考试，更不幸的是，此后笔者经常收到司考培训的短信，什么某某老师讲座，什么司考包过班，什么司考秘籍，诸如此类等等，当然也有打来电话的，而且一开头就将笔者当成笔者的同学。2010 年，笔者和妻子参加天河区的婚育培训课程，留下手机号码，自此之后，时不时收到短信息，都是小孩培训班的事情，笔者的孩子还没出生，反倒是小孩培训的信息铺天盖地。

资料来源：http://www.doc88.com/p-1042128546503.html

问题：这个案例给我们什么启示？

【启示与思考】

人们普遍对陌生电话反感，在利用委托助手法时，如果从助手那里获得准顾客的详细信息，最好征得顾客的同意，否则可能涉及职业道德问题，甚至违法。

（六）广告探查法

1. 广告探查法的含义

广告探查法是指利用广告宣传攻势，向广大的消费者告知有关产品的信息，刺激或诱导消费者的购买动机，吸引顾客上门展开业务活动或者接受反馈，并进行一系列的推销活动。在西方国家，销售人员用来寻找顾客的主要广告媒介是直接邮寄广告、电话广告和电子商务广告。

广告探查法通常用于市场需求量大、覆盖面较广的商品推销。推销走访前首先发动广告攻势，刺激和诱导市场消费需求的产生，在此条件下不失时机地派推销人员推销商品，把"拉式"与"推式"策略结合起来，促使推销效率的提高。广告可用的媒体很多，可对市场特点、产品特性、推销范围、推销对象和产品寿命周期综合考察后作出选择，报纸、杂志、广播、电视、短信、互联网、邮寄目录或说明书都是可以利用的理想传媒。

通常，推销主体与推销对象之间存在着信息的阻隔，运用现代化的传播手段往往使信息传递面拓宽，使推销人员与准顾客之间的信息沟通在短期内得以完成，缩短推销时间，拓展了市场，从而大大提高了推销效率。一则好的广告可以相当于成千上万的推销人员，产品的营销战役首先要打响的是广告的前哨战，其次才是推销人员的常规战和攻坚战。

2．广告探查法的优缺点

该方法的优点：可以借助各种现代化手段大规模地传播推销信息，推销人员可以坐在家里推销各种商品；广告媒介的信息量之大、传递速度之快、接触客户面之广，是其他推销方式无法比拟的；广告不仅可以寻找客户，还具有推销说服的功能；能够使推销人员从落后的推销方式中解放出来，节省推销时间和费用，提高推销效率。

该方法的缺点：推销对象的选择性不易掌握。现代广告媒介种类很多，各种媒介影响的对象都有所不同。如果媒介选择失误，就会造成极大的浪费；有些产品不宜或不准使用广告开拓法寻找客户；在大多数情况下，利用广告开拓法寻找客户，难以测定实际效果。注意看了广告自报家门者。

3．广告探查法使用注意事项

（1）利用广告探查法的关键在于选择正确的广告媒介，选择广告媒介的基本原则是最大限度地影响潜在顾客。

（2）在运用此法时，推销人员要认真搞好市场调查，制订周密的计划，并配以其他方法，以免出现大的失误。

（七）文献调查法

1．文献调查法的含义

所谓文献调查法，是指推销人员通过查阅各种现有的资料来寻找顾客的一种方法。这种方法也称为间接市场调查法。

这种方法是利用他人所提供的资料或机构内已经存在的可以为其提供线索的一些资料，这些资料可帮助推销人员较快地了解到大致的市场容量及准顾客的分布等情况。

获得资料的途径一类为企业内部资料。企业内部资料主要包括以下方面。

（1）财务部门的资料。企业财务部门往往保存有大量的资料，如应收账款明细账等。在过去的账目中，可以找到不少现在已失去的客户，推销人员可以重新将这些顾客名单进行整理，分别拜访。这样可以查明顾客与企业中断往来的原因，设法排除不利往来因素。请回一个老顾客，就等于发现了一个新客户。

（2）销售部门的资料。大多数企业都保留着以往销售情况的记录，如出库报表、客户订购表、订货合同、顾客意见表、退货记录等。这些宝贵的记录就是销售对象的信息。通过分析研究，可以找出改进措施，请回失去的顾客，不断深挖现有的顾客。

（3）服务部门的资料。服务部门常常在销售后的服务工作中和顾客接触，通过他们了解的情况，推销人员就会找到更多的顾客。例如，家电维修人员经常登门造访顾客，就可能掌握到很多有价值的信息。当产品需要更新时，顾客的购买行为或多或少会受到维修人员的影响。

获得资料的途径另一类为企业外部资料。企业外部资料主要包括以下方面。

（1）企业外部资料主要包括企业名录、产品目录、行业统计资料、年鉴、专业团体或协会会员名册、政府及各主管部门公布的可供查阅的资料等。这类资料现在是比较丰富的，推销人员可以通过各种关系从各工业局、工商局、商业局、财政局、税务局、统计局、银行、公安局、物价局、大专院校、科研单位中有偿或无偿地获得。

（2）许多全国性的经济会议以及名目繁多的展销会、供货会、订货会、工商洽谈会、新产品技术鉴定会、预测讨论会、新闻发布会等也都是推销人员的重要资料来源。资料是共享的，就看推销人员是否会运用了。

2．文献调查法的优缺点

该方法的优点：通过资料查阅寻找客户可以降低信息获取的成本，节约时间和精力，减少工作的盲目性，同时还可通过资料详细了解客户，进行接近客户的准备工作，提高工作效率。例如，政府管理部门、银行、统计部门提供的资料可信度很高，可以减少寻访顾客的盲目性，提高顾客资料的可靠性。另外，有些资料查阅亦比较方便，如图书馆、展览室的资料、电话簿等。

该方法的缺点：二手信息资料多为公开发布的资料，加上当今市场瞬息万变，一些资料的时效性较差，加之有些资料内容简略，信息容量小，使这种寻找顾客的方法具有一定的局限性；并非所有资料都能查阅到的。

3．文献调查法使用注意事项

（1）推销人员通过查阅资料寻找顾客时，首先要对资料的来源及提供者进行可信度分析，如果这些资料的来源或提供者的可信度较低，则会对推销工作起阻碍的作用。

（2）还应注意所收集资料的时间问题，应设法去获取那些最新的有价值的资料。如果是反映以前情况的资料，对推销人员的帮助不会很大，因为市场是不断变化的。

小知识

保险员应注意有关提升、订婚、婚礼、出生、死亡和涉及企业和金融的新闻；机械和工厂设备推销员应注意有关筑路、建房合同、建筑特许权的新闻和扩大招工的广告，以及有关工厂遭受火灾和开发新产品的消息；对家具、服装、珠宝等推销员来说，报纸社会版上刊登着许多很有用的报道；为递送牛奶开辟新路线的人应当注意出生和结婚的消息；房地产经纪人应当特别注意什么人将要结婚，哪些高级经营管理人员将要调入或调出以及有关当地企业的扩展计划和人员提升晋职的消息，有关城市区界变更和法院查询驱逐房客情况的新闻对他们尤为重要。

资料来源：http://www.doc88.com/p-66718890620.html

（八）个人观察法

1．个人观察法的含义

个人观察法就是推销人员依靠个人的知识、经验等来判断特定的观察对象是否为自己所要寻找的顾客。运用这种方法的关键在于推销人员的自身素质和职业敏感性，要善于处处留意，察言观色，从细微之处捕捉机会。

2．个人观察法的优缺点

该方法的优点：它可以使推销人员直接面对现实、面对市场，排除一些中间干扰；推销人员花费较少的时间、精力，就能够迅速地发现新顾客，而且可以开拓新的推销领域，节省推销费用；它可以培养推销人员的观察能力，积累推销经验，提高推销能力。

该方法的缺点：推销仅凭推销人员的直觉、视觉和经验进行观察和判断，受推销人员个人素质和能力的影响；由于事先完全不了解客户对象，失败率比较高。

3. 个人观察法使用注意事项

（1）运用这种方法的关键在于培养推销人员的职业素质。潜在的客户无处不在，有心的推销人员随时随地都可找到自己的客户。

（2）在利用个人观察法寻找客户时，推销人员要积极主动，处处留意，察言观色，既要用眼，又要用耳，更要用心。在观察的同时，运用逻辑推理。如果一个推销人员不具备敏锐的观察力和洞悉事物的能力，那么，采用这种方法寻找顾客是不可能取得理想的结果的。

（3）要想让个人观察法达到预期效果，推销人员就要时刻注意搜集点点滴滴的信息：在上班路上，在办公室，在大街上，在等候会见时，在与可能买主交谈时，在家中听别人闲聊时，在读报看杂志时等，都要保持高度的警觉。可能买主到处都有，只要你睁大眼睛，竖起耳朵，你就能学会如何发现他们。

案例 2-8

保险生活化，生活保险化。人生何处不推销，将保险融入你的生活中，你就会走上经营寿险的新台阶。

有一天，原一平到一家百货公司买东西。任何人在买东西的时候，心里总会有预算，然后在这个预算之内，货比三家，寻找物美价廉的东西。忽然间，原一平听到旁边有人问女售货员：

"这个多少钱？"

说来真巧，问话的人要买的东西与原一平要买的东西一模一样。

女售货员很有礼貌地回答："这个要7万日元。"

"好，我要了，你给我包起来。"

想来真气人，购买同一样东西，别人可以眼也不眨一下就买了下来，而原一平却要为了价钱而左右思量。原一平有条敏感的神经，他居然对这个人产生了极大的好奇心，决心追踪这位爽快的"有钱先生"。"有钱先生"继续在百货公司里悠闲地逛了一圈，他看了看手表后，打算离开。那是一只名贵的手表。

"追上去。"原一平对自己说。

那位先生走出百货公司门口，横过人潮拥挤的马路，走进了一幢办公大楼。大楼的管理员殷勤地向他鞠躬。果然不错，是个大人物，原一平缓缓地吐了一口气。眼看他走进了电梯，原一平问管理员：

"你好，请问刚刚走进电梯的那位先生是……"

"你是什么人？"

"是这样的，刚才在百货公司我掉了东西，他好心地捡起给我，却不肯告诉我大名，我想写封信给他表示感谢，所以跟着他，冒昧向你请教。"

"哦，原来如此，他是某某公司的总经理。"

问题：这个案例给你带来什么启示？

【启示与思考】

推销没有限制地方，只要有机会，你都可以找到你要找的准客户。

（九）交易会寻找法

1．交易会寻找法的含义

交易会寻找法是指利用各种交易会寻找潜在顾客的方法。国际国内每年都有不少交易会，如广交会、高交会、中小企业博览会等。充分利用交易会寻找潜在顾客、与潜在顾客联络感情、沟通了解，是一种很好的获得潜在顾客的方法。

参加展览会往往会让销售人员在短时间内接触到大量的潜在客户，而且可以获得相关的关键信息，对于重点意向的客户也可以作重点说明，约好拜访的时间。例如，假如你想获得在印刷机械行业的潜在客户，你可以参加国际印刷机械展，你将在那里遇到中国乃至世界上最著名的印刷机械制造商，几乎所有的大厂商都会参加，你只需要去看一个展览会，你就会得到这个行业的几乎最有价值的那部分潜在客户。经常去参观某个行业的展览会，你甚至会发现每次你都看到那些准顾客，这对以后向客户推销是非常有利的。

销售人员应该在每年的年末将未来一年相关行业的展览会进行罗列，通过互联网或展览公司的朋友都可以做到这些，然后贴在工作间的醒目处并在日程表上进行标注，届时提醒自己抽时间去参观一下。

2．交易会寻找法的优缺点

该方法的优点：这种方法效率高，能在最短时间接触到最多的准顾客。因为参加交易会的人本来都对该行业有兴趣，对有兴趣的顾客，推销人员可以充分展示。

该方法的缺点：费用较高，参加企业多，要想在众多参展商中吸引准顾客的注意力是个难题，参加交易会要给主办单位交一定的展位费，且费用投入大。

3．交易会寻找法使用注意事项

（1）要得到潜在客户相关人员的名片。一定不要满足于发发资料、名片，要尽可能深入地了解情况，实践证明展会上85%的资料都进了垃圾桶。

（2）在尽可能的情况下与这些潜在客户现场技术人员交流，明确主管人员。

（3）在展览会结束后，尽快取得联系，免得记忆失效而增加后期接触难度。

（4）将客户的产品资料拿回来仔细分析，寻找机会。

二、创新寻找顾客的方法

（一）网络搜寻法

1．网络搜寻法的含义

网络搜寻法就是推销人员运用各种现代信息技术与互联网通信平台来搜索准顾客的方法。它是信息时代的一种非常重要的寻找顾客方法。

我们正处在互联网高速发展的时期，在销售中网络这个工具必不可少，网上寻找顾客常用的几种方法归纳如下。

（1）网上查询法。即通过网络搜索引擎搜集顾客的采购信息或准顾客信息。例如，很多企业或政府会把其采购招标信息挂在网上，公司建设好自身的网站，通过网站宣传吸引潜在顾客，例如，销售建筑及农用器材的新荷兰公司利用其网站为其顾客源提供产品信息，告诉他们最近的经销商的位置，如果顾客需要更多的信息，则提供给他们经销商的姓名、地址和联系方式或提供网上客服。但关键是确保他们的网址被列入主要的和重要的搜索引擎中，如 Google、Baidu、Sogou 等。

（2）B2B 网上寻找法。B2B 是指进行电子商务交易的供需双方都是商家（或企业、公司），他们使用了 Internet 的技术或各种商务网络平台，完成商务交易的过程。这些过程包括：发布供求信息，订货及确认订货，支付过程及票据的签发、传送和接收，确定配送方案并监控配送过程等。企业可以在 B2B 网站上查询求购信息或销售信息，从而联系到潜在顾客。

（3）竞价推广法。竞价推广是把企业的产品、服务等通过以关键词的形式在搜索引擎平台上作推广，它是一种按效果付费的新型而成熟的搜索引擎广告。用少量的投入就可以给企业带来大量的潜在客户，有效提升企业销售额。竞价排名是一种按效果付费的网络推广方式。企业在购买该项服务后，通过注册一定数量的关键词，其推广信息就会率先出现在网民相应的搜索结果中。

（4）卖家通过网络交易平台进行销售产品。例如很多商家在京东、天猫、易购等大型综合购物平台上搭建自己的网店，对终端顾客进行直销。这是一种宅经济消费趋势，网上购物成为一种趋势，对于商家来说，如何吸引顾客点击，如何留住顾客成了销售的关键。

（5）社会化媒体营销法。企业利用社会化网络、在线社区、博客、百科或者其他互联网协作平台和媒体来传播和发布资讯，从而形成的营销、销售、公共关系处理和客户关系服务、维护及开拓的一种方式。一般社会化媒体营销工具（论坛、微博、微信、博客、SNS社区、图片和视频）通过自媒体平台或者组织媒体平台进行发布和传播。企业应用社交媒体，可以在社交网络、微博、博客等拥有海量注册用户的社交媒体网络上发布相关的服务信息和产品资讯，利用社交媒体网络上的粉丝关注效用和社群效应，可以大大增加企业产品与服务信息在社交网络上的曝光量。除增加宣传，维护好客户关系之外，企业还可以通过媒体提高其销售，例如，在美国的零售企业已经通过 FacebookAds 发布消息，利用网络下载优惠券，在微博上发起与产品有关的话题，监控感兴趣的客户行为，结合邮件营销和博客营销，获得了大量的销售机会。

（6）数据库营销法。定期向目标顾客发送对顾客有价值的信息，同时合理地附带产品促销广告。因为国内大部分电子商务网站只会生硬地向顾客推送广告，这样效果很差。所以一定要向顾客发送用户喜欢的信息，合理地融入广告。

小知识

网上寻找客户的步骤和方法：

1．产品的发布技巧：一个公司的产品橱窗设计，那些上传的产品一定要配有好的图片，一个好的包装图片也是最能吸引人的地方，一个好的图片可以让大家对你的品牌或产品产生良好的兴趣。

2．产品信息的更新：及时更新你的产品，尽量让你的产品信息靠前，这样买家在搜索时会第一个发现你，如果你不及时更新，那么你的信息就会沉到最下面去啦，那么有多少人有耐心一页一页地往下翻呢。而且很多人都会看好第一页的信息，都认为排在前列的产品的公司一定有实力。

3．第一时间发现与你产品所关联的求购信息，与求购商及时联系，商机不等人，在那么多求购信息中总有适合你的。总会有人和你合作的。不要对一两次的电话不成功而失去信心。

4．及时回复你的相关留言与信息，让客户感到你公司的正规（因为一般公司网络都有专人负责）、公司对客户的重视。耐心地回答咨询者的问题，而且在回复时一定要用客气与尊重的语气。

5．提高与客户沟通的技巧：这是一门大学问，总之，不要急于求成，要让客户感到你的专业、诚心，感到你公司的实力。

6．注意电话回访：对有意向的客户定期或不定期地电话跟踪，但一定要把握好尺度，打得太多客户会嫌烦的，如果不跟踪，客户会把你遗忘的。

7．做好线上交谈，线下及时跟踪，不要放过每一个机会，需要派人的一定要及时赶到，免得错失了良机。一定要做好线上线下的结合，争取提高客户成交率。

8．经常在论坛活动，提高个人知名度，你的知名度高了，自然会有人关注你的产品，一举成名天下知，那时会有客户主动找上门的。

9．热心帮助别人的求助，这样更能提高你在论坛的知名度，取得他人的信任与好感。我永远深信这句话，帮助了别人的同时也帮助了自己。

10．不管是论坛还是与网友聊天，一定要保持文明用语，保持在论坛的形象，因为你就是代表着公司，代表着品牌。

资料来源：http://wenda.so.com/q/1363179745060069

2．网络搜寻法的优缺点

该方法的优点是：网络搜寻法是一种非常便捷的顾客搜寻法，推销人员可以在相关商业网站，通过各种关键词，快速寻找准顾客，从而节约时间，避免盲目的市场扫荡，提高推销工作效率；该方法可以降低推销成本和市场风险，可以较全面地搜寻到有关准顾客的资料。

该方法的缺点：由于网络信息更新较快，在一定程度上会影响推销人员在网上所检索到的准顾客资料的准确性；另外，出于信息安全的考虑，一些重要资料并不在网上公布。如准顾客及其相关资料，以及一些官方资料、企业内部信息资料等，推销人员在网上并不是完全能够查到；网络世界是个虚拟的世界，推销人员在运用互联网这一现代化信息手段查找资料时，难免会遇到假情报的干扰，从而不能完全保证准顾客资料的真实性和可靠性。

3．网络搜寻法使用注意事项

（1）网上寻找顾客法与其他方法必须有效结合，相辅相成，共同完成顾客的寻找和后期跟踪工作。

（2）推销人员应根据自己的产品特点把网上寻找顾客的各种方法有效组合，提高寻找到顾客的概率。

（3）网上寻找顾客需提高警惕，注意核查信息的准确性和真实性，并加强顾客资格的审核。

小知识

关于微信营销，你知道多少？

1．适应客户的不同需求

不同企业和行业的客户需求存在很大差异，新老客户也对信息获取有不同的渴望。例如，餐饮、快销、数码、酒店、汽车等服务型企业的客户往往更多地关注企业的促销信息或优惠活动，这些活动不会天天有新意，服务号一般更合适。媒体、通信、交通等行业的信息一般比较丰富，更适合订阅号。

同时，企业微信也应该针对新老客户有信息发送上的区分，初次关注的客户与长期订阅的客户信息有差异，对公司的业务客户与普通关注的社会客户有差异。

2．重视线下的推广

很多企业对发展微信公众号的客户缺少方法，或者只重视线上的广告和推广，但从现实来看，线下的推广必不可少，如企业门店进行扫描关注送礼活动、户外的广告、客户接触点上的主动推荐等，效果往往比线上还要显著。

3．楼的高度要适度

如果推送的信息过多，就会缺少重点，但如果信息太少，又很难满足不同客户的需求。如果要告知客户一件重要的事，发一条信息就足够，如果是平常的信息，三条也许是最合适的。信息中图片不能过多，两三张即可，图片大小要控制好，图文信息打开速度会影响用户阅读率，要知道，微信是给手机阅读的，用户要支付流量费。

4．信息的内容要精致有价值

对于微信公众号发送的内容，要十分注意，避免错别字，注重美观大方，必要时可以针对特定的用户群体进行修饰。内容也要认真推敲，发布有价值的信息，最好是独创和原创，如果有连载会更好。还有，微信的内容应该保持与用户个人或本地区的关联度，让用户感觉身在其中，否则很容易失去兴趣。

5．互动为王

微信营销的本质是互动，传递价值，维护老客户，影响新客户，对客户发来的信息做到有问必答。一些企业把微信当成宣传工具，每天准时发送广告，缺乏生命力。在条件允许的情况下，还可以增加人工应答和多渠道回复。

如果条件允许，还可以针对互动活跃的用户组织线下的交流，这样可以形成粉丝团队和传播种子，对微信公众号的发展十分有利。

6．利用好阅读原文

微信的信息中只有"阅读原文"可以加超链接，通过"阅读原文"可以提高企业网站的流量和客户关注度，也可以链接以前发送的微信信息。

7．做好二次开发

微信公众号自身的功能很有限，如果仅仅是简单的使用，就成为了没有特色和吸引力的标准化页面。如果想做到展现自己企业的特色，不千佛一面，通过微信给客户提供更多便利功能，就只能通过二次开发来实现。

例如服务号推送消息这项功能，通过第三方平台可以对全体订阅用户进行分组，并针对每个分组独立群发消息，使不同的群发信息触达不同的用户人群，实现对新老客户推送消息的区分。通过微伙伴这样的后台扩展，还可以使微信服务号不再受每月 4 次的推送限制，可以自由控制发布数量，只需要保证每个分组里的用户单月接收信息条数在 4 次以内即可，相比微信通用的后台，第三方开发可以设置非常灵活的群发策略。

8．关注数据分析

微信为了提高企业用户的使用效率，增加了基础数据分析功能，用户可以在后台通过平台研究信息的接受程度、用户发展趋势等。结合这些数据，企业微信运营人员能够总结经验、吸取教训，更有针对性地改进信息编辑、调整内容方向，提升微信运营的质量。

资料来源：微信公众号：企业家商学院，2014-07-16

（二）会议寻找法

1．会议寻找法的含义

会议寻找法是指公司请专家举办各类对潜在消费者有价值的会议吸引特定顾客源参加，从而发现真正顾客的过程。会议形式可以是有专家参与的研讨会、免费培训会或者咨询会等。会议前期先由销售人员邀约一定数量的客户源到现场，再通过会议上的沟通了解顾客信息，确定是否为潜在顾客。例如，药品销售公司可能会请 8～10 位肿瘤专家举行一次研讨会，并邀请全国知名的肿瘤研究专家来作报告。该专家会探讨一些医疗技术和治疗方法的最新发展状况。在研讨会期间或研讨会之后，公司的销售代表会介绍如何利用该公司的某种药帮助治疗卵巢癌和乳腺癌。或者幼儿早教机构请专家为儿童家长讲解育儿知识，保险公司组织一场投资分析会等。

2．会议寻找法的优缺点

该方法的优点：会议寻找法往往一定程度上能引起顾客感兴趣，并能邀请来那些好的，特别是那些不愿意一对一会面的潜在顾客。来到会议现场的潜在顾客往往更容易接近，能直接给企业带来收益或收集到更多顾客的资料，为后期开发做好铺垫。

该方法的缺点：组织难度大，对人员要求高，如果组织不好，破坏性也比较大。

3．会议寻找法使用注意事项

（1）注重前期筹备工作，包括会议前顾客资料搜集和分析，会场的布置，专家的邀请和确定，人员的培训和安排，安排交通、点心等相关辅助程序和突发事件的应急。

（2）会议主题必须是你和与会者有浓厚兴趣的方面，同时你和发言人必须是这方面的权威。

（3）销售人员必须在会议前、中、后做好和潜在顾客的联系、沟通和跟踪，确保销售的开展。

任务三　顾客资格审查

任务引入

有一天，张伟接到一封询价的邮件。这个网上询价的顾客不仅从未进入他们的重点顾客名单，而且连他的名字张伟也没听说过。对方希望从他们公司进一大批货，问他能给一个什么折扣率。对于一家未列入公司的重点顾客名单的顾客来说，一次性吃这么多货，量是比较大的，所以，张伟有些吃不准，便问其销售经理王总按什么级别给对方报价。

"你跟对方电话联系过了吗？"王总问。

"我打电话跟他们联系过了，是他们老总接的电话。他说这个询价邮件就是他发的，他对经销我们这个产品很感兴趣。"张伟说。

王总让推销员先查查对方的网站，看看他们的实力和规模。推销员说对方现在似乎没有网站。

"这样吧，你用电话跟对方联系一下，说你准备带着资料和样品去拜访他们。"

张伟去了半天，回来说那家公司的门脸只有二三十平方米，后来一打听，那家公司是他们的一个竞争对手老板的亲戚开的。他们询价的目的自然就很清楚了。

任务1：张伟需认清顾客资格认定的作用。

任务2：张伟需掌握顾客资格审查的内容。

任务分析

现代社会毕竟是一个竞争非常激烈的商业社会，对于这种不合常理的询价，推销人员必须多问自己几个为什么，不能为了完成自己的销售量指标就饥不择食，见风就是雨。有些公司本来没有什么诚意来做你的产品，但它可能出于其他目的，装出一副真心实意要做的样子，与你狠狠地讨价还价。一旦拿到底价后，他就犹如石沉大海，一点音信也没有了。这种被人套取商业情报的事在现在的商场上并不少见，很多推销新人就这样成了竞争对手的"义务信息员"。要证实对方是不是真正的买家，必须对潜在顾客进行资格审查，才能做到功夫用在刀刃上，同时不被竞争对手利用。

知识链接

一、顾客资格审查的作用

准顾客的审查就是指推销人员对"引子"是否真是一位准顾客进行分析判断的全部活动过程。推销人员在取得"引子"之后，还需要对准顾客的资格进行审查，把符合条件的"引子"列入准顾客的目录中，把不符合资格的"引子"从目录中剔除。主要包括对顾客需求的审查、购买力的审查和准顾客购买决策权的审查三个方面，只有上述三个条件均具备才是合格的准顾客。现代推销学中把对某特定对象是否具备这三个条件的研究称为准顾客资格审查或认定。顾客资格的审查和认定并非与寻找准顾客截然分开，实际上它贯穿于寻找准顾客过程的始终。

准顾客资格的审查在整个推销中起着关键的作用，表现如下。

（1）发现真正的产品推销对象，避免徒劳无功的推销活动，确保将推销工作落到实处。

（2）通过潜在顾客资格审查和认定，可使推销人员节约大量时间和费用开支，提高顾客的订货率和增加顾客的订货量，提高推销人员的工作业绩。

（3）通过潜在顾客资格审查使推销人员对顾客资料有更全面的掌握，并根据准顾客的价值、潜力对准顾客进行 ABC 分类，从而有的放矢地实施推销策略，提高访问成功率。

（4）当企业资源有限的情况下，顾客资格审查可以有助于决策应该优先服务于哪个潜在顾客。

案例 2-9

某企业的一位推销员小张从事推销工作多年，经验丰富，关系户较多，加之他积极肯干，在过去的几年中，推销量在公司内始终首屈一指。谁知自一位新推销员小刘参加推销员培训回来后，不到半年，其推销量直线上升，当年就超过小张。对此小张百思不得其解，问小刘："你出门比较少，关系户没我多，为什么推销量比我大呢？"小刘指着手中的资料说："我主要是在拜访前，分析这些资料，有针对性地拜访，例如，我对 124 名老顾客分析后，感到有购买可能的只有 94 户，根据以往经验，94 户中 21 户的订货量不大，所以，我只拜访 73 户，结果订货率较高。其实，我的老顾客 124 户中只有 57 户订货。订货率不足50%，但是节约出大量时间去拜访新顾客。当然，这些新顾客也是经过挑选的，尽管订货概率不高，但建立了关系，还是值得的。"从小刘这些话可见，成功之处，就在于重视目标顾客的选择。

资料来源：张晓青. 现代推销实务[M]. 北京：地质出版社，2010.

问题： 小张为什么要这么注重目标顾客的选择？

【启示与思考】

此案例启示我们任何一个推销人员的时间都是有限的，在进行准顾客访问前如果能花些时间对准顾客的资格做基本的审查和评估，则会达到事半功倍的效果。

二、顾客购买需求审查

顾客购买需求审查是指推销人员通过对相关资料的分析，判断并确定将来的推销对象是否对推销的产品具有真正的需要（包括现实需求和潜在需求）以及需求量大小的活动过程。

顾客购买需求鉴定是识别顾客首先要做的事。顾客存在真实的需要，是成功销售的基础。正确判断顾客的需求及其规模，是推销人员的一项重要基本素质。只有正确判断了顾客的真实需求，有针对性地展开一系列销售活动，才有可能实现销售，否则，即使推销人员作出了大量的努力，顾客也认可了我们的产品和服务，但顾客没有切实的需求，他们也是不可能作出购买行为的。购买需求审查包括以下几方面。

1．潜在顾客需要什么

即对潜在顾客需要什么样的产品的描述。涉及潜在顾客买产品的用途、使用要求、将在什么条件下使用等问题，这些问题决定了潜在顾客对产品的选择标准，并为推销人员提供了推销说服的基点。需求多种多样，极富弹性，生产资料的购买有时要邀请有关专家来做鉴定。经过鉴定后，若发现自己所推销的产品无益于该顾客，不能适应其实际需求，就不要向其推销。

2．品牌倾向

即潜在顾客是否有对某一品牌的特别偏好。当潜在顾客没有明确的品牌倾向时，表明任何厂商的产品都没有优先性的排他优势；当潜在顾客有较明确的品牌倾向时，如果自己的产品品牌与潜在顾客品牌倾向一致，表明自己已获得优先性的排他优势，反之则表明自己的产品品牌已为潜在顾客所排斥。潜在顾客的品牌倾向可以从与顾客有关人员的接触中直接询问而获得。

3．期望的价格

即潜在顾客为实现某项购买而设定的心理价位或购买预算。大多情况下，尤其是当潜在顾客具有明确的购买意图和购买计划时，都会有相应的期望价格与预算，掌握准潜在顾客的期望价格，对于推销人员确定产品报价和议价的策略是非常重要的。

4．需要的数量

即潜在顾客需要购买产品的数量。购买的数量涉及推销人员确定报价和议价策略及其他交易条件，推销人员在考察潜在顾客需要的数量的问题时，既要考察当前的交易量，也要考察潜在的购买量。

5．购买时间

即潜在顾客作购买决策、签约及履行合约的时间。时间问题可通过准潜在顾客的购买计划和采购计划日程作出相应的判断。

此外，在分析准顾客需求的时候，推销人员应该知道顾客的需求有现实需求与潜在需求。现实需求是顾客已经感觉到的需求，并且拥有相应的购买力；潜在需求需要激发才能体现出来，推销人员应同时关注这两方面的需求。对于潜在需求，推销人员应对顾客需求进行深入细致的调查研究，分析和把握顾客不使用推销品的真正原因，当认识到顾客的潜在需求时采取必要手段把潜在的需求变成现实需求，而非将其作为不合格顾客草率放弃。正是因为存在大量的潜在需求，才为推销人员去大胆探求和创造需求提供了用武之地。

三、顾客购买力审查

顾客购买力评价是指推销人员通过对市场调查的有关资料的分析，确定潜在顾客是否具备购买推销品的经济能力，进而确定其是否是合格的目标顾客的一种活动过程。目标顾客中的许多人可能对产品都会有需求，但是只有具备一定支付能力的人才有可能最终成为你的顾客。

顾客支付能力可以划分为现有支付能力和潜在支付能力两种。首先，要着眼于具备现有支付能力的顾客，具有购买需求并具备现有支付能力的顾客才是最理想的目标顾客，对这类顾客，推销人员需要加快促成交易。其次，是关注具备潜在支付能力的顾客，他们今后可能为产品推销开拓更为广阔的市场前景，对这一类顾客，推销人员需要主动协助顾客解决现有支付能力方面的问题，例如，建议顾客向银行贷款或者分期付款、延期付款等其他付款方式，对于没有此项开支预算的企业，需说服和跟踪相关部门提出预算申请，并跟踪预算审批结果。

对个体顾客潜在购买力审查，主要是从影响个人或家庭购买力的各种因素，如实际收入、购买支出、消费储蓄与信贷等几个方面进行审查。通过询问、观察"引子"的言行来判断，一般支付能力强的人，注重自己的衣食住行与其身份相协调，但不要"以貌取人"。

对组织购买者，推销人员要更注重调查该组织的经营状况、资金状况、财务状况、信用状况等，虽然可以采取赊销、分期付款、延期付款等方式促成交易，但要防止其商业欺诈活动，防止坏账、呆账出现，应当学会如何运用担保、抵押等手段将风险降到最低。即便是对亲戚朋友、大顾客、上级相关部门，也不例外。虽然很多组织的经营状况、资金状况、财务状况、信用状况等信息是对外保密的，但如果推销人员有能力可以通过其主管部门、注册会计师事务所、其他同行、银行、大众传播媒体以及推销人员的自我观察等，或者从外围调查相关信息，如企业付款口碑、员工工资发放情况、市场经营情况等，这些资料都可以为推销人员判断企业的潜在支付能力提供有价值的依据。

四、顾客购买决策权审查

从现代推销学的角度看，无论是家庭消费品的购买，还是企事业单位的采购活动，购买决策权往往掌握在少数人的手中，其他人只是起到收集、传递信息，提供决策参考建议的作用。面对顾客时，要判断顾客是否具有决策权。当然，对顾客中提供参考建议的角色，也应足够重视，他们的意见会影响顾客最终的购买决策。向一个家庭或组织推销，实际是向家庭或组织的购买决策者推销。

在消费品市场中，以家庭为单位的购买行为往往由于文化背景、社会环境的差异，使各个家庭的购买决策状况不尽相同。组织市场比个人市场更复杂，影响购买决策的人员类型和数量更多。组织市场带有很强的专业性，通常是理智性的采购，一般购买决策均由企业管理者作出。推销人员必须了解组织内部的人际关系、决策系统与决策方式，掌握其内部管理者的相对权限，尽量向有决策权的管理者推销产品。

任务总结

张伟经过一个多月在市场上的摸爬滚打，逐渐对推销中的第一环节"寻找顾客"有了更深的、更全面的理解，他将学习结果归纳如下。

1. 现实顾客是企业生存的根本和基础，但顾客的复杂多变以及企业的发展需求，仅靠老顾客难以达到企业的目标，推销人员应一方面开发新顾客，另一方面对现实顾客进行业务深挖，同时注意顾客和潜在顾客之间存在相互影响、相互转化的关系。

2. 将顾客源确定为潜在顾客必须满足五个基本条件：对该产品或服务存在真实的欲望或需求；购买能力；购买决定权；购买资格；易于接近。

3. 推销人员需遵循一定的规律，把握科学的准则，使寻找顾客的工作科学化、高效化。

4. 潜在顾客分潜在顾客、竞争者的顾客、中止交易的顾客、现有顾客四个类别，不同类别的顾客有不同的特征，推销人员应有的放矢地去开发这些顾客。

5. 传统寻找顾客的方法包括"地毯式"搜寻法、连锁介绍法、中心开花法、人际关系网拓展法、委托助手法、广告探查法、文献调查法、个人观察法和交易会寻找法。创新寻找顾客的方法主要包括网络搜寻法和会议寻找法。推销人员应该根据行业环境、顾客特征、产品特征、推销人员自身条件等因素，综合确定自己的最佳寻找方法组合。

6. 顾客资格审查对整个推销的有效开展起着关键作用。在推销访问前对准顾客的资格做基本审查和评估，则会达到事半功倍的效果。顾客资格审查主要包括三个方面：顾客购买需求审查、顾客购买力审查、顾客购买决策权审查。

业务技能自测

一、判断题

1. 推销人员必须确定顾客源的资格，才能提高寻找顾客的效率。（　　）

2. 顾客需求、购买能力、购买决定权、购买资格、易于接近是确定潜在顾客的所有条件。（　　）

3. 竞价推广法是一种免费的搜索推广方式。（　　）

4. "地毯式"搜寻法不仅可以进行搜寻潜在顾客，还可以兼有市场调研作用。（　　）

5. 顾客支付能力审查仅仅指顾客现有支付能力审查。（　　）

6. 文献调查法一定要注意搜集资料的可信度和时间效应。（　　）

二、选择题

1. 下列属于寻找推销对象应遵循的原则的是（　　）。

    A. 准确定义目标市场　　　　　　　　B. 多途径寻找顾客

    C. 养成随时发觉潜在顾客的习惯　　　D. 培养观察力与判断力

2. 尚没有实施过购买行为的潜在顾客具有的特征是（　　）。

    A. 隐蔽　　　　　　　　　　　　　　B. 防备心较强

    C. 更多需要激发潜在需求　　　　　　D. 需求清晰

3. 顾客资格认定的内容包含（　　）。

    A. 准顾客需求认定　　　　　　　　　B. 准顾客心理认定

    C. 准顾客社会地位认定　　　　　　　D. 准顾客支付能力认定

    E. 准顾客购买决策权认定

4. 装修公司的推销人员让房产公司的推销人员介绍顾客，被称为（　　）。

    A. 人际关系网拓展法　　　　　　　　B. 中心开花法

    C. 连锁介绍法　　　　　　　　　　　D. 委托助手法

5. 当我们需要老客户向我们推荐新客户时，说法错误的是（　　　）。

    A. 要求别人帮你介绍客户这件事是件很随意、顺便的事

    B. 第一次联系目标顾客时就要求别人帮你推荐

    C. 要求别人帮你推荐就是让别人给你一个朋友的联系方式就可以了

    D. 只要你的推荐人采取了行为承诺你就应该立即向推荐人表示感谢

    E. 最好让推荐人明白具体哪种类型公司和人群需要你所提供的东西

6. 顾客购买需求审查包括（　　　）。

    A. 潜在顾客需要什么　　　　　　B. 品牌倾向

    C. 期望价格　　　　　　　　　　D. 需求数量

    E. 购买时间

思考与讨论

1. 准顾客应该满足的条件是什么？

2. 寻找准顾客应遵守哪些原则？

3. 寻找准顾客有哪些方法？

4. 认定准顾客的作用有哪些？

5. 怎样对顾客资格进行审查？

实训题

项目一

【实训目标】

培养学生在给定市场销售环境中，分析目标顾客特征的能力、收集顾客信息的能力以及审查顾客资格的能力。

【实训内容】

假设你是某学校专升本的招生人员，学院内的学生是你的顾客源。请运用各种信息搜集的途径与方法收集学院内师生（一个人、一个办公室、一个班集体、一个宿舍）的相关信息，并进行顾客信息整理、顾客资格评审，力求从中找到推销机会。

【实训要求】

1. 要求学生充分收集和了解该校专升本的优劣势和目标人群特征。

2. 要求学生列出用于顾客资格审查所需信息调查样表。

3. 要求学生确定最适合的途径与方法来收集目标顾客的相关信息，并填写信息调查表。

4. 要求学生根据收集的资料，撰写市场分析报告。

5．要求老师对学生的分析报告进行点评。

【组织与实施评价】

1．学生分组（4～6 人一组）选择产品种类和推销具体范围。

2．学生完成前期调查前各项准备工作。

3．实地进行信息收集，填写信息调查表，并撰写市场分析报告。

4．教师点评。

【考核要点】

信息收集渠道和方法的多样性、信息的价值性、市场分析报告的价值等。

项目二

【实训目标】

培养学生寻找顾客的能力。

【实训内容】

假设你是一名应届毕业生，刚来到北京，并且找到一份推销工作，主要负责北京公交移动电视下端的滚动字幕广告（跟新闻滚动条一起播放的），请确认适合你所推销产品的目标顾客群特点以及确定你寻找准顾客的最佳方法组合。

【实训要求】

1．要求学生首先熟悉所推销产品的特点。

2．要求学生利用上网或实地调研等多种方式了解该企业和该类产品当前寻找顾客的方法。

3．要求学生确定适合该行业和自己的最佳寻找顾客方法组合，并提交具体方案。

【组织与实施评价】

1．学生分成 4～6 人一组，每组确定 2 人负责文案陈述。

2．学生按要求收集资料，撰写文案。

3．学生分组陈述方案，进行自我评价和互相评价。

4．教师点评。

【考核要点】

寻找准顾客方案的合理性、全面性和创新性等。

案例分析

案例一　网上投保车险

"在郑州工作刚刚满七个年头了，省吃俭用攒钱买了辆车。可车险价格高得离谱，真不知道这车还能养得起吗？"80 后车主郭磊显得无奈，"本想买车也是为了更好地融入城市生活，但高额的养车费用让人吃不消。"

在河南车险市场上，像郭磊这样的 80 后车主不在少数。起初，买车是为了能够让生活过得更精彩，但现在却因较高的车险费率带来更多的烦恼。"许多车主目前还是依靠 4S 店等代理网点，而'代理销售模式'产生代理的费用，则需要分摊到保险公司运营成本及车主的身上，从而无法获得优惠的价格。"河南车险业内人士表示。

而目前在河南车险市场上流行的网上车险则打破了原有的代理销售模式，省略代理这个中介环节，将节约的代理手续费成本，直接以费率折扣的方式让利给车主。这样不仅其价格本身比其他传统投保方式低 10%～15%，车主还可以根据自身情况享受优惠。

事实上，受河南车险行业自律公约影响，车险保费优惠幅度均有所收窄，这意味着消费者买车险需要付出更高的费用。在此情况下，对价格显得格外敏感的 80 后车主，通过网上投保获得 15%的优惠就显得更有吸引力了。

"网上车险的价格确实很优惠，但就是不知道接下来的理赔服务会不会也打折扣？"车主罗先生对网销模式的后续服务心存疑虑。

对此，平安车险表示，在服务上不会因为网上车险的价格优惠而打折扣。事实上，平安网上车险不仅同样享受各项原有的后续服务，还针对网上投保的客户提供了更多的增值服务。

河南车险业内人士表示，网上车险直销渠道模式的推出，主要是考虑到网销渠道的独有客户群和车险这个庞大的市场里面目标客户的特有消费行为和习惯，即面向未来、崇尚科技，未来财富越来越多时间却相对紧张的 80 后年轻人，这也是对未来客户群的特点定位。

资料来源：http://chexian.pingan.com/anli/1314324551333.shtml

分析思考：

1. 网上销售车险相对于代理商销售车险具有什么样的优势和劣势？
2. 网络搜索顾客都有哪些具体方法？

案例二　××化工客户资质审核

××化工客户资质评估审核表如表 2-1 所示。

表 2-1　××化工客户资质评估审核表

公司名称：　　　　　　　　经营人：　　　　　　　　审核日期：
手　　机：　　　　　　　　传　真：　　　　　　　　电子邮箱：

市场状况	省份名称		地域市名			覆盖区域	
	覆盖人口			消费水平		□高水平　□中等水平　□低水平	
	竞争品牌			竞争地位			
店铺情况	法人代表			营业面积			
	店铺位置						
	公司性质	□个体	□私营	□合资		注册资金	
	物流通达性	□优	□良	□差		人流量	
	人力配备	专业导购		资金能力		□≥3 万　□≥5 万　□≥10 万	

续表

店铺情况	人力配备	技术服务		经营方式		□工程　　□批发　　□零售	
		市场开发		关系网络		□政府　　□装饰公司　　□家装队	
	经营状况（过去 3 年内）	营业额	2008 年：_____　2009 年：_____　2010 年：_____				
		利润额	2008 年：_____　2009 年：_____　2010 年：_____				
		存货额	2008 年：_____　2009 年：_____　2010 年：_____				
经营者情况	性别		年龄		从业年限		
	经营管理能力	□强　□中　□弱		广告宣传能力		□强　□中　□弱	
	认同彩艺企业文化	□是　□否		认同彩艺管理模式		□是　□否	
	认同彩艺销售模式	□是　□否		信誉度		□优　□良　□差	
	关系网络	□政府　□装饰公司　□家装队　□分销网络　□业务团队					
	代理意向	□单一产品　　□多种产品　　□全套产品					
	合作意愿						
区域经理评估建议							
营销中心评估意见							

资料来源：http://www.docin.com/p-35921863.html，2011

分析思考：

1．请分析该公司制定以上客户资质审核表的意义何在。

2．对经销商或代理商客户的审核内容主要包括哪些方面？

学习情境三　约见和接近顾客

知识目标

◇ 了解接近顾客前准备的意义和内容。
◇ 掌握约见顾客的内容、方式和技巧。
◇ 掌握接近顾客的策略和方法。

技能目标

◇ 具有独立分析目标顾客资料，并结合顾客资料确定拜访计划的能力。
◇ 具有完成推销接近前各项准备工作的能力。
◇ 具有灵活选择和创新顾客约见方法的能力。
◇ 具备处理各类顾客约见异议的能力。
◇ 具有针对具体顾客顺利完成顾客接近，达到接近目标的能力。

导入案例

宠物解围，巧借"第三者"推销

一位推销员到某女士家推销新款化妆品，女主人一开始对推销员表现出了明显的不友好。此时，推销员看她身着华丽的服装，手上抱着一条名犬，就说："这条小狗真漂亮，它一定是条名犬吧？我还是第一次见到这么漂亮的宠物。"女士听后马上说："是的，它是意大利名犬，花了好几万元买的。"推销员又说："也只有您这么有品味的女士才配养这种名犬。"女士一听，脸色很快缓和下来，请推销员在客厅落座。推销员坐下后，并不立即进入主题，而是继续恭维女主人和她的名犬，不断关心打听名犬的情况。女主人显然视犬为"掌上明珠"，对推销员的询问获得了一种满足感，戒心也完全消除，脸上渐渐有了友好的表情。这时，推销员才拿出化妆品说："我今天真是幸运，本来我只带了普通化妆品。早晨出来时，我想今天也许会碰到高雅的客户，所以就拿了几件较名贵的，没想到真的就遇到了您。我们这种名贵的化妆品，也只有您这样身份的女士才配使用，前面走了几家我都没有拿出来，您看，全部没有拆过封！"然后，她详细地介绍了产品的性能和特点，最终，该女士高兴地买下了她的产品。

任务一　接　近　准　备

通过前期努力，张伟通过各种途径确定了几个合作价值比较大的顾客名单，张伟希望通过他的努力能争取这些顾客的合作，尤其是具有很好的客户资源的 A 公司的合作，但他也打听到 A 公司的老总比较盛气凌人，难以接近。为了能更好地接近这位老总，并顺利地取得约见和拜访的成功，你认为张伟在接近 A 公司老总前应做哪些方面的准备？

任务 1：张伟需要了解接近准备的内容。

任务 2：张伟需要掌握顾客拜访计划的意义和内容。

任务分析

推销人员在确定了准顾客之后，除了电话营销或者网上直销，一般接下来的工作就是有目的、有策略地采取方法接触顾客，争取面对面地赢得顾客的信任、激发顾客的兴趣，并传递商品信息，最终促成交易。做好接近准备是为了更好地把握每个销售机会，在接近顾客前推销人员首先要了解消费者的各种信息，然后通过信息的收集、筛选、处理，从而制订正确的拜访计划，争取更有效地接近顾客。

知识链接

一、接近准备的含义

接近准备是指推销人员在与准顾客正式接触前，针对某一特定准顾客而进行的准备工作，是为进一步了解、掌握、分析顾客的情况而进行预先准备的过程，是顾客资格审查的继续，也是非常重要的推销工作环节。

二、接近准备的内容

（一）了解目标顾客的情况

1. 约见个人购买者的准备

成功接触个人购买者，最重要的是对其个人背景资料有一定的掌握，具体来说，应包括约见和拜访对象的姓名、年龄、性别、民族特征、大概相貌特征、家庭背景、办公及居住地址、联系方式、性格特征、出生地、学习和工作经历、兴趣爱好、需求内容、采购习惯和特征等。

为了更好地把握顾客的整体情况，推销人员还必须对收集来的资料进行归类、分析，从大量资料中发现某类准顾客某些共性的问题，例如，某类顾客的需求有何特征？他们最感兴趣的话题是什么？共同的买点是什么？如此等等。

另外，推销人员特别要注意的是，如果要拜访的顾客是已经有过几次接触的顾客，一定要在再次拜访前查看前几次的拜访记录，一方面对顾客的特点和购买特点进行梳理，为本次拜访做好准备；另一方面还需对前几次拜访情况进行了解，以免顾客说到前几次拜访中谈到或关注的问题，而自己却忘了，不知怎么回答，使自己显得不专业。

2. 约见法人购买者的准备

法人购买者是指除个体准顾客以外的所有准顾客，包括工商企业、政府机关、事业单位、社团组织和军队等购买者。由于法人购买者的业务范围广、购买数量大、购买参与人多、购买周期长，而且购买决策人、购买执行人、商品使用人往往是分离的，使法人购买者的购买行为变得更为复杂，因此涉及的问题也比较多。法人购买者的主体同时兼有法人代表与个人代表两种社会角色，进行购买决策时会同时考虑团体与个人两方面的利益和需求。因此，推销人员接近顾客前所准备的资料应比个体准顾客更充分。现仅以工商企业准顾客为例，说明约见法人准顾客应做的准备。

（1）掌握法人购买者的基本情况。法人购买者的基本情况包括法人购买者的机构名称、品牌商标、营业地点等。此外，推销人员还应了解法人顾客的所有制性质、注册资本、职工人数、交通条件及各种形式的通信联络方式等。

（2）了解法人购买者的生产经营情况。法人购买者的生产经营情况对其购买行为有着较为直接的影响。因此，在接近法人购买者之前，推销人员应尽可能全面地了解其生产经营情况，包括其生产经营规模、经营范围、生产能力、资信与财务状况、设备技术水平及技术改造方向、企业的市场营销组合、市场竞争以及企业发展方向等方面的内容。为此，推销人员可以了解顾客产品线的宽度、长度，产品线之间在材料来源方面的关系等，了解目标企业的设计生产能力，目前已经达到的生产能力和潜在的生产能力，从中寻找推销产品的机会。如果准顾客属于商业机构，应该了解顾客的营业面积、商品规模、商品等级、客流量多少、购买者的购买行为及商品特点等，并了解对方的资信情况。

（3）了解法人购买者的采购习惯。一般来说，不同的法人顾客有各自不同的采购习惯，包括采购对象的选择、购买途径、购买周期、购买批量、结算方式等方面都可能有差异。在准备工作的过程中，推销人员要对团体顾客的采购习惯进行认真、全面、细致的分析，再结合推销品的特征和性能，确定能否向顾客提供新的利益以及团体顾客对推销品采购的可能性。

（4）了解法人购买者的组织结构和人事状况。推销人员不仅要了解法人顾客的近远期目标、规章制度和办事程序，而且还要了解它的组织结构和人事状况、人际关系以及关键人物的职权范围与工作作风等方面的内容。因为对法人购买者的推销实际上是向机构决策人或执行人推销，而绝非向机构本身推销。但是，机构本身复杂的组织结构和人事关系，对推销能否成功有着重要的影响。因此，在接近团体顾客之前，了解和掌握机构的组织结构和人事状况，有针对性地开展推销接近工作，对促进推销活动的进一步顺利进行显得非常重要。

例如，一般情况下，要对由哪些部门产生购买需要或者提出购买申请、由哪些部门或机构对购买申请进行审核、由哪些部门发出招标书和选择供应商、会有哪些机构与个人对购买决策行为施加影响等了解清楚。此外，还要了解清楚关键部门和关键人物，要了解关键人物的价值观念、爱好、性格等个人情况，推销人员应该对顾客在购买过程中各个阶段的"实权派"有深入的了解。

（5）了解竞争对手的资料。只有了解竞争对手的相关信息，推销人员才能有针对性地制定自己的推销方案。竞争对手资料包括以下几方面：目前进货渠道有哪些？维持原来的购买对象与可能改变的原因是什么？目前准顾客与供应商的关系如何？发展前景如何？目前竞争对手给准顾客的优惠条件是什么？顾客的满意程度如何？竞争对手的销售代表的名字？谁支持竞争对手？该销售代表与顾客的关系如何？如此等等。

（6）了解采购项目的资料。法人顾客的项目情况包括顾客最近的采购计划、顾客该项采购要解决的主要问题、采购时间表、采购预算、采购流程、采购标准、购买决策的影响因素、采购关键人物的个人信息，以及对该项采购中他们各自希望满足的个人需求等。为更好地接近采购关键人物，推销人员必须充分了解他们的个人信息，采购关键人物的个人信息内容参照以上所谈到的个人购买者所要了解的信息内容。

3．约见老顾客前的准备

老顾客是推销人员熟悉的、比较固定的买主。保持与老顾客的密切联系，是推销人员保证顾客队伍的稳定，取得良好推销业绩的重要条件。

对老顾客的接近准备工作，不同于对新寻找的目标顾客的准备工作，因为推销人员对老顾客已经有一定程度的了解，主要是对原有资料的补充和调整，应该在拜访前先了解老顾客（无论是个体顾客还是团体顾客）上一次成交后的情况反馈。顾客反映的内容是多方面的，主要包括供货时间、产品价格、产品质量、使用效果和售后服务等。

案例 3-1

某一年的五一黄金周前夕，某车内空气净化器代理商通过近两个星期的努力，基本上与北京家电销售市场上一个大型家电销售公司建立了联系。如果他们的产品能进入对方的销售网络，他们不仅能利用它们在全国各大中城市二百多家的连锁店进行销售，而且在它们公司销售的同时，对提高他们产品的知名度和品牌形象都有帮助。

这个家电销售公司一般在五月底六月初讨论当年下半年的采购计划。时间不多了，如果他们不采取特别的措施，对方肯定会按惯例采购其对手的产品。尽管时间紧迫，但他们还是下决心要在今年下半年把产品打进这家公司的销售网络。

五一期间没有放假，专门抽了几个人去摸清这家家电销售公司的情况，最大限度地收集其各种信息。通过黄金周期间的调查，他们首先摸清了这家家电销售公司的商品采购程序。它一般是集体决策，即通过各部门的主管、技术专家来投票表决，投票人数多达十二人。他们想要向每一个有投票权的人介绍产品是来不及了，而且他们的竞争对手已经早早地做好了准备工作。无疑，这家公司的处境相当被动。怎么办？

他们又想办法，七拐八弯与这家家电销售公司前工会主席建立了交情；通过他的指点，摸到的情况更加具体。这样他们基本上找到了进门的方法：他们的产品可以由这家公司的采购、市场和销售三个部门提出申请。采购部虽然在公司影响力最大，但是采购部的负责人与其他部门的人员关系一般；销售部在公司的影响力较小，如果从销售部提出申请参加讨论，胜算不大；市场部在公司的影响力较大，但不及采购部，虽然市场部的负责人目前只是一个部门主管，但同时身兼公司总裁助理，而且他在公司的人际关系不错。他们的竞争对手主要是围绕着采购部做工作。既然如此，他们毅然决定把市场部作为突破口。经过一番缜密而有效的活动，这家公司的市场部终于同意为他们的产品提出申请。尽管他们公司的前期工作并没有做得像他们的对手那么细致，但由于市场部经理的个人影响力，他们终于战胜了对手！

资料来源：谭一平. 推销精英的十年总结：中式推销[M]. 北京：企业管理出版社，2006.

问题：这个案例说明了什么？

【启示与思考】

推销人员需要抓"战机"，但不能仓促上阵，打毫无准备之仗。拜访客户之前，推销人员一定要尽可能地多收集一些客户的信息，做到知己知彼。否则，只能是做无用功。

（二）拜访计划

所谓拜访计划，是指推销目标的具体实施方案，是推销人员自我活动的规划。它是指导推销活动的依据，也是销售管理的重要内容。古代孙武曾说："用兵之道，以计为首。"其实，无论是单位还是个人，无论办什么事情，事先都应有个合理的打算和安排。有了计划，工作就有了明确的目标和具体的步骤，就可以协调我们的行动，增强工作的主动性，减少盲目性，使工作有条不紊地进行。同时，计划本身又是对工作进度和质量的考核标准，对我们自身有较强的约束和督促作用。所以计划对工作既有指导作用，又有推动作用，合理地安排工作计划，是建立正常的工作秩序、提高工作效率的重要手段。

计划分为年计划、月计划、周计划和日计划。随着计划周期缩短，拜访计划要求内容更为具体化，不能泛泛而谈，最好是把销售目标定量化。短期计划是长期计划的保障。拜访计划的内容可以形象地用"5W1H"来表示。

（1）Who（谁）。这是指计划拜访的对象，是潜在顾客还是现实顾客，是你喜欢的顾客还是你讨厌的顾客，是离你近的顾客还是离你远的顾客等，具体拜访顾客可以根据推销人员和顾客预约的时间和结果进行调整。

（2）When（什么时间）。这是指你拜访顾客的日程安排。根据双方达成的约访时间，拟定好拜访日程，掌握好谈判进度，这也是提高推销拜访成功的关键因素之一。

（3）Where（什么地方）。这是指你拜访的顾客所在地及到他那儿去的最佳路线。你要想个办法规划好你的拜访路线，减少你消耗在路上的时间，增加你与顾客见面的时间。

（4）Why（为什么）。这是指你拜访顾客的原因。推销人员每次接近顾客都应具体根据自己与买主的关系，根据交易中买主的情况选择此次拜访的目标。并且推销人员在执行拜访计划时，一定要牢牢记住此行的目的。那么拜访的目的有哪些呢？通常每次拜访推销人员都需要主动为自己的拜访设定一定的阶段性目标。例如，通过某次拜访了解顾客的具体需求，与顾客建立良好的关系，确定谁是关键负责人或争取结识总负责人，弄清竞争对手在你推销商品区域中的活动情况，获得向准顾客的有关人士做商品示范或介绍的机会，争取签订一份商品买卖合同，解决顾客抱怨等。

（5）What（什么）。这是指你这次拜访顾客洽谈的重点内容是什么。确定拜访洽谈的要点就是针对推销对象的具体情况和拜访的目标，确定该次拜访洽谈的重点。

（6）How（怎么）。这是指怎样进行推销，即推销的策略和技巧。推销人员应事先估计洽谈中顾客可能提出哪些问题，应如何解决这些问题，推销人员应从实际出发思考这些问题，例如，如何赢得顾客的信任，如何引起顾客的兴趣或购买欲望，以及引导顾客进行成交等。

案例 3-2

推销员张星通过市场调查、专家预测和其他方式寻找潜在客户，在找出潜在客户后张星将对它们进行 ABC 分类，并制出推销区域地图。方法是先把地图贴在墙上，再在上面贴上一张透明塑料布。然后在有顾客的地方钉上图钉，制作销售区域图。在钉图钉时现有顾客钉绿色，潜在顾客钉灰色，已经推销成功的顾客则钉红色。这样，张星就可以准确了解他需要拜访的顾客的分布和所在地了。然后他把整个销售区域分成更小的区域（5~6 个），这样每天他都拜访不同的区域。还在塑料布上用新笔画出销售路线，这些销售路线距离最短，旅途时间最少，而又包括了所有的图钉（客户），而且争取使每条线路上的客户购买潜力相等。这样张星就能通过每天的比例，看看自己的工作效果如何了。

资料来源：赵月华. 管理精英文库[M]. 北京：中国人民出版社，1998.

问题：张星的做法体现了他哪方面能力？

【启示与思考】

推销人员的合理计划和规划可有效提高其工作效率，是自我时间管理的具体表现。

（三）物质准备

有些业务人员去拜访客户，寒暄之后正要入正题时才发现遗忘了文件、样品等重要物品，回去取已来不及，从而失去了对方的信赖。所以，离开公司或家门之前，一定要慎重检查东西是否齐全了。业务不同，商谈内容就有差异，必带物品也会有很大出入，以下供参考。

1. 必备品

必备品主要有手机、钱包、钢笔、名片、眼镜、笔记本、钥匙、打火机、地图、工作证、驾驶执照等。此外，还需要一个像样的公文包。

2. 推销工具

推销人员的公文包中，必须放一些推销过程中必需的辅助工具，如介绍信、样品、企业的宣传资料、产品说明书、产品鉴定证书、企业认证证书或荣誉证书、价目表等，如果推销过程需要电脑演示公司情况或产品方案，还包括笔记本电脑以及随行所需相关文档资料。这些物品的合理应用能大大提高顾客对企业或产品的信任，有利于推销人员更好地洽谈。

3. 签约工具

随时随地准备好签约所用的物品，以免延误商机。例如，价目表、发票、收据、计算器、印章、印泥、合同以及可能会送给对方的赠品等。

（四）心理准备

接近顾客须保持良好的心境，要有充分的心理准备。接近的成败往往只是在最初的五分钟之内就决定了。而一天的情绪则受早上起床时心情的影响，心情不好，"士气"自然低落，商谈也就危险。因此，必须在一天刚刚开始的早上，就要努力调整好自己的心情，在拜访顾客之前一定要有"我会带给他利益"的骄傲——所谓战略上蔑视，而战术上重视。推销人员调整心情的同时更应注重自己的形象，要使自己充满自信和骄傲，并有不怕困难的坚定意志。

任务二　约　见　顾　客

任务引入

为了提高顾客约见的成功率，张伟加强了约见顾客前的准备工作，但在电话约见过程中，时常还是会因为前台秘书等"挡驾者"的阻碍或者约见对象各种理由的推辞而无法接近顾客，有一次，他甚至直接跑到某公司，但那位笑眯眯的采购科长还是很客气地说声"不好意思有点事先走一步"而不给他任何接近的机会。张伟感觉到很头疼，没想到约顾客见面，甚至请对方吃饭竟这么难。

任务 1：张伟需要掌握各种约见顾客的方法。

任务 2：张伟需要掌握一些约见顾客的技巧。

任务分析

随着人们时间观念越来越强，节奏越来越快，拜访前对拜访对象的约见工作成为推销人员工作的商业活动之一。约见顾客同样需要一定的艺术，如果约见的对象、时间、地点、理由不合理，约见方式选择不恰当，以及缺乏约见顾客的技巧都可能造成约见的失败。作为推销人员，必须掌握各种约见方法的技巧和注意事项。

知识链接

一、约见顾客的含义

约见顾客是指推销人员事先征得顾客同意接见的行动过程。约见顾客既是对顾客的尊重，也是基本的商务礼仪，使销售过程有一个良好的开端。推销人员为了成功地接近顾客，一般需要事先征得对方同意，以赢得顾客的信任和配合，同时也便于推销人员做好顾客拜访计划，做好拜访前准备，并与顾客有一段不被打搅的时间段，从而提高拜访效率和成功率。

二、约见顾客的内容

推销人员约见顾客的内容要根据推销人员与顾客关系的密切程度、推销面谈需要等具体情况来定。例如，对关系比较密切的顾客，约见的内容应尽量简短，无须面面俱到，提前打个招呼即可；对来往不多的一般顾客，约见的内容应详细些，准备应充分些，以期发展良好的合作关系；对从未谋面的新顾客，则应准备细致、周到的约见内容，以引起对方对推销活动的注意和兴趣，消除顾客的疑虑，赢得顾客的信任与配合。

约见的基本内容包括确定约见对象、明确约见目的、安排约见时间、选择与确定约见地点四个方面。

（一）确定约见对象

约见顾客，首先要确认的问题就是约见谁，即确定约见对象。推销人员需要事先弄清楚约见的顾客中的哪一位才能更快地促成交易，避免把推销努力浪费在那些无关紧要的人物身上。一般地，在确定约见对象时，要根据推销业务的性质，设法约见购买决策人或对购买决策有重大影响的人。

一般来说，对于组织机构较为健全的法人购买者，没有人独自拥有这个权力，因为购买决策是由团队作出的。销售人员必须了解其法人机构采购中心的成员，以及他们在采购进程中的不同阶段的参与程度，从而知道在整个采购的过程中应该重点关注哪些人物。例如，铲车销售代表把产品销售到生产企业之前，要去见铲车使用部门经理、采购中心负责人、财务部经理、总经理等人，推销人员往往要同整个采购成员及其影响成员逐个安排会面，逐一赢得更多成员的支持。

在尽力约见购买决策人的同时，也不要忽视培养与主管下属的关系，如总经理助理、秘书、办公室主任等人。这些人虽然没有最终购买决定权，却经常扮演"挡驾者"的角色，所以销售人员可以通过"挡驾者"开展工作，增加其与老板约见的概率，并赢得他们的间接支持。

小知识

Neil Rackham 在仔细研究了超过 35 000 次销售访问后，提出了完全不同的观点。他的研究表明，销售人员在一开始就应会见支持方的核心人物（Focus of Receptivity），此人愿意接受所听到的内容，并给卖方提供所需要的有价值的信息。事实上，此人甚至也可能不在采购中心工作，但他会与销售人员交流并提供信息，并指导销售人员开展销售。据研究，支持方的核心人物后来会把销售人员引向反对方的核心人物（Focus of Dissatisfaction），他是更有可能察觉问题并表达不满的人。最终，反对方的核心人物会把销售人员引向权力掌管的核心人物（Focus of Power）那里，他是能批准行动、阻止行动或影响行动的人。过早地到达权力掌管的核心人物那里会出现问题，因为卖方还未建立起关系，还未确切了解买方的需求。总而言之，Neil 指出："在销售中大家盲目地认为越早见到决策者越好。也就是说，有效的销售就是直接去找拥有权力的核心人物。这是一个值得怀疑的看法。"

资料来源：（美）巴顿·威姿，史蒂芬·卡斯伯里. 销售与顾客关系管理[M]. 小约翰·坦纳，眥悦红，等，译. 北京：人民邮电出版社，2008.

案例 3-3

在某重大项目开发中，有个外围的销售顾问给了某企业销售人员很多指导，当地的总经理对这个销售顾问也很信任。这个顾问说项目的决策人是董事长。根据销售人员的经验判断，一个大型企业要建设一套全面的信息化管理系统，会涉及组织结构和管理流程，甚至涉及各部门之间的责任和权力的再调整，一般情况下都是一把手决策。他们根据这个信息和判断，部署了行动计划，申请高层对董事长进行了拜访，与各个业务部门都进行了深入的交流，与主要高层领导也都进行了逐一沟通，从上到下每个人口口声声都说这种项目要董事长亲自决策才行，这更加坚定了他们的判断。

在自我感觉局面大好的情况下，利用对方董事长在北京开会期间，销售人员诚挚地邀请他到公司参观。董事长以开会紧张为由说自己没时间，出于各方面考虑也不好拒绝他们的邀请，便安排他们的总经理前来参观。虽然来的不是期望的董事长而是二把手总经理，销售人员所在企业还是很重视，由副总裁出面接待。销售人员汇报了一下公司的发展和行业经验，而总经理也表示是出于领导安排来考察的。这位总经理走后，销售人员对这个项目的感觉已经不太好了，虽然通过顾问与董事长有所接触，但他心里仍然没底，总经理出面参与这件事情，他对他们的态度也很一般，接下来的事情证实了这种不好的预感。

就在送走总经理后不久，销售人员接到了客户的招标通知。有经验的销售人员拿到招标通知心里就明白七八分，他们也不例外。并且不用现场投标，直接把标书寄过去就行了，客户直接决策结果可想而知。

后来销售顾问反馈，董事长在结果出来之后曾经问总经理是怎么回事，总经理说："我从他们公司回来之后，他们没有一个人和我联系，我以为他们不做了。"

资料来源：夏凯，田俊国. 赢单九问[M]. 厦门：鹭江出版社，2010.

问题：该案例中销售人员存在什么问题？

【启示与思考】

首先，销售人员对决策者并没有把握好。其次，董事长是不是真的支持他们也没把握。再次，这个项目的销售顾问是不是真的其支持方，也是进行反省的。最后，就是对关键角色的忽略。

（二）明确约见目的

约见顾客要有明确的目的，一方面让顾客感到约见的必要性，另一方面也使推销人员的推销访问有针对性。虽然约见顾客的最终目的是成功推销商品，但约见目的因顾客、推销进展阶段和具体推销任务的不同而不同。常见的约见目的有如下几个。

1．推销产品

这是最常见的约见目的。在此约见目的下，为使约见成功，可以着重强调推销品能给顾客带来的利益或解决的问题，即使要介绍推销产品的用途、性能和特点，也要以简约为重点，约见过程主题是约见，而非介绍商品。因为这个阶段顾客考虑的是他值不值得花时间听你的电话和接待你。尽管目的是推销商品，但要赢得顾客的配合，就必须提前做好准备，了解顾客的兴趣点，体现以顾客为中心的职业道德。若顾客确实不需要，推销人员也最好不要强求。

另外，推销人员应该认识到多数情况下绝非一次拜访就能达到签单的目的，要最终赢得顾客的订单往往需要推销人员有多次的顾客拜访，所以推销人员应该根据顾客的采购进程、自己和顾客的关系进展、业务进展制订有针对性的销售推进计划，为每一次推销拜访设定具体的目标，并认真完成每次目标。随着阶段目标的完成使业务开展不断得到推进，最终达成和顾客签单的目的。

2. 市场调查

市场调查是推销人员的重要职责之一，通过对顾客及其所在地市场情况的调查，推销人员不仅可以搜集和掌握真实、可靠的市场信息，为进一步推销作准备，从而有利于推销工作的深入开展，并为企业的经营决策提供信息上的支持。同时，以此为事由的约见，由于不需要顾客实际的购买行动，往往容易让对方接受，容易赢得顾客的信任、合作与支持。另外，通过调查研究性的访问，还可以了解到其他潜在顾客的需要信息，扩大调查和推销的对象。

3. 提供服务

服务在现代市场竞争中起着越来越重要的作用，服务作为非价格竞争的主要方式，是成功推销的保障。可以说提供服务与推销产品同等重要。事实上，推销本身就是一种服务。由提供服务作为约见顾客的理由，往往是比较受欢迎的。通过这种方式既可以完成推销任务，又可以扩大企业影响，树立企业及其推销人员的良好形象，并为进一步的推销工作奠定较好的基础。

4. 联络与老顾客的感情

对于企业和推销人员来说，要保证基本顾客队伍的稳定与发展，不断提高销售业绩，不仅要不断寻找、发现、发展新顾客，而且要不断巩固与老顾客的关系，以建立自己稳定的销售网。这种方式既可以引起顾客的好感、增进与顾客的感情，又可以使推销人员赢得主动，还可以收集到真实的信息、合理化建议，甚至忠告等，为正式推销奠定良好的基础。

5. 签订合同

推销人员与顾客经过多次推销洽谈，已达成购买意向，需要商讨一些具体细节，签订合同。以此为目的的约见，一定不要显得过于急切，要尊重顾客的时间。因为签订合同不仅意味着一次交易的结束，而且意味着下一次交易的良好开端，必须予以高度重视。

6. 收取货款

收取货款是推销人员的职责之一，也是推销过程中的重要环节。没有收回货款的推销是不完整的推销，无法收回货款的推销是失败的推销。推销人员不能及时、足额地收回货款，就会使企业资金周转不灵，无力购进原材料，使生产受到阻碍，给企业带来一系列的不利影响。

总之，约见顾客有各种目的。推销人员应根据具体情况，创造各种机会约见、接近顾客。扩大自身影响，提高企业信誉，树立企业形象，并达到预期的推销目的。

（三）安排约见时间

约见顾客的时间安排是否适宜，会影响到约见顾客的效率，甚至关系到推销洽谈的成败。在日常工作中，很多推销人员的推销之所以归于失败，并不在于推销本身有问题，也不在于推销人员主观努力不够，而是由于选择约见的时机欠佳。因此，有经验的推销人员都非常重视拜访时间的安排。选择合适的拜访时机一般要考虑以下几方面因素。

1．了解顾客的工作节奏与习惯

只有站在顾客的立场上来寻找最方便适当的时间来进行商谈，才能获得最佳的结果。选择适当的拜访时间是很重要的，如果在不适当的时间访问顾客，顾客有可能会不在或者因有许多事要做而没时间搭理你。

有一位推销员，他曾在中午十二点去拜访一位饭店老板，当时老板正忙里忙外地招呼客人，因而这位推销员一说明来意，老板马上就拒绝了他，说："我不需要你的商品，你走吧。"推销员一开始有点纳闷，心想老板还不知道我要推销什么、价格如何就拒绝自己，不明白这是为什么。后来，他看到匆匆赶来吃饭的客人，就明白了，并转身离去。下午三点多的时候，他又来了，先买了一份饭菜，然后开始和老板聊天，由于这时吃饭的人很少，老板见他买了自己的东西，也就乐意听听他关于商品的介绍，并且最终给了推销员一份订单。

2．顾客的心理时间规律

人都有喜怒哀乐等各种情绪变化，情绪不同作出的反应也不同，所以推销人员应选择有利的时间拜访顾客。

3．顾客面临的问题

顾客在遇到问题时最希望遇到的人当然是能帮助他的人。推销人员如能以这种角色出现在顾客面前，一定是很受欢迎的。例如，顾客当前的供应商供货能力不足或令顾客不满意的时候，推销人员以新供应商的身份拜访顾客时，是会受到欢迎的。

4．把约会定在不太寻常的时间里

即使在买主可能有时间亲自见你的情况下，你也还面临着与你的竞争对手争夺这个最佳时间的问题。因而可以把约会定在其他推销人员不太可能去的时间内，这样，你就能独自与客户面谈了。例如，你可以在刮风天、下雨天或酷寒酷热等恶劣天气下，在所有人都不愿外出的时候拜访你的客户，此时，由于你的竞争对手没在，更由于你的举动感动了顾客，给他留下了良好印象，他很可能因此就购买了你的货物。这也可以说是推销中的"苦肉计"吧。

（四）选择与确定约见地点

选择与确定约见地点应坚持方便顾客、有利于约见和推销的原则，这样才可能利于交易的达成。约见地点的选择方式一般有以下几种。

（1）选择推销人员的工作单位作为约见地点。此种选择方式可以增进顾客对公司的了解，从而增强其对公司和产品的信赖感。但选择本公司作为约见地点，要求事先进行一些相应的准备和策划。一般来说，在本单位约见顾客，推销的成功机会比较大。

（2）推销人员也可以根据具体情况，尤其考虑到顾客的兴趣偏好选择各种社交场合和公共场所，以此作为约见顾客的地点。如歌舞厅、酒会、咖啡馆、座谈会、公园、广场等，在这种场合下，双方企业的影响力是均等的，而且容易拉近彼此关系，相对较容易对顾客施加影响。

（3）选择顾客工作单位为约见地点。这是较为常用的方式，因为在大多数情况下，顾客是被动的，而推销人员应该采取主动。但这种选择容易在心理上使推销人员处于弱势地位，不利于推销人员进行推销活动。如果推销的产品是日常消费品，则通常以顾客居住地为约见地点，既方便顾客，又显得亲切、自然。

三、约见顾客的方式和技巧

以什么方式约见顾客往往直接决定约见成功与否。约见顾客的实质是方便顾客，实现有效推销。但约见又很自然地要占用顾客的时间，甚至影响顾客的工作与生活。因此，推销人员在约见顾客时，不仅要考虑约见对象、约见时间和地点，还必须讲究约见方式和约见技巧。在实践推销活动中，常见的约见方式和技巧有以下几种。

（一）电话约见

电话约见是现代推销活动中常用的约见方法，它的优势在于能在短时间内接触更多的潜在顾客，是一种效率极高的约见方式。但由于顾客与推销人员缺乏相互了解，电话约见也最容易引起顾客的猜忌、怀疑，所以推销人员必须熟悉电话约见的原则，掌握电话约见的正确方法，让顾客感觉确实有必要见到你。电话约见成功的关键在于推销人员必须懂得打电话的技巧以及如何回应顾客的拒绝。

1．电话约见的技巧

（1）要精心设计开场白，开场白要有针对性，容易激起对方足够的好奇心，使他们有继续交谈的愿望。

（2）约见事由要充分，用词简明精练。

（3）态度要诚恳，语气自信；坚定、充满自信的讲话语气使守门人觉得这是一次很重要的电话，守门人将不再多问，而把电话接通。

（4）掌握电话约见的基本步骤，电话约见的一般步骤包括：问候、介绍自己和公司、感谢顾客倾听、道明约见目的、确定约见时间和地点、再一次致谢。并且记住，与对方通话时，目标只有一个，那就是确定见面的时间，获得约见。

案例 3-4

电话："叮铃！叮铃！"

顾客："喂，您好！"

销售人员："您好，麻烦您，能请尤根·克拉莫布先生亲自接电话吗？"

顾客："我就是！您有什么事吗？"

销售人员："您好，克拉莫布先生！我叫格拉索·海尔曼！是宝卡公司的专业咨询师，我们的公司位于富里达，是专门从事办公室以及仓库资源合理化业务的。克拉莫布先生，有关您扩大卡塞尔仓库面积的计划，我们宝卡公司早有耳闻了。所以我想给您看一些东西，这也许能够帮助您在新仓库里节省空间和人力消耗。您觉得咱们的这次见面安排在什么时间最合适？是下周二上午 10:20 好，还是周三下午好？"

顾客："那好吧，您星期二上午过来吧！"

销售人员："我记一下时间，克拉莫布先生。您记住我的名字了吗？我叫格拉索（Glasow）！拼写是 G，L，A，S，O，W。那咱们下星期二上午 10:20 见了，克拉莫布先生！真高兴能有机会和您见面！"

资料来源：http://baike.baidu.com/view/2258359.htm，2011.10

问题：谈谈该销售人员电话约见的技巧。

【启示与思考】

在此次谈话中，销售人员把顾客的需要放在第一位，并直截了当地介绍了这次谈话的价值所在。语言简练，约见理由充分；同时，对顾客的褒扬、采用二选一方式以及表达获得约见机会的感受都体现了其专业性。

小知识

以下是美国《财经》杂志对 500 名各条战线推销员的综合考察，发现"五步客户预约法"可达到成功邀约。

第一步，以关心对方与了解对方为诉求。

发自内心地表现出诚恳而礼貌的寒暄及亲切的问候最令人感到温馨，不过必须注意，如果过度地在言词上褒扬对方，反而会流于虚伪做作，虽然我们常说"礼多人不怪"，但是不诚实的推销辞令对许多人而言并不恰当，不如衷心地关怀更能够取得对方的信赖。

除了诚心地问候之外，了解客户的诉求也是第一要务，敏锐的推销员必须能够在客户谈论的言词之间了解客户心中的渴望，或是最急迫而殷切想要知道的事物，才能掌握住客户的方向，达到邀约的目的。

第二步，寻找具有吸引力的话题。

凡是面对有兴趣的事物就不容易拒绝，例如有人喜欢逛街买东西，只要有人邀约，纵然还有许多事情没处理完，也会"舍命陪君子"一同前往，这是因为兴趣会引起他排除万难的决心，因此提供一个可以吸引客户接受而且具有高度兴趣的话题，才容易获得客户的认同而接受邀约。

第三步，提出邀约的理由。

合理而切合需求的理由是勾起客户"一定要"接受邀约的必备要素。推销员从客户的言行中可以得知他的需求，从需求中可以找到他的渴望，再由渴望中找到可以说服他的理由，如此一步步地分析与推论下，客户拒绝的机会便小。倘若使用合理的方法进行邀约都无法让客户认同，也不妨采取低声下气的哀兵招式，或是以不请自到，主动登门拜访的手段令客户无法推辞，总之，不管任何方法都以能够达到邀约为首要任务。

第四步，善用二择一的销售语言。

如果问你要不要吃饭？你的回答不是吃就是不吃，但如果直接问你要吃中餐还是西餐，吃与不吃的问题就直接跳过去，而且多半会得到一个肯定的答案。换句话说，这种直接假设对方会接受的答案是一种快速切入的方法，也是避免遭到拒绝的方法。因为我们在回答问题时，总是会受到问题的内容影响思考，而暂时性地丧失先前的思考逻辑，所以推销员在邀约时，可以舍去太过刻板的问法"有没有时间"，而改以直接问"你是上午或下午有空？"或是"下午两点还是四点比较有空，让我们见个面吧！"

第五步，敲定后马上挂上电话或立即离开。

资料来源：http://www.boraid.cn/article/html/111/111486.asp

2. 电话约见的开场白

电话约见的开场白主要目标有两个：一是推动潜在顾客进入一种积极的、接受性的参与心态；二是引导潜在顾客进入提问阶段，并让他们开口交流。一开场不能只是介绍或讲解某种产品或服务，也不能无端要求对方答应你的见面要求，首先要做的是让潜在顾客感到好奇、有趣并因此而愿意和你沟通。

激发兴趣的开场白流程

（1）介绍你和你的公司。

"____，你好！我是____公司的____。"

这一步很简单。

（2）使用收集到的信息。

利用已知信息突出自己与常见销售人员的区别，你的话越有针对性，越能击中对方要害越好。

"我和____通过话，她提到您现在正在____。"

"我在____读到了您发表的____，恭喜您！"

"我一直在关注您在微博发表的关于____的话题。"

"我知道您的公司目前正____。"

"根据我的了解，您的公司今年一项主要的工作计划是____。"

"我在您的网站看到____。"

（3）向潜在顾客暗示价值主张。

为这个潜在顾客专门制定价值主张，继续发挥前面学到的各项技巧的力量。

"我们专门为____服务，帮助企业处理____的问题。"

"我们和顾客一起努力帮助顾客____。"

"听起来您可能正遭遇____。如果确实如此，那么我们能为您提供的____决策。"

"和面临相同处境的其他____，我们能够____。"

（4）继续提出价值，推动对方有兴趣进入邀约环节。

在暗示价值主张的基础上，向潜在顾客提出问题，这些问题必须是在考虑对方具体处境、问题和考量的基础上准备好的。

"我有一些关于____的想法，可能会对您有用。我想有机会当面和您沟通，您说呢？"

"我们有几种方案可能适合您。如果您的时间方便，我想向您提供一些有用信息。"

"我们已经帮助 220 家企业实现类似成果，如果我能进一步了解您的情况，我便可确定我们的产品、服务是否也适合您，您说什么时候比较方便。"

如果顾客拒绝见面商讨，那也可以直接电话向顾客提问，了解顾客情况，利用引导让潜在顾客认识到自己的问题、困境以及愿望，产生想让你帮忙的需求。

3．电话约见的异议处理

除了了解电话预约的步骤外，推销人员还应该将常遇到的顾客约见异议加以归结，并总结出可靠的应对话语对这些异议作出反应，从而使推销人员对约见过程更有可预知性和主动性，减少因顾客各种拒绝而草草挂断电话的现象。表 3-1 展示了施乐复印机的销售人员在预约时面对通常的质疑所作出的适当回应。销售人员要预料到可能的反对理由并正确决定该如何回应。

表 3-1　对反对约见的回应

秘书的反对	回　应
对不起，怀克先生现在正忙	我只占用几分钟。我是在半小时后再来，还是您建议我做个预约呢
我们已经有了一台复印机	那太好了。我想和怀克先生谈谈我们专为你们这样的公司设计的新纸张传送系统
我负责所有的复印工作	好吧。但我来这里是想展示一下施乐所提供的集成数据传输、报表生成和复印功能的完美的纸张传送系统。我很乐于同怀克先生谈谈所有这些服务
潜在客户的反对	**回　应**
你能不能把信息寄给我呢	是的，我可以寄给您。但是怀克先生，每个人的情况不一样。我们的系统是按照每位顾客的需求量身定做的。现在……（申明利益并再一次要求预约）
好吧，你要谈什么	电话里很难说清楚。给我 15 分钟，我会向您展示这个系统能够帮您节省的时间和金钱（获得约见是目的而非介绍商品）
你不要再浪费时间，我不感兴趣	一般的反对理由里隐藏着具体的反对理由。销售人员须探寻出具体的反对理由：您这么说是因为您不需要复印许多文件吗
我们曾经用过一台施乐复印机，并且不喜欢它	探寻不满意的具体原因并作出答复，但不要扯太远，目的是获得预约，不是销售复印机

资料来源：（美）巴顿·威姿，史蒂芬·卡斯伯里．销售与顾客关系管理[M]．小约翰·坦纳，胥悦红，等，译．北京：人民邮电出版社，2008.

（二）信函约见

这是销售人员利用书信约见顾客的一种方法。信函通常包括个人书信、会议通知、社交柬帖、广告函件等，其中采用个人通信的形式约见顾客的效果为最好。当然，书写个人信函一般要在与对方较熟识的情况下采用，否则，莽撞地给对方寄去个人书信，则有可能产生消极的结果。如碰到并不熟悉的顾客，寄去柬帖、会议通知、参观券或广告函则是比较理想的方式。

为了提高信函约见的成功率，销售人员在写约见信函时应注意以下几个问题。

（1）措辞委婉恳切。写信约见顾客，对方能否接受，既要看顾客的需要与购买力，也要看推销人员是否诚恳待人。一封措辞委婉恳切的信函往往能博得顾客的信任与好感，也使对方同意会面。

（2）内容简单明了。书信应尽可能言简意赅，只要把约见的时间、地点、事由写清即可，切不可长篇大论，不着边际。

（3）传递的信息要投其所好。约见书信应该以说服顾客为中心，投其所好，以顾客的利益为主线劝说或建议其接受约见要求。

（4）信函形式要亲切。约见信函要尽可能自己动手书写，而不使用冷冰冰的印刷品，信封上最好不要盖"邮资已付"的标志，要动手贴邮票。

（5）电话追踪。在信函发出一段时间后要打电话联系，询问顾客的想法与意见，把电话约见与信函约见结合起来使用，可大大提高约见效果。

（三）当面约见

当面约见是指推销人员与顾客面对面约定见面的时间、地点、方式等事宜。这种约见简便易行，也极为常见。

当面约见的机会，往往是推销人员在某些公共场合与顾客不期而遇，借机与之面约。但是这种机会并不常有，这就要求推销人员时时留心，了解重要顾客的生活习惯、兴趣爱好，创造机会与顾客见面，进而约定正式见面的时间。

当面约见的机会很多，主要包括：在展销会或订货会上遇见；在社交场所不期而遇；在推销旅途中偶然相遇；其他见面的场合等。

当面约见具有以下优点：一是能及时得到顾客的反应，缩短双方的距离，增加亲近感，甚至建立信任与友谊关系；二是信息传递准确、可靠，保守商业秘密，并能消除顾客疑虑；三是该约见方法节约信息传递费用，简便易行，于人于己都比较方便等。

当然，当面约见也有一定的局限性：一是受地理限制，远距离的顾客往往很难约见；二是受时机的限制，有时很难碰巧遇到所要面约的顾客；三是效率限制，面约花费的时间与精力较多，面约较少的顾客还行，多了就很难在短时期内办到；四是一旦当面约见遭到顾客拒绝后，推销人员便处于被动局面，无法挽回败局。

（四）委托约见

委托约见是指推销人员委托第三者约见顾客的一种方法，受托人一般都是与访问对象本人有一定社会关系或社会交往的人，尤其与访问对象关系密切的人员或对其有较大影响的人士最为合适，可以是推销人员的同学、老师、同事、亲戚、朋友、上司、同行、秘书、邻居等，也可以是各种中介机构。

委托约见的优点是可以通过第三者与目标顾客的特殊关系对其施加影响，从而克服约见障碍，顺利达成交易。与自约相比，托约比较容易达到约见顾客的目的，容易取得顾客的信任，并为推销接近与洽谈打好基础。但是，委托约见也受推销人员社交圈大小以及委托人与约见对象的关系好坏等因素制约，要视情况采用。最关键的是找到合适的第三方人士。

（五）广告约见

广告约见是指推销人员利用各种广告媒体约见顾客的方式。现代广告媒体主要有广播、电视、报纸、杂志、路牌、招贴、直接邮寄等。利用广告进行约见可以把约见的目的、对象、内容、要求、时间、地点等准确地告诉广告受众。广告约见比较适用于约见顾客较多或约见对象不太具体、明确，或者约见对象的姓名、地址不详，在短期内无法找到等情况。

广告约见具有很多优点：一是约见对象较多，覆盖面大；二是能够吸引顾客主动上门约见；三是节省推销时间，提高约见效率；四是可以扩大推销人员的影响，树立企业形象等。广告约见也有一定的局限性：一是针对性较差；二是费用高；三是在广告烟海中，很难引起目标顾客的注意等。

案例 3-5

布得歇尔保险公司的推销人员首先给顾客寄各种保险说明书和简单的调查表，并附上一张优待券，写明"请您把调查表填好，撕下优待券后寄返我们，我们便会赠送 2 枚罗马、希腊、中国等世界各国古代硬币（仿制）。这是答谢您的协助，并不是要您加入我们的保险。"推销人员总共寄出 3 万多封信，收到 23 000 多封回信。推销人员便带着仿古钱币按回信地址上门拜访，亲手把硬币送给顾客。由于顾客现在面对的是前来送硬币的推销人员，自然不会有戒心，在道谢后，就高兴地从各种古色古香的硬币中挑选 2 枚自己喜欢的留下。推销人员这时就会不失时机地渗入推销话题。据说该公司因这次活动获得 6 000 名顾客加入保险，在当时曾引起轰动。

资料来源：钟立群. 现代推销技术[M]. 北京：电子工业出版社，2005.

问题：这个案例说明了什么道理。

【启示与思考】

一定的营销策划能增加约见顾客的吸引力和成功率。

（六）网上约见

在当今互联网的应用越来越普及的时代，电子邮件为销售人员提供了新的销售手段。电子邮件约见的前提是要知道对方的邮件地址。到目前为止，我国已有 1 690 万网民，而且有越来越多的人会加入其中。当今，有许多人的名片上都留有 E-mail 地址。销售人员应该充分利用这一新兴的联系手段，或许会得到意想不到的收获。另外，网上联系成本低、方便、快捷，而且可在邮件中附有产品或服务的简介。但一定要突出最能吸引对方的特点，不可做广告一样发送电子邮件。另外，电子邮件配合电话等工具，可能会收到更好的效果，因为在电话中很难把事情讲得详实，但电话可以提醒对方去查看电子邮箱。而且电子邮件不受上班时间的限制。很多公司负责人是在闲暇时，心情比较好的时候才上网查看邮件，这也有利于提高约见的成功率。

网上约见的优点是快捷、便利、费用低、范围广，不仅可以非常容易地约见国内顾客，而且还为约见国外顾客提供了非常有效的途径。不过网上约见也有较大的局限性，如企业要有网站，推销人员还必须掌握上网技术，增加其网页的浏览量，或者知道顾客的网上联系方式等。

以上介绍了约见的六种基本方法。除此之外随着新型沟通媒体的不断出现，微博、短信等方式都可以用来约见顾客。作为推销人员应尝试运用各种不同的方法，判断哪种方法对自己的销售最有帮助，并把它作为推销约见的工具，同时虚心地向业内人士学习新的方法。

案例 3-6

当你了解到一个潜在客户既需要你的产品又拒绝与你会面时，你应该如何做？也许创造力就是答案。这里有两个例子。

兰迪·罗斯勒（Randy Rosler）同 UPS 约定了一次会见，将其贺卡公司的产品销售给 UPS。但 UPS 的营销主管取消了会见，并再也没有对罗斯勒要求另外约时间的请求作出回应。罗斯勒通过与接待人员交谈，发现那位主管喜欢高尔夫。所以他买了一些高尔夫球并带一张卡片送到了主管那里。卡片的外面写着"想一想我会采取的另外一种方式……"卡片的里面写着"……由于我无法与您接触，我希望能马上同您谈谈"。他的下一次电话访问就成功了。罗斯勒赢得了预约并拿下了 UPS 的业务。

一位 Moore Wallace（Moore Wallace 是北美地区最大的标签生产厂家之一，年生产能力在 5 亿片以上）的销售代表非常想见施蒂芬———一位重要的潜在客户，但施蒂芬经常找借口不见这位代表。绝望之际这位代表使用了创造性思维。他决定每星期一早晨寄给施蒂芬一个新鲜的菠萝。卡片上只简单写道"来自你的菠萝伙计"。就这样过去了七周，第八周的周一，那位代表亲自出现在了施蒂芬的接待区。当被问及谁要见施蒂芬时，销售代表的回答很简单，"菠萝伙计"。不必多说，这位代表立即被迎接了进去。

资料来源：（美）巴顿·威姿，史蒂芬·卡斯伯里. 销售与顾客关系管理[M]. 小约翰·坦纳，胥悦红，等，译. 北京：人民邮电出版社，2008.

问题：本案例给你的启示是什么？

【启示与思考】

当你无法约见到你想约见的对象时，不要轻易放弃，创造力也许就是答案。

任务三　接近顾客

任务引入

最近，据可靠的消息来源，A 公司近期将有一批××的采购计划，而负责这一采购计划的就是技术部门的李主任。张伟通过电话预约获得下午 20 分种拜访李主任的机会，但一走进李主任的办公室，李主任则摆出一副公事公办、一本正经的样子，让张伟顿时感觉有些压抑和紧张，请问刚和顾客接触阶段张伟的主要任务是什么？

任务 1：张伟需要了解接近顾客阶段的主要目标。
任务 2：张伟需要掌握接近顾客有哪些策略和方法。

任务分析

当一个人首次面对一位陌生的推销人员时，出于担心推销人员浪费其时间、向你施加压力等多方面原因，通常都会或多或少存在一定的戒备心理，也很容易找出各种理由拒绝和推销人员做深层次沟通。而推销人员能否在短时间想办法突破顾客的"心防"，赢得顾客信任显得非常重要。一个良好的接近将引领推销洽谈向有利方向发展，成功的交易往往需要成功的接近作为前奏。

知识链接

一、接近顾客的含义

接近顾客是推销过程中的一个重要环节，它是推销人员为进行推销洽谈与目标顾客进行的初步接触。接近顾客阶段的目标主要是为进入实质推销洽谈创造良好的条件，在短时间内引起顾客的注意和兴趣，争取与准顾客建立信任，为后期推荐产品奠定一个良好的基础。

TOYOTA 的神谷卓一曾说："接近客户，不是一味地向客户低头行礼，也不是迫不及待地向客户说明商品，这样做，反而会引起客户逃避，当我刚进入企业做一个新销售人员时，在接近客户时，我只会销售汽车，因此，在初次接近客户时，往往都无法迅速打开客户的心防。在无数次的体验揣摩下，我终于体会到，与其直接说明商品不如谈些有关客户太太、小孩的话题或谈些乡里乡间的事情，让客户喜欢自己才是真正能关系着销售业绩的成败，因此，接近客户的重点是让客户对一位以销售为职业的业务主管抱有好感。"

二、接近顾客的策略

设计和运用正确的接近策略是推销洽谈顺利进行的保证。为保证推销接近的成功，推销人员必须把握以下策略。

（一）迎合顾客策略

推销人员应以不同的方式、身份去接近不同类型的顾客。依据事前获得的信息或接触瞬间的判断，选择合适的接近方法。推销人员应该扮演顾客乐意接受的角色，语言风格、服装仪表、情绪都应根据顾客的喜好作出一定的改变，注重自己的形象、态度和礼节。

小知识

开场可选择的话题：

（1）由对方的名片找话题。对方名片上的头衔、职位、地址等都可引出话题。

（2）从对方的房间（接待室或会议室）、公司内部环境或公司外部环境下手，引出话题。

（3）从自己在报纸、刊物或电视、广播中听到或见到的关于对方或对方公司的有关消息展开话题。

（4）以介绍人为话题。可以利用介绍人来和对方拉关系。

（5）选择对方感兴趣的事或最近的新闻加以评述。

（6）要善于迎合对方。对方所说的话题，要善于承接，使其平安过渡到正题。尤其注意不要忽视对方的话题，不要自顾自只说自己的。

（二）调整心态策略

在与陌生顾客接近过程中，推销人员以各种形式表现出的紧张是很普遍的。许多人害怕接近，以种种借口避免接近，这种现象被称为"推销恐惧症"。其实有时候顾客的冷漠和拒绝是多方面原因造成的，应该对顾客充分理解并坦然接受。成功的推销人员应学会放松和专注的技巧，它能让自己设法克服压力。推销人员应想象可能发生的最坏情况，然后做好如何反应的准备，如果必要的话甚至接受它，积极的态度能够带来成功。

（三）减轻顾客压力策略

推销人员必须尽快减轻顾客的心理压力。在接近过程中，有一种独特的心理现象，即当推销人员接近时，顾客会产生一种无形的压力，似乎一旦接受推销人员就承担了购买的义务。正是这种心理压力，使一般顾客害怕接近推销人员，冷淡对待或拒绝推销人员的接近。这种心理压力实际上是推销人员接近顾客的阻力。推销人员只要能够减轻或消除顾客的心理压力，就可以减少接近的困难，顺利转入后面的洽谈。

（四）控制时间策略

推销人员必须善于控制接近时间，不失时机地转入正式洽谈。接近的最终是为了进一步的洽谈，而不仅仅是引起顾客的注意和兴趣。有些缺乏经验的推销人员，总不好意思谈论自己的推销话题，到顾客要走了，还没开始谈论正题，这种接近效果是不理想的。如何把握时间的长短，推销人员应视具体情况而定。

小知识

很多导购人员，尤其是处于销售初期的新手，求胜心切，喋喋不休，服务特别热情，或者当顾客提出随便看看，像探照灯一样，跟随顾客照来照去，犹如防贼一样。殊不知其实是你自己在赶顾客走，让顾客没有在这里购物的轻松氛围，当然更不存在什么深度接触的问题了，早就被吓跑了。

有喜欢钓鱼的朋友就会明白，在钓鱼的时候，要想钓到那些咬钩的鱼儿，是需要抓住最佳时机的，因为如果在鱼儿还没有完全上钩时就早早地收起，只会把鱼儿吓跑；而如果等到鱼儿把饵都吃完了再收鱼钩，鱼儿早就跑掉了。举个例子来说，我们的卖场，琳琅满目的商品，精心陈列的道具，这些对客人而言都是美味诱人的鱼饵，而到我们店铺的客人就像是游来游去的鱼儿，他们闻到了我们店铺这些香喷喷的诱饵，看到了美丽整洁的商品，都会凑过来，有随手翻看的，有驻步凝视的，有准备询问的，有兴起比划的。

而这个时候，我们的导购就要恰到好处地收起钓竿，让鱼儿上钩。所以，能否抓住顾客需要帮助的时机非常重要。太早了，会把人吓跑。时机很重要。

聪明的导购会这样做。

锦囊一：询问需求

顾客一进来，热情招呼之后，应给顾客以适当的空间让他随意浏览。留意顾客的肢体语言，轻声询问顾客的需求：如："您好，请问您是送人还是自己穿？""您好，请问您是想选上衣还是裤子呢？"

注意事项：（1）与顾客的站距不少于3步（即约1米开外）；（2）不要专注顾客的身体，要以自然放松的环境让顾客去活动，但要随时留意顾客的需求及动作；（3）切勿两个导购同时上前紧跟一个顾客，以免给顾客过大压力（顾客形迹可疑时除外）。

锦囊二：制造空间

如果顾客说出需求，那自然皆大欢喜，针对需求推荐即可。

如果顾客说"随便看看"或者不予回应，那就可以说："请随意看，有什么需要请叫我，我是××。"同时，与顾客保持一定的距离，使顾客有足够的私人空间，但要用眼睛余光关注顾客，一旦顾客需要帮助，即可主动上前提供服务。

一般以下情况是顾客有需求的时机：顾客目光专注于某一货品之时；顾客表现出寻找导购或商品时；顾客与导购视线相遇时；顾客表现出询问的语言或动作时；顾客随意翻动商品猛抬头时；顾客翻看吊牌时；顾客将已购大宗商品或纸袋放下时（抱小孩的顾客将小孩放下时）；顾客拿取或比试商品时；顾客手触某一商品时（区别于随意翻看货品）；顾客与同伴谈论商品时；顾客翻看画册、海报、POP等时；顾客询问品牌产地等时。

注意：切忌在顾客刚接触商品瞬间突然发问，会吓到顾客。

锦囊三：个性开场

寻找顾客身上的个性化之处，适当地用赞美或其他话题开场，从而打开僵局，打开与顾客沟通的局面。

锦囊四：及时帮助

标准语言询问及推荐，如："你好，需要帮忙吗？""喜欢不妨试试看？""想要这一款吗？先生。""这款的颜色（款式）很适合您，不妨试试看？""这款采用了我们今年的特色面料（工艺），可以穿上感觉一下，很不错的。"

注意：要细心留意顾客每一细微动作，察言观色，积极把握时机，快步迎上前去，敏捷有活力不拖沓。面部表情自然放松，真诚微笑，语调明朗愉悦。

资料来源：http://www.docin.com/p-405107219.html

三、接近顾客的方法

推销人员在正式接近顾客时，能否争取主动拉近与顾客的心理距离，使顾客有继续谈下去的热情和信心，还要掌握一定的接近方法和技巧。以下是常见的几种接近方法。

（一）介绍接近法

介绍接近法是指推销人员通过自我介绍或经由第三者介绍而接近推销对象的办法。介绍接近法按介绍主体不同，可分为自我介绍法和他人介绍法。

1. 自我介绍法

自我介绍法是指推销人员自我口头表述，然后用名片、身份证、工作证等来辅佐达到与顾客相识的目的。口头介绍可以详细解说一些书面文字或材料无法了解清楚的问题，利用语言的优势取得顾客的好感，打开对方的心扉；利用工作证、身份证，可以使顾客更加相信自己，消除心中的疑虑；名片交换非常普遍，给对方递上自己的一张名片也同样可以弥补口头介绍的不足，并且便于日后联系。自我介绍法是最常见的一种接近顾客的方法，大多数推销人员都采用这种接近技巧。但是，这种方法很难在一开始就引起顾客的注意和兴趣。因此，通常还要与其他的方法配合使用，以便顺利地进入正式面谈。

在自我介绍时，第一次见面难免会涉及对公司的介绍。对于一个正式的公司介绍应该是业务讲到、实力谈到、案例说到。简明扼要告诉对方你们做什么的，实力体现在哪方面，最好还有和顾客情况类似的案例。

2. 他人介绍法

他人介绍法是推销人员利用与顾客熟悉的第三者，通过打电话、写信函或字条及当面介绍的方式接近顾客。在推销人员与所拜访顾客不熟悉的情况下，托人介绍是一种行之有效的接近方法，因为受托者是跟顾客有一定社会交往的人，如亲戚、朋友、战友、同乡、同学、老部下、老同事等，这种方式往往使顾客碍于人情面子而不得不接见推销人员。如果你真的能够找到一个顾客认识的人，他曾告诉你顾客的名字，或者会告诉你该顾客对于你产品的需要，那么你自然可这样说："王先生，你的同事李先生要我前来拜访，跟你谈一个你可能感兴趣的问题。"这时，王先生可能会立即知道你所提出的一切，这样你当然已引起了他的注意而达到了你的目的。同时，他对你也会感到比较亲切。可是，一定切记不要虚构朋友的介绍。

通过他人介绍，介绍人与顾客的关系越亲密，效果越好。介绍的形式有当面介绍、写推荐信介绍、电话介绍等。有时候，虽然没有获得某人介绍引见，但在面对顾客时，如果获知顾客与该人关系较好，也可以使用"××公司的××曾经提到过您，他说……"等话语，拉近与陌生人之间的关系。

（二）赞美接近法

赞美接近法是指推销人员利用顾客的自尊心理来引起顾客的注意和兴趣，进而转入正式洽谈的接近方法。著名人际关系专家卡耐基在《人性的弱点》一书中指出："每个人的天性都是喜欢别人赞美的"。赞美接近法就是推销人员利用人们希望赞美自己的愿望来达到接近顾客的目的。以此方法接近自己的顾客，有时会收到意想不到的效果。因为人们在心情愉快的时候，很容易接受他人的建议，这时推销人员要抓住时机，正确地引导推销活动。但不论赞美顾客的哪一个方面，都应本着尊重顾客的原则，讲究赞美的方式和方法，真心实意、态度诚恳、语气真挚；赞美时应该因人而异，不同人赞美的方面和角度不一样；赞美的语句应具体、有针对性；有时用第三者的口吻对顾客值得赞美的方面加以赞美也会达到不错的效果；总之，让顾客在一种自然亲切的气氛中接受赞美，切勿将赞美歪曲为巴结、卖弄、溜须拍马等不良的做法。

案例 3-7

美国著名的柯达公司的创始人伊斯曼，捐赠巨款在罗彻斯特建造一座音乐堂、一座纪念馆和一座戏院。为了承接这批建筑物内的座椅，许多制造商展开了激烈的竞争，但是，找伊斯曼谈生意的商人们无不乘兴而来，败兴而归，一无所获。在这样的情况下，"优美座位公司"的经理亚当森前来会见伊斯曼，希望能够得到这笔价值 9 万美元的生意。

亚当森被引进伊斯曼的办公室后，看见伊斯曼正埋头于桌子上的一堆文件，于是静静地站在那里，仔细地打量起这间办公室来。过了一会儿，伊斯曼抬起了头，发现了亚当森，便问道："先生有何见教？"这时亚当森没有谈生意，而是说：伊斯曼先生，在我等您的时候，我仔细地观察了您的这间办公室。我本人长期从事室内的木工装修，但从未见过装修得这么精致的办公室。"

伊斯曼回答说："哎呀！您提醒了我差不多忘记了的事情。这间办公室是我亲自设计的。当初刚建好的时候，我喜欢极了。但是后来一忙，一连几个星期都没有机会仔细欣赏一下这个房间。"

亚当森走到墙边，用手在木板上一擦，说："我想这是英国橡木，是不是？意大利的橡木不是这样的。"

"是的，"伊斯曼高兴地站起身来回答说，"那是从英国进口的橡木，是我的一位专门研究室内细木的朋友专程去英国给我订的货。"伊斯曼心情极好，便带着亚当森仔细地参观起这间办公室来，把办公室里所有的装饰一件一件地向亚当森作介绍，从木质谈到比例，又从比例谈到了颜色，从手艺谈到价格，然后又详细介绍了他的设计经过。这期间，亚当森都在微笑着聆听，饶有兴趣。

直到亚当森告别的时候，俩人都未谈及生意。

你想，这笔生意落到了谁的手里，是亚当森还是亚当森的竞争者？

最后，亚当森不仅得到了大批的订单，而且和伊斯曼结下了终生的友谊。

资料来源：刘德胜. 甜言蜜语推销法[M]. 西安：陕西旅游出版社，2000.

问题：亚当森成功的秘诀是什么？

【启示与思考】

推销员从伊斯曼的经历入手，赞扬他取得的成就，使伊斯曼的内心得到了极大的满足。最终，伊斯曼把亚当森视为知己，这笔生意当然非亚当森莫属了。

（三）利益接近法

利益接近法是指推销人员以顾客所追求的利益为中心，简明扼要地向顾客介绍产品能为顾客带来的利益、实惠和好处，达到引起顾客的注意和兴趣，进而转入面谈的接近方法。从现代推销原理来讲，这是一种最有效、最有力的接近顾客的方法。因为它不仅符合顾客求利的心理，而且符合商业交易互利互惠的基本原则。顾客购买商品的目的是想通过商品使用价值的实现而从中获得某种利益，而工商企业的购买更是直接以盈利为目的。个人消费者总是希望同等的货币能够获取更多的使用价值。因此，物美价廉是顾客普遍追求的一个目标，也是各类消费者维护和争取自身利益的一个重要手段。

如果推销人员能够用精练的语言把产品优点与顾客最关心的问题和利益联系起来，往往能取得比较理想的效果。具体使用利益接近法时，要注意以下两点。

（1）对产品利益的陈述要能打动顾客的求利心理，但必须实事求是，不可夸大其词，否则就会失去顾客的信任或导致推销本身没有实际效益。在正式接近顾客之前，推销人员要科学地测算出商品的实际效益，并且要留有一定的余地。在接近顾客陈述商品利益时，最好能出示财务分析资料、技术性能鉴定书、用户证明等资料予以印证。例如，推销衬衣的推销人员以这样的话为开场白会显得十分乏味而失去吸引力，"这种衬衫只要用温水泡上一些中性洗涤剂，就可以洗得干净，而且洗好后不用烫衣服就会很挺的"。如果将这句话换为"这衬衫干得快且不用烫，晚上洗，第二天早上你就可以穿它去上班了"，就能充分吸引顾客注意力，甚至引起购买兴趣。

（2）产品利益最好具有可比性。推销人员可以通过对产品供求信息的分析，使顾客相信购买该产品所能产生的实际效益。这样，顾客才能放心购买这种产品。例如，"李经理，你是否知道通过我们的服务，你们公司可以比其他公司更快地将产品从利物浦航运到伦敦！"

（四）演示式接近

演示式接近最显著的特点是通过向顾客展示具体产品使用过程和效果或直接让顾客参与产品的试用，以引起顾客注意，并激发其购买欲望的方法。演示式接近按顾客参与的方式不同可分为产品接近法和表演接近法。

1. 产品接近法

产品接近法也称为实物接近法，是指推销人员直接把产品、样本、模型摆在顾客面前，以引起顾客对其推销的产品的足够注意与兴趣，进而到入面谈的接近方法。产品接近法也是推销人员与顾客第一次见面时经常采用的方式。例如，一个推销人员把一块透明塑料布样品递给一个汽车经销商，然后对他说："请你摸一摸这块塑料布。试试看能否把它撕烂。"为什么他这样做，因为推销人员知道这位潜在顾客有五十多辆汽车存放在露天停车场，需要东西把汽车盖起来，以防风沙、雨淋，保护汽车。他在推销时首先让顾客检查一下产品的质量，当顾客发现塑料布不容易撕烂，当然会认为它是盖汽车的好材料，这样就引起了顾客的注意，坚定了其购买的决心。

这种方法的关键之处在于，要凭借产品的用途、性能、色彩、造型、味道、手感等特征来取代推销人员的口头宣传。让真实的产品本身去作介绍，这种做法更符合顾客的认识与购买心理，因而接近顾客的效果比较好。

2. 表演接近法

表演接近法是指推销人员利用各种戏剧性的表演活动引起顾客注意和兴趣，进而转入面谈的顾客接近方法。这是一种比较传统的推销接近方法，如街头杂耍、卖艺等都采用现场演示的方法招徕顾客。在现代推销活动中，有些场合仍然可以用表演的方法接近顾客。

在利用表演接近法的时候，推销人员必须选择有利时机出场，剧情安排合理，表演自然，才能吸引顾客。如果表演过分做作，可能引起顾客的反感，达不到目的。

（五）提问式接近法

通过提问来接近顾客是最常用的技术，因为提问方式能使推销人员更好地确定顾客的需求，促成顾客的参与。在提问式接近法中，问题的确定是至关重要的，应该提出那些业已证明能够收到顾客积极响应的问题。

通过提问题去接近顾客的具体方法很多，这里主要介绍问题接近法、好奇接近法、求教接近法和震惊接近法四种。

1．问题接近法

问题接近法主要是通过推销人员直接面对顾客提出有关问题，通过提问的形式激发顾客的注意力和兴趣点，进而顺利过渡到正式洽谈的一种方法。问题接近法经常会和利益接近法、好奇接近法结合起来使用。推销人员在不了解顾客真实想法的情况下，直接向顾客提出问题，促使顾客思考有关问题，继而引发讨论来吸引顾客，从而转入推销面谈。

问题接近法是推销人员公认的一种有效的方法。提问不仅容易引起顾客的注意，还可引发双方的讨论，而在讨论的过程中，顾客的真实需求、意见、观点等就比较容易得到表露。推销人员在提问与讨论的过程中，就可能发现顾客的需求，并在一定程度上引导顾客去分析和思考，然后根据顾客对问题的反应，循循善诱地解答问题，从而把顾客的需求与所推销的产品有机地联系起来。

问题接近法虽然是比较有效的方法，但其要求也较高。推销人员在提问与讨论中应注意以下两点。

（1）提出的问题应表述明确，避免使用含糊不清或模棱两可的问句，以免顾客听来费解或误解。例如，"你愿意节省一点成本吗？"这个问题就不够明确，只是说明"节省成本"，究竟节省什么成本？节省多少？多长时间？都没有加以说明，很难引起顾客的注意和兴趣。而"您希望明年内节省 7 万元材料成本吗？"这个问题就比较明白确切，容易达到接近顾客的目的。一般来说，问题越明确，接近效果越好。

（2）提出的问题应突出重点，扣人心弦，不能问一些顾客不好回答的问题或是过于复杂的问题。在实际生活中，每一个人都有许许多多的问题，其中有主要问题，也有次要问题。推销人员只有抓住最重要的问题，才能真正打动人心。推销人员提出的问题，重点应放在顾客感兴趣的主要利益上。如果顾客的主要动机在于节省金钱，提问应着眼于经济性；如果顾客的主要动机在于求名，提问则宜着眼于品牌价值。因此，推销人员必须设计适当的问题，把顾客的注意力集中于他所希望解决的问题上面，缩短成交距离。例如，一个叉车推销员问顾客："你想减少场内搬运材料的时间吗？"效果将可能大大好于"你是否有兴趣买叉车？"的问题。

2．好奇接近法

好奇心理是人们的一种原始驱动力，在此动力的驱使下，促使人类去探索未知的事物。好奇接近法正是利用顾客的好奇心理，引起顾客对推销人员或推销品的注意和兴趣，从而点明推销品利益，以顺利进入洽谈的接近方法。推销人员接近顾客时有的也不只是紧张和不安，有时推销也可能是愉悦的，特别是对于喜欢创造的推销人员。好奇接近法需要的就是推销人员发挥创造性的灵感，制造好奇的问题与事情。

采用好奇接近法，应该注意下列问题。

（1）引起顾客好奇的方式必须与推销活动有关。

（2）在认真研究顾客的心理特征的基础上，真正做到出奇制胜。

（3）引起顾客好奇的手段必须合情合理，奇妙而不荒诞。

3. 求教接近法

求教接近法是指推销人员利用向顾客请教问题的机会，以达到接近顾客目的的一种方法。在实际推销工作中，推销人员可能要接近某些个性高傲的顾客，这类顾客自高自大，目空一切，唯我独尊，很难接近。但是，一般来说，顾客不会拒绝虚心求教的推销人员。这类顾客喜好奉承，推销人员若能登门求教，自然会受欢迎。如："赵工程师，您是电子方面的专家，您看看我厂研制投产的这类电子设备在哪些方面优于同类老产品？"

求教接近法对那些刚涉足推销生涯不久的年轻人来说，是一个比较好的方法。但在具体运用这种方法接近顾客时，应注意以下几个问题：（1）美言在先，求教在后；（2）求教在前，推销在后；（3）虚心诚恳，洗耳恭听。

4. 震惊接近法

所谓震惊接近法，是指推销人员利用某种令人吃惊或震撼人心的事物来引起顾客的兴趣，进而转入面谈的接近方法。如果推销人员利用顾客震惊后的恐慌心理，适时提出方案，往往会收到良好的效果。推销人员在使用这种方法时应该特别注意以下几个问题。

（1）推销人员利用有关客观事实、统计分析资料或其他手段来震撼顾客，应该与该项推销活动有关。

（2）推销人员震惊顾客，必须结合顾客的特征，仔细研究具体方案。

（3）推销人员震惊顾客，应该适可而止，令人震惊而不引起恐惧。

（4）必须讲究科学，尊重客观事实。切不可为震惊顾客而过分夸大事实真相，更不应信口开河。

以上介绍了五大类共十种接近顾客的技巧方法。在实际工作中，推销人员应灵活运用，既可以单独使用一种方法接近顾客，也可以多种方法配合使用，还可以自创独特方法接近顾客。

任务总结

为了提高顾客约见的成功率，以及避免拜访顾客时被顾客三言两语打发出门的尴尬场景，张伟不断地对自己前期的工作进行总结和反省，同时向老业务员进行学习。以下是其总结出来解决以上两个问题的几个关键点。

1. 推销人员需要抓"战机"，但不能仓促上阵，打毫无准备之仗。拜访客户之前，推销人员一定要尽可能地多收集一些客户的信息，做到知己知彼。一般接近顾客前准备内容包括顾客信息准备、拜访计划、物质准备、心理准备。

2. 约见的基本内容包括确定约见对象、明确约见目的、安排约见时间和选择约见地点四个方面。四个方面对顾客约见的成功都有一定的影响，推销人员需要认真选择。

3. 电话约见是最常见的约见方式，打电话时唯一的目的就是约到顾客，而非商品介绍或其他，另外，推销人员的自信、约见的步骤和技巧，以及对约见异议有效的处理都对约见成功很重要。无法约见到你想约见的对象时，不要轻易放弃，创造力也许就是答案。

4. 接近目标顾客阶段的目标主要是为进入实质推销洽谈创造良好的条件，在短时间内引起顾客的注意和兴趣，争取与准顾客建立信任，为后期推荐产品奠定一个良好的基础。推销人员应该避免在未打开顾客"心防"的情况下直接进行商品推销。

5. 推销人员接近顾客时可选择的策略：迎合顾客策略、调整心态策略、减轻顾客压力策略、控制时间策略。

6. 接近顾客的方法一般包括介绍接近法、赞美接近法、利益接近法、演示式接近法、提问式接近法。作为一个优秀的推销人员，当无法顺利接近顾客时，需要不断创新方法。

业务技能自测

一、判断题

1. 推销人员在采用电话约见这一方式与顾客约定拜访时间时，为了避免顾客的轻易拒绝，可以提出选择性的约见时间供对方选择。（　　）

2. 利益接近法是指推销人员以一些小巧精致的礼品，赠送给顾客，进而和顾客认识并接近，借以达到接近顾客目的的一种方法。（　　）

3. 每个推销人员在推销过程中必须自始至终的执行推销计划。（　　）

4. 电话约见时若对方要求介绍商品最好详细介绍。（　　）

5. 销售拜访的目标有时是结果性目标，有时是过程性目标。（　　）

6. 接近前的准备工作和顾客资格的审查工作是相互独立的。（　　）

二、选择题

1. 在写给准顾客的预约拜访信中，应该重点（　　）。

　　A．详细介绍本公司的最新产品

　　B．介绍本公司实力

　　C．根据了解的信息，设法激发顾客的兴趣

　　D．赞美顾客，取得对本公司的好感

2. 拜访顾客时（　　）。

　　A．拜访时间和地点对拜访无太大影响

　　B．一定要拜访对方的最高级别管理人员

　　C．直接说明销售的目的

　　D．事先做好充分准备

3. 了解顾客的心理时间规律，可以帮助我们（　　）。

　　A．找到顾客的空闲时间　　　　　　　B．选择约见方式

　　　C. 避免个人情绪对约见效果的不利影响　　D. 确定约见事由

4. 公司正式介绍不包括（　　　）。

　　A. 业务讲到　　　　　　B. 实力谈到　　　　C. 案例说到　　　D. 价格讲到

5. 问题接近时，应注意（　　　）。

　　A. 提出的问题应表述明确，避免使用含糊不清或模棱两可的问句

　　B. 问题多多益善

　　C. 提出的问题应突出重点，重点放在顾客感兴趣的主要利益上

　　D. 问顾客一些专业性强显示水平的问题

6. 使用赞美的方法接近顾客时（　　　）。

　　A. 讲究赞美的方式和方法，真心实意、态度诚恳、语气真挚

　　B. 一定会取得好的效果，因为人们都喜欢好听话

　　C. 间接赞美不如直接赞美

　　D. 赞美时应该因人而异，详实具体

7. 关于约见顾客的说法，正确的有（　　　）。

　　A. 特殊情况下，可以"不约而见"　　　　B. 提前约见可以提高拜访的效率

　　C. 提前约见，双方可以做好充分准备　　D. 逐级约见是应当遵守的基本原则

8. 下列接近客户的方法比较好的是（　　　）。

　　A. 一个叉车推销员问顾客："你想减少场内搬运材料的时间吗？"

　　B. 一个叉车推销员问顾客："你是否有兴趣买叉车？"

　　C. 一个卖书的推销员问顾客："如果我给你推荐一本马云都都在读的管理书籍，
　　　你是否会有兴趣呢？""如果有兴趣，你是否会买呢。"

　　D. 一个卖书的推销员问顾客："我想给你推荐一本很好的书。"

思考与讨论

1. 简述约见顾客的内容。确定约见人物、时间与地点时，应该注意什么问题？
2. 讨论五步电话预约法的内容和意义。
3. 举例说明各类顾客接近方法，并简述各自的内涵和注意事项。

实训题

项目一　约见客户

【实训目标】

1. 熟练运用打电话约见顾客的方法与技巧。
2. 有效处理顾客的反对意见。

【实训内容】

如果你是中国电信的销售经理。星期一早上刚上班，你的经理走到你的办公桌前，把一张名片交给你说："这是 AB 公司马经理的名片，这位马经理我还没见过。这张名片是我们的另外一位顾客给我的，那位顾客和 AB 公司之间有业务关系，并了解到 AB 公司目前要进行企业内部通信管理改革，可能要对原来的电话小总机进行改装。你按名片上的电话号码给马经理打个电话，最好这周和他约个时间见面谈谈。到时候我可以和你一起去，时间你和马经理约好了再通知我。"请给马经理打一个约见电话。

【实训要求】

1．要求小组扮演顾客的同学要适当给推销人员设置一定约见障碍。

2．要求小组讨论制定本小组模拟演练的评价标准。

3．要求小组编制实训记录。记录实训的时间、地点、参与人、模拟演练过程及评价过程和结果。

4．要求老师根据各组评价标准确定最终演练评价标准，并对各组的模拟演练过程进行点评。

【组织与实施评价】

1．将参加实训的学生按 4～6 人/组，分成若干小组，各组选派队长一名，以小组为单位进行演练。每位成员都要参与讨论并轮流进行演练。每次演练时，派出一人演推销员，一人演顾客，其他组员都要当观察员，由队长进行记录并撰写实训记录。

2．小组电话约见情境模拟。

3．其他小组代表和教师总结评价标准并对各组模拟角色扮演进行点评。

【考核要点】

电话约见技巧、灵活应变能力、语言表达能力等。

项目二　推销接近

【实训目标】

该项目训练帮助学生理解熟悉推销接近前的准备工作，熟练运用推销接近的方法与技巧。

【实训内容】

假设你所在的学校要采购 70 台电脑，初步决定订购 DELL 的电脑。你作为联想公司的销售代表，发现了这个商机，经过与你所在学校负责采购的某科长的多次电话沟通，该科长答应三天后的上午约见。

【实训要求】

1．通过电话，你感觉该科长比较认可 DELL 的产品，而且人比较和气可亲，请列出在拜访该科长前你还应该做哪些方面准备。

2．请设计一份约见拜访计划。

3．请按照约定模拟推销接近情境。

【组织与实施评价】

1．学生分组讨论，并做好分工。

2．撰写拜访计划。

3．同学们课下模拟推销接近情境，并选出最好的一组。

4．小组代表课堂分组模拟演练，同学互评。

5．教师点评。

【考核要点】

信息收集能力、推销准备的充分性、拜访计划的有效性、推销接近目标的达成等。

案例分析

案例一　电话约见

总机："国家制造公司。"

麦克："请问比尔·西佛董事长在吗？"

总机听了麦克的问话以后，毫不犹豫地把麦克的电话转到董事长办公室，由董事长的秘书小姐接听。

秘书："董事长办公室。"

麦克："你好。我是麦克·贝柯。请问比尔·西佛董事长在吗？"

秘书："西佛先生认识你吗？"

麦克："请告诉他，我是温彻斯特公司的麦克·贝柯。请问他在吗？"

秘书："他在。请问你找他有什么事？"

麦克："我是温彻斯特公司的麦克·贝柯。请教你的大名。"

秘书："我是玛莉·威尔逊。"

麦克："威尔逊小姐，我能和董事长通话吗？"

秘书："贝柯先生，请问你找董事长有什么事？"

麦克："威尔逊小姐，我很了解你做秘书的处境，也知道西佛先生很忙，不能随便接电话，不过，你放心，我绝不占用董事长太多的时间，我相信董事长会觉得这是一次有价值的谈话，绝不浪费时间。请你代转好吗？"

秘书："请等一下。"麦克的坚定语气使秘书小姐不再难为麦克。她把麦克的电话转给董事长。

比尔："喂！"

麦克："比尔，我是温彻斯特公司的麦克·贝柯。温彻斯特公司是专门为企业经理定制西装的公司。请问您知道温彻斯特公司吗？"

比尔："不知道。贵公司卖的是什么产品？"

麦克："我们是专门为经理定做西服的公司。有许多企业对我们颇为赞赏。这些企业包括城市国民银行、西方动态公司、国际食品公司、环球实业机器公司等。我希望下个星期能拜访您，当面向您作详尽的介绍。我想在下星期二上午8点15分或星期三下午2点45分拜访您，您觉得方便吗？"

比尔："嗯，让我想……就安排到下星期二上午7点钟好了。"

资料来源：http://www.doc88.com/p-8098023458646.html

分析思考：

本案例中，请问该推销员在此次约见顾客中哪些方面的做法有利于其约见成功？

案例二 接近顾客

李军是新纪元广告公司的销售员，科北酒厂是他的第一个客户，我们来看一下他是如何与客户成功签订协议的。

科北酒厂厂长姓徐，是一位不苟言笑、看起来冷若冰霜的人。如何与这位厂长沟通呢？

李军在出发前专门选择了一套与徐厂长风格一致、款式庄重的深色西装，并按预约提前了5分钟到了酒厂。当秘书把他向徐厂长引见后，他先是谈了初来该厂的四个方面感受，得体含蓄地称赞了徐厂长。话落，徐厂长露出微笑满足的神情。李军趁热打铁，接着话锋一转："由于贵厂在我们省内消费者中有较高的知名度和较好的口碑，因此我们来厂之前特意精心准备了几种赋予贵厂产品更高形象定位的方案，供贵厂选择。打个比方，就相当于我们是开饭店的，今天配备了数种口味不同、各具特色的菜肴，你们相当于我们的客人，至于哪一种菜肴更适合你们的口味要求，请你们选择享用。"这几句话使本来因初打交道而显严肃的气氛一下子轻松了许多。徐厂长也忍不住接话了："看来李经理还很有做菜的高招，没见到啥菜，倒叫我开始口馋了。好，请再介绍介绍你的菜谱吧。"

初谈轻松，好像老朋友共同探讨一个课题。李军在本上记下了谈话重要的内容，并用随身携带的录音机把客户有关的需求内容录制下来。不过在与负责合肥地区销售的周科长商谈具体事项时，李军又碰到了不小的麻烦。

周科长言语不多，且从不正视李军，颇有些冷漠，落座后一开口，李军便感到空气骤然紧张："李经理，我在合肥跑销售四五年了，经常与广告界打交道，但没听说过你们新纪元广告公司。"

其势压人，但又言之成理！李军迅速调整一下思路后，微微一笑说："周科长说得不错，我们公司开张才半年，这半年来我们公司主要做了两件事：一件是开展社会调查；另一件是对员工进行培训。所以即使已经做了一点小的业务，在合肥广告界仍是一名新兵。"

然后语调一变："我们公司倒是有一点可以和其他广告公司比较一下，就是我们公司的八名员工中，大学生四人，大专生两人，中专生和高中生各一名，知识层次可能不算低！"

周科长若有所思地"噢"了一声，看来他还算满意。"不过我想请教一个问题：合肥市内路牌广告每平方米每年多少钱？"

李军头"嗡"的一声，天啊，他对这种当时仅仅呈零星散布的媒体还没来得及注意呢。

事不等人，但又不知如何回答，怎么办？情急生智，话到嘴边，突然变成了这样的了："周科长这个问题叫我无法回答，因为路段不同、用料不同，价格也不同呀。"说话间，李军立刻把基本费用大致分几个方面估算了一下，场租费、管理费、材料费……还没算出结果，周科长又补了一句："如四牌楼附近的护栏呢？"

"租期多长呢？"又一个巧妙的拖延时间的垫子！

"就按一年期算吧？"

这时李军已经大致算出来了：月租金每平方米 10 元，普通纤维板每平方米 10 元，税费及加工费每平方米大约 5 元，绘制费每平方米 25 元，其他辅料每平方米 3 元，再加上适当利润，"每平方米月租价 35 元左右！"

"嗯，差不多。"

李军如释重负。以后的问题李军就更从容了，仿佛掌握了主动权。

"那么付款方式呢？"

李军谦虚的态度中带着固执的用词："我们的惯例是合同签订三日内付总费用的 30%，制作完成正式发布时付 50%，其余 20%在发布后一个月内付清。"

"基本可以，下午我向厂长汇报，明天早晨请你们做好准备签合同。"周科长露出合作的笑容。

资料来源：http://edu.sina.com.cn/l/2004-08-27/81783.html

分析思考：

1．本案例中，李军为接近该顾客做了哪些方面的准备？

2．你认为李军在顾客接近环节表现如何，其应用了哪种顾客接近的方法？

学习情境四　推　销　洽　谈

◇　熟悉推销洽谈活动的主要任务。
◇　掌握推销人员在推销洽谈中应把握的基本原则。
◇　了解推销洽谈的工作程序。
◇　掌握推销洽谈的基本策略、方法与技巧。

技能目标

◇　具备制定推销洽谈方案的能力。
◇　具备灵活运用推销洽谈基本策略的能力。
◇　具备灵活运用推销洽谈方法的能力。
◇　具备灵活运用推销洽谈技巧的能力。

导入案例

重在参与

史密斯先生在美国亚特兰大经营一家汽车修理厂，同时还是一位十分有名的二手车推销员，在亚特兰大奥运会期间，他总是亲自驾车去拜访想临时买部廉价二手车开一开的顾客。

他总是这样说："这部车我已经全面维修好了，您试试性能如何？如果还有不满意的地方，我会为您修好。"然后请顾客开几公里，再问道，"怎么样？有什么地方不对劲吗？"

"我想方向盘可能有些松动。"

"您真高明。我也注意到这个问题，还有没有其他意见？"

"引擎很不错，离合器没有问题。"

"真了不起，看来你的确是行家。"

这时，顾客便会问他："史密斯先生，这部车子要卖多少？"

他总是微笑着回答："您已经试过了，一定清楚它值多少钱"

若这时生意还没有谈妥，他会怂恿顾客继续一边开车一边商量。如此的做法，使他的笔笔生意几乎都顺利成交。

其实，这种提高成功率的经营术并不仅限于推销汽车，其他方面也同样适用：假如你是经营美容材料行，你可以提供一部分试用品请顾客免费试用；推销食品则可以先让顾客品尝；经营药品不妨把试验统计结果对顾客公开。这种经营术最有力之处就是把顾客变成主人，使顾客产生一种参与感，引起他购买的欲望。本案例说明，在洽谈过程中适当运用一些策略和技巧，将使洽谈过程富于变化而能被推销人员掌控。本案例中，推销员史密斯利用人们都有探求秘密的习惯，正确地把握了顾客的这种心理，并加以巧妙运用。其实也就是为顾客寻找购买的理由。

资料来源：http://www.chinadmd.com/file/wxrxuz63pe6ow3ucczoirp3i_5.html

任务一　确定推销洽谈的任务与内容

任务引入

张伟在实现与顾客成功接近后，他的推销活动进入了推销洽谈阶段。他知道推销洽谈是整个推销过程中的一个关键环节。能否说服顾客，进一步激发顾客的购买欲望，最后达成交易，关键在于推销洽谈是否成功。那么，张伟在推销洽谈阶段如何能顺利完成推销任务呢？

任务1：张伟需要了解推销洽谈的任务。

任务2：张伟需要了解推销洽谈的内容。

任务分析

洽谈也称谈判，是社会生活中经常发生的事情，几乎每个人都在某一特定条件下成为一个洽谈者。在市场上，与小商小贩讨价还价；在单位中，与领导讨论个人工作调动；在谈业务时，作为企业代表与其他洽谈者磋商某一交易活动等，都可以看成是一种洽谈。因此，洽谈已成为我们生活中不可缺少的部分。

知识链接

推销洽谈是指推销人员运用各种方式、方法和手段去说服顾客购买推销品的过程，也是推销人员向顾客传递推销信息的过程。推销洽谈是整个推销过程的关键环节，这是一个复杂的、具有丰富内容的活动过程。推销人员能否成功地说服顾客，达成最后的交易，往往取决于推销人员在洽谈中的表现。

一、推销洽谈的任务

要想有效地激发顾客的购买欲望，促成顾客采取购买行动，推销人员在洽谈前就必须明确推销洽谈任务。洽谈者只有明确了洽谈任务，才能把握洽谈节奏与方向，才能在洽谈中把握分寸，保证洽谈的顺利进行。具体来说，推销洽谈的任务主要包括以下几方面。

1. 积极寻找顾客的需要

现代推销是市场营销的方法与手段。推销人员在洽谈之前，也必须尽量设法找出顾客的真正需要，投其所好地开展推销活动。有的推销人员赢得了洽谈的机会后，只是从自身企业的角度去介绍自己产品的特点、自己的价格政策或对顾客的优惠措施，唯独不去思考、判断此刻顾客在考虑什么，顾客最关心的是什么。往往说了半天后，顾客会不耐烦地说："如果我需要你的产品，我会跟你联系的，再见。"其实，推销洽谈的最根本目的就是满足消费者（顾客）的需求，那么推销人员要善于让顾客发表见解，从他们的话语中了解他们真正所需，这样才能增加成功的机会。以下老太太买李子的案例中，我们将发现由于卖家对顾客需求了解程度不同直接影响到各自推销的成果。

案例 4-1

一位老太太每天去菜市场买菜买水果。一天早晨，她提着篮子，来到菜市场。

遇到第一个小贩，卖水果的，问：你要不要买一些水果？老太太说你有什么水果？小贩说我这里有李子、桃子、苹果、香蕉，你要买哪种呢？老太太说我要买李子。小贩赶忙介绍自己的李子，又红又甜又大，特好吃。老太太仔细一看，果然如此。但老太太却摇摇头，没有买，走了。

老太太继续在菜市场转。遇到第二个小贩。这个小贩也像第一个一样，问老太太买什么水果？老太太说买李子。小贩接着问，我这里有很多李子，有大的，有小的，有酸的，有甜的，你要什么样的呢？老太太说我要买酸李子，小贩说我这堆李子特别酸，你尝尝？老太太一咬，果然很酸，满口的酸水。老太太受不了了，但越酸越高兴，马上买了一斤李子。

但老太太没有回家，继续在市场转。遇到第三个小贩，同样，问老太太买什么？（探寻基本需求）老太太说买李子。小贩接着问：你买什么李子？老太太说要买酸李子。

但他很好奇，又接着问：别人都买又甜又大的李子，你为什么要买酸李子？老太太说，我儿媳妇怀孕了，想吃酸的。小贩马上说，老太太，你对儿媳妇真好！儿媳妇想吃酸的，就说明她想给你生个孙子，所以你要天天给她买酸李子吃，说不定真给你生个大胖孙子！老太太听了很高兴。

小贩又问：那你知道不知道这个孕妇最需要什么样的营养？老太太不懂科学，说不知道。小贩说，其实孕妇最需要的是维生素，因为她需要供给这个胎儿维生素。所以光吃酸的还不够，还要多补充维生素。

他接着问：那你知道不知道什么水果含维生素最丰富？老太太还是不知道。小贩说，水果之中，猕猴桃含维生素最丰富，所以你要是经常给儿媳妇买猕猴桃才行！这样的话，确保你儿媳妇生出一个漂亮健康的宝宝。老太太一听很高兴啊，马上买了一斤猕猴桃。当老太太要离开的时候，小贩说我天天在这里摆摊，每天进的水果都是最新鲜的，下次来就到我这里来买，还能给你优惠。从此以后，这个老太太每天在他这里买水果。

资料来源：http://blog.163.com/tanzhw@126/blog/static/6376529820147714143284

问题：该案例中三个小贩的差别体现在哪里？说明了什么道理？

【启示与思考】

在这个故事中，我们可以看到：第一个小贩急于推销自己的产品，根本没有探寻顾客的需求，自认为自己的产品多而全，结果什么也没有卖出去。第二个小贩有两个地方比第一个小贩聪明：一是他第一个问题问得比第一个小贩高明，是促成式提问；二是当他探寻出客户的基本需求后，并没有马上推荐商品，而是进一步纵深挖掘客户需求。当明确了客户的需求后，他推荐了对口的商品，很自然地取得了成功。第三个小贩是一个销售专家。他的销售过程非常专业，他首先探寻出客户深层次需求，然后再激发客户解决需求的欲望，最后推荐合适的商品满足客户需求。他的销售过程主要分了六步：第一步：探寻客户基本需求；第二步：通过纵深提问挖掘需求背后的原因；第三步：激发客户需求；第四步：引导客户解决问题；第五步：抛出解决方案；第六步：成交之后与客户建立客情关系。

资料来源：http://blog.163.com/tanzhw@126/blog/static/6376529820147714143284

2. 介绍产品信息

现代推销的重要目的之一是让顾客了解自己的产品，最终实现购买行为。所以推销人员就要根据不同顾客的需求，适宜地将产品的信息传递给对方，如企业生产情况、产品功能、商标、质量、价格、服务、销售量等。一般来讲，顾客面对不止一个推销人员，市场上肯定存在竞争关系，要重点传递顾客最关心、最重视的产品或服务信息，传递本企业产品的特征与优于其他同类产品的信息，才能提高成功的几率。当然推销人员在传递信息时必须客观真实、实事求是，才能赢得顾客的最终信任。

3. 处理顾客异议

在推销过程中，顾客难免会提出一些问题。如何恰当处理这些问题是推销成功的关键，切忌欺骗顾客。只有客观真实地说明问题，巧妙把产品的核心优点与存在问题科学比较，突出差异优势，才能说服顾客，打消顾客疑虑。如顾客认为产品的样式不好，此时推销人员明知道这问题确实存在却搪塞或辩解，只能增加顾客对推销人员的反感，对公司产品的不信任。相反，如果推销人员换一个角度去回答可能效果会不同。例如，他可以这样回答："哦，的确我们公司产品样式单一，我也发现了这个问题，但由于这种产品的核心技术跟其他同类公司不一样，所用的材料不同，这样做的优点在于……因此样式只能这样了。"这样的回答才能消除顾客心中的疑虑。因此，推销人员在诚实守信的基础上，掌握适当的语言技巧，才能消除顾客的异议。

4. 有效促使顾客采取购买行动

推销洽谈的最终目的是要说服顾客采取购买行动。有时由于顾客选择机会很多，难免会犹豫不决，出现反复行为，甚至会产生复杂的心理冲突。但最终会作出购买或不购买的决策。在洽谈过程中，推销人员必须准确把握顾客购买决策的心理冲突，站在顾客的角度，有理有据地为他们分析利弊关系，通过优质的产品、良好的信誉、知名的品牌、完善的售后服务，最终促使其尽快作出购买决策。

案例 4-2

小黄是某品牌服装门店的实习生，一天店里来了一位女顾客，在小黄的认真介绍下，最终选了一条今年新款的裙子，当这位女顾客正准备去付款的时候，小黄想趁机多推销几件，就拉这位女顾客看旁边的特价区，结果这位顾客看到一件和她要买的那款产品毛料差不多，但款式稍老式的衣服时就问几折，小黄连忙说现在这件衣服打三折，很划算的。听罢这位顾客皱了下眉，竟然说："我买的这款太不划算了，才七折，我还是等你们季末打折时再来买吧！"最终，这位顾客什么都没买，走了。在一边看的店长立马把小黄叫到一边，对小黄进行沟通。

资料来源：根据学生实际经历编写

问题：你猜店长会对小黄说点什么呢？

【启示与思考】

使顾客作出购买决策行为的动因可能仅仅是非常微小的一件事情，或是一时的想法，推销人员必须周密考虑，否则一个很小的失误就很可能使顾客改变主意。

二、推销洽谈的内容

推销洽谈涉及面很广，内容丰富。不同商品的推销有其不同的洽谈内容，但基本内容是大致相同的，主要有以下几个方面。

1. 商品品质

商品品质是商品内在质量和外观形态的综合，是顾客购买商品的主要依据之一，也是影响价格的主要因素。所以，商品品质是推销洽谈的主要内容之一，推销人员必须力争全面地向顾客介绍推销品的质量、功能和外观特点，让顾客对推销品有一个全面的了解，也可以把商品获得的品质标准（如国际标准、国家标准、部颁标准，通过了 ISO9001、ISO9002、ISO1400 国际认证等）介绍给顾客。

2. 商品数量

商品数量是指按照一定的度量衡来表示商品的质量、个数、长度、面积、容积等的量。成交商品数量的多少直接关系到交易规模以及交易价格。在推销洽谈中，买卖双方应协商采用一致的计量单位、计量方法，通常情况下是将数量与价格挂钩的。成交数量大时，通常商品的价格都会有一定的优惠。

3. 商品价格

成交价格的高低，直接影响交易双方的经济利益，所以价格是推销洽谈中最重要的内容，也是洽谈中极为敏感的问题。推销人员应认识到，价格低的商品不一定畅销，价格高的商品也不一定没有销路。因为任何顾客对商品价格都有他自己的理解，顾客对价格有时斤斤计较，有时又不十分敏感，主要取决于顾客需求的迫切程度、需求层次、支付能力和消费心理等。在价格洽谈中，推销人员要处理好三个问题：（1）推销人员要掌握好价格水平；（2）先谈商品的实用性，后谈价格；（3）推销人员要向顾客证明自己的报价合理。

4. 销售服务

推销人员应从自己企业的实际出发，本着方便顾客的原则，为其提供优良的服务。所涉及的服务项目通常有按时交货、维修、运送、安装、养护、技术指导、提供零配件等。在洽谈过程中，推销人员和企业应尽量满足顾客的正当要求，以解除顾客的后顾之忧。

5. 保证条款

保证性条款的主要内容是担保。在商品交易活动中，卖主对售出的商品要承担某种义务，以保证买方的利益，这种卖方的义务和责任称为担保。对于一项日期较长，数量、金额较大，风险较大的商品交易，权利方都要求义务方提供担保。为限制卖方售货后不执行担保行为，有必要洽谈保证条款。

为了预防意外情况和随机因素对合同执行的影响，应就合同的取消条件以及履约和违约等有关权利、义务进行洽谈，并对合同纠纷中引起的诉讼及处理办法进行协商，以免引起不必要的麻烦。

任务二　建立推销洽谈的原则与程序

任务引入

张伟通过前面推销理论的学习认识到：推销洽谈实际上是一个沟通和寻找利益交叉点的过程。其实每个推销人员都希望尽快实现自己的目标，但这并不意味着推销人员在洽谈的过程中可以任意调整洽谈的目标，更不能为了满足顾客需求，不顾公司原则，随意夸下海口调高或调低目标。那么在推销洽谈中，张伟如何确保实现自己的目标？

任务1：张伟需要掌握推销洽谈的原则。

任务2：张伟需要掌握推销洽谈的进程。

任务分析

推销人员在实际推销活动中，总是要面对各种各样、形形色色的顾客。为了推销的成功，推销人员使用的推销方法、方式要因人而异，不能千篇一律。这就要求推销人员不仅在推销洽谈中要坚持一定的原则，而且需要在推销洽谈前，认真准备有关推销洽谈的各种资料和知识，针对不同顾客，拟订具体的推销洽谈计划，制定解决顾客异议的方案。只有这样，推销人员才能将不同的推销洽谈的内容分清主次，突出重点，采用不同的方法及技巧，有的放矢地进行洽谈。

知识链接

一、推销洽谈的原则

推销洽谈的原则是指推销人员具体从事推销洽谈的准则。为了达到推销目的，实现洽谈的目标，推销人员可采用灵活多样的方法和技巧说服顾客。但无论推销人员采取何种方法，在推销洽谈中都必须遵循以下原则。

1. 针对性原则

针对性原则是指推销洽谈应该服从推销目标和任务，做到有的放矢。

（1）针对顾客的动机特点开展洽谈。推销洽谈应该从顾客的动机出发，并加以引导。顾客需要什么，推销人员就推销什么。按照顾客的渠道分类：中间商的购买动机是市场上畅销对路、物美价廉；最终消费者的购买动机是多种多样的，如有求实、求廉、求新、求美、求异、嗜好等。因此推销人员应该以顾客需求动机为基础，进行有效的洽谈。

（2）针对不同顾客的心理特征开展洽谈。不同的顾客具有不同的个性心理特征。如有的内向，有的外向；有的随和，有的顽固；有的自卑，有的自傲；有的慎重，有的草率；有的冷淡，有的热情。推销人员只有针对不同个性心理的顾客采取不同的洽谈策略，才能取得实效。

（3）针对顾客的敏感程度开展洽谈。不同的顾客对产品的敏感程度不一样，例如，有的顾客对价格特别敏感，有的顾客对产品的质量非常敏感。推销人员在开展洽谈的过程中，就必须根据顾客的特点，设计合理的洽谈方案，增强产品的竞争能力，从而力争洽谈成功。

案例4-3

专门推销建筑材料的小李，一次听说一位建筑商需要一大批建筑材料，便前去谈生意，可很快被告知有人已捷足先登了。他还不死心，便三番五次请求与建筑商见面。那位建筑商经不住纠缠，终于答应与他见一次面，但时间只有5分钟。这位推销员在会见前就决定使用"趣味相投"的谋略，尽管此时尚不知建筑商有哪些兴趣和爱好。当他一走进办公室，立即被挂在墙上的一幅巨大的油画所吸引。他想建筑商一定喜欢绘画艺术，便试探着与建筑商谈起了当地的一次画展。果然一拍即合，建筑商兴致勃勃地与他谈论起来，竟谈了1个小时之久。临分手时，允诺他承办的下一个工程的所有建筑材料都由小李的公司供应，并将小李亲自送出门外。

资料来源：吴健安. 现代推销理论与技巧[M]. 北京：高等教育出版社，2005.

问题：你认为推销员小李的成功之处在哪里？

【启示与思考】

推销员小李的成功在于对顾客个性心理（这里主要是指个人兴趣和爱好）的洞察。然后投其所好，为洽谈赢得了一个良好的开局。

2. 鼓动性原则

鼓动性原则是指推销人员在推销洽谈中用自己的信心、热心和诚心，以自己的丰富知识有效地感染顾客，说服和鼓动顾客采取购买行动。

作为一名推销人员，始终要抱定成功的信念，相信自己的产品和服务，热爱自己的事业、自己推销的产品和自己的顾客。同时在推销洽谈中要表现出专家的风范，用广博的知识去说服和鼓动顾客，更要善于用具有感染力和鼓动性的语言去生动形象地传递信息，打动顾客的心。

3. 倾听性原则

倾听性原则是指推销人员在推销洽谈过程中，不要只向顾客传递推销品信息，而是更要注意倾听顾客的意见与要求。

为了达到推销的目标，推销人员切忌滔滔不绝从企业自身的角度去介绍产品，要善于倾听，善于观察顾客的需求。其实，这也是一种推销的原则。许多成功的推销经验告诉我们，有时推销人员说得越多反而越会使顾客产生反感情绪，相反，尽量让顾客去表达自己的意愿，少说多听有时会取得意想不到的效果。

4. 参与性原则

参与性原则是指推销人员在推销洽谈过程中，积极地设法引导顾客参与推销洽谈，促进信息双向沟通。推销人员要与顾客打成一片，使顾客产生认同感和归属感，以提高推销效率。有时推销人员还要设法引导顾客积极参与洽谈过程。例如，引导顾客发言，请顾客提出和回答问题，认真听取顾客的意见，让顾客试用推销品等。这些活动都能使顾客参与推销活动，使顾客产生满意感，从而充分调动顾客的积极性和主动性，创造有利的洽谈气氛，提高推销洽谈的成功率。

5. 诚实性原则

诚实性原则是指推销人员在推销洽谈过程中切实对顾客负责，真心诚意与顾客进行推销洽谈。如实向顾客传递推销信息，这是现代推销人员的起码准则。应当做到以下几点。

（1）推销人员在出示有关证明文件时，不能伪造证明，欺骗顾客。

（2）推销人员推销的推销品必须与企业产品完全一致。

（3）推销人员在介绍产品时，要诚实守信，不能用假话欺骗顾客。

6. 平等互利原则

平等互利原则是指推销人员与顾客要在平等自愿的基础上互惠互利达成交易。贯彻平等互利原则，要求推销人员在推销活动中尊重顾客，不以势压人，不以强凌弱，不把自己的意志强加给顾客。同时，推销人员应向顾客推销对顾客有用的商品，通过满足顾客的需要来谋求实现双方的共同利益。

7. 守法原则

守法原则是指在推销洽谈及合同签订过程中，要遵守有关的政策、法律、法规和惯例。遵循守法原则表现在守法和用法两方面。在推销洽谈过程中，推销人员不能有意或无意违反法律法规。在自己的权益受到侵犯时，要利用法律武器保护自己，依法追究对方责任。

案例 4-4

1993 年，一场经济危机对美国造成了巨大冲击，全国上下一片萧条。

此时，位于美国加利福尼亚州的哈理逊纺织公司同样蒙受了重大冲击，更为不幸的是，就在这时公司又遇到了火灾。公司的绝大部分财产被这场大火化为灰烬。为此，公司所雇用的数千名员工被迫回家，悲观地等待公司破产的消息和失业风暴的来临。

谁知，员工们在经历了无望而又漫长的等待之后，却意外地接到了公司董事长亚伦·博斯发给每个员工的一封信，宣布向公司员工继续支付一个月的薪金。在这种情况下，能有这样的消息传来，令员工们深感意外。在万分惊喜之余，员工们纷纷打电话给董事长亚伦·博斯，向他表示感谢。

一个月后，正当员工们陷入下个月的生活困难时，他们又接到了公司董事长发来的第二封信，再向全体员工支付一个月的薪金。员工们接到信后，已不光是感到意外和惊喜，而是热泪盈眶。

可许多人却不理解，亚伦·博斯的一位朋友还打电话给他，建议他别感情用事，批评他缺乏商业头脑。

此时，失业大潮正席卷全国，人们普遍为生计发愁。作为霉运当头的哈理逊纺织公司的员工，能得到如此照顾，无不满心感激。第二天，这些员工怀着"给我滴水之恩，定当涌泉相报"的心情，自发地组织起来，涌向公司义务清理废墟，擦拭机器，有些员工还主动去联络一度中断的资源。员工们纷纷使出浑身解数，昼夜不停地卖力工作，自己当公司的主人，恨不得一天干两天的活儿。三个月后，奇迹出现了，公司重新运转起来。就这样，这家纺织公司很快就起死回生了。如今，哈理逊纺织公司已名列全美纺织企业榜首，成了美国最大的纺织品公司，分支机构已遍布了世界各地的六十多个国家和地区。

资料来源：萧章. 诚信的力量[J]. 人间方圆，2004（22）.

问题：推销人员在推销洽谈中如何做到诚信？

【启示与思考】

任何形式的灾难都是人的灾难，而人的最大灾难就是失去了诚实和信用。一旦化解了人的灾难，建立了诚信立业、诚信立世的思想，希望也就来临了——就具有让企业起死回生的智慧和力量。

二、推销洽谈的程序

推销洽谈是一个循序渐进的过程。正式的推销洽谈必选择一定的程序进行，要加强洽谈的计划性，使推销洽谈的各个阶段或环节能有机地结合起来，增强和提高谈判的整体效果。

（一）推销洽谈的准备阶段

推销洽谈是一项复杂的推销业务工作，它受众多可控与不可控因素的影响，特别是一些规模较大、涉及问题比较多或技术性较强的推销洽谈，局面会更加复杂多变。因此，推销洽谈双方要有效地应对这种局面，就必须进行充分的准备，才有可能有效地实现推销洽谈的预期目的。

1. 洽谈方案准备

推销洽谈方案是推销人员在充分了解产品、市场、顾客的基础上，制订的科学、可行的推销谈判计划，是事先对洽谈过程的规划和安排。它对于谈判活动的顺利展开、进行具有重要的指导意义。推销洽谈方案一般应包括以下内容。

（1）推销洽谈的目标

推销洽谈的目标是谈判方对洽谈所要达到的结果的设定，是指导推销洽谈的核心，是制订推销洽谈方案时首先要明确的事项。在整个推销洽谈活动中，洽谈策略的设计、实施和运用及其他工作，都应以谈判目标为依据。衡量一个目标的优劣，主要是看目标本身的含义是否具体明确、是否便于衡量以及在可行前提下利益实现的程度如何等。最好用数字或简短的语言体现出来，如"在报价有效期内，如无意外风险因素，拟以12%的预期利润率成交。"推销洽谈目标不仅是结果性目标，也可以是过程目标。例如得到潜在顾客下次允许进行展示方案的承诺。另外，谈判的目标并不是一成不变的，它可以根据交易过程中各种价值和风险因素做适当的调整和修改，为增加目标的指导作用，推销洽谈的目标一般有三个层次。

① 最优目标。这是通过洽谈达到的最理想的目标，能最大限度地满足谈判方的利益和需求，如最优价格目标、最优销售量目标、长期合作目标等。这一类目标在实际推销洽谈中很少有实现的可能，一般作为谈判的起点，俗称发盘，随着谈判的进展极有可能逐渐后退。最优目标作为己方利益和对谈判要求的集中概括，为谈判者的行动指明了方向。

② 可接受目标。这是比较实际的、有实现可能的谈判目标，在特定力量对比下最大限度地满足了自己的利益。因此，要正确地选择、制定洽谈目标；最好是使其保持一定的弹性，在实际推销洽谈中，只要环境允许，谈判方要力争实现这一目标，不要轻易放弃。

③ 最低目标。这是推销洽谈中必须保证达到的最基本的目标，是洽谈成功的最低界限。如最低或最高价格、分期付款的次数和期限、交货期限等。只有实现这一目标，谈判方才能获得一定的利益。最低目标是一个下限目标，是宁愿谈判破裂也不能放弃的要求，因此，也称其为底盘或底线。

谈判目标的确定过程，是一个不断优化的过程。对于多重目标，必须进行综合平衡，通过对比、筛选、剔除、合并等手段减少目标数量，确定各目标的主次和连带关系，使目标之间在内容上保持协调性、一致性，避免互相矛盾。谈判之前一定要把目标写下来，并根据优先等级做相应的排序。目标要分清轻重缓急，哪个是最重要的目标，哪个是次要目标，把最重要目标、实际需要目标、可接收目标和最低目标一一排列。列出目标的优先顺序后，还要分清哪些可以让步，哪些不能让步，同时要简要地描述理由。实验表明，一个人的最高目标定得越高，最终结果就会越好。

在确定己方的需求后接下来要明确对手的需求，包括价格、数量、质量、交货期、付款方式等。了解对方最关注的是什么，对手列出的目标与己方列出的目标必然有一定的差距？怎样才能达成共识呢？就需要双方进行沟通和交流，在沟通和交流之前，一定要确定、设定洽谈目标。

（2）推销洽谈的主要策略

推销洽谈的主要策略是遵循洽谈原则，根据己方具体的谈判目标，在充分了解和分析对方的情况下，为了实现己方各级谈判目标而制定的措施和对策。谈判策略的正确选择和运用，可以使谈判方在洽谈中由被动变主动，出奇制胜，实现谈判的目标。同时，通过制定洽谈策略，也能了解对方的一些情况，识别对方的谈判策略，成功地保护自己的利益。针对不同类型的谈判对手可以采用不同的谈判策略，如表 4-1 所示。

表 4-1　对不同类型的谈判对手采用的谈判策略

对手类型	谈判策略	目的
强硬型	以柔克刚，软硬兼施，制造竞争局面	避其锋芒，改变力量对比，尽量保护自己，满足自己的利益
不合作型	感化，制造僵局，搅和	求同存异，利益共享
阴谋型	揭穿诡计，拖延时间，利用权威施压	使其招招落空，无计可施
合作型	润滑，缓冲，私下接触，适度开放	互利互惠

（3）推销洽谈的内容

推销洽谈的内容是谈判的主要议题，内容十分广泛。不同的推销洽谈，其具体内容也有所差异。推销洽谈的内容一般包括商品、价格、质量、服务、结算以及其他方面等。

（4）推销洽谈的地点和期限

由于洽谈的地点不同，洽谈双方在洽谈中所处的地位也不一样，各自承担的责任与费用开支也有差异，故谈判地点也是谈判方案中需要确定的一项重要内容。一对一的洽谈，洽谈场所不需要太大，家具也不需要太多，以创造亲密对等的气氛为主。多对多洽谈场所需要大一些的房间，要准备供双方洽谈小组进行洽谈的长桌，在安排座位时应该特别注意双方主谈人的位置应处于正中。此外，如有可能，可以安排一些沙发供洽谈间歇时休息。谈判期限是指谈判方从着手进行洽谈准备到谈判结束的时间。由于谈判所涉及的议题一般具有时效性，因此，在推销洽谈方案中确定谈判期限，对于掌握谈判进程、提高谈判效率、适时评估谈判的得失非常必要。

案例4-5

美国人科肯受雇于一家国际性公司，并担任很重要的管理职位，不久后他向上司请求，想见识下大场面，要求出国进行业务谈判，使自己成为一名真正的谈判者。机会终于来了，上司派他去日本。他高兴得不得了，认为这是命运之神给他的好机会。他决心要使日本人全军覆没，然后再进攻其他国际团体。

一踏上日本，两位日本朋友立即迎了上来，护送他上了一辆大型轿车。他舒服地靠在轿车后座的丝绒椅背上，日本人则僵硬地坐在前座的两张折叠椅上。

——"为什么你们不和我坐一起？后面很宽敞。"

——"不，你是一位重要人物。你显然需要休息。"

——"对了，你会说日语吗？在日本我们都说日语。"

——"我不会，但我希望能学几句。我带了一本日语字典。"

——"你是不是定好了回国的时间？我们到时可以安排轿车送你回机场。"

——"决定了，你们想得真周到。"

说着他把回程机票交给了日本人，好让轿车知道何时去接他。当时他并没有在意，可日本人就知道了他的谈判期限了。

日本人没有立即安排谈判，而是让这位美国朋友花了一星期游览了整个国家，从日本天皇的皇宫到东京的神社都看遍了。不仅介绍日本的文化，甚至让他了解日本的宗教。每天晚上还花四个半小时，让他跪在硬板上，接受日本传统的晚餐款待。当他问及何时开始谈判时，日本人总是说，时间还很多，第一次来日本，先好好了解下日本。

到了第十二天，他们开始了谈判，并且提早完成去打高尔夫球，第十三天，又为了欢迎晚会而提前结束。第十四天早上，重新开始正式谈判，就在谈判紧要关头时，时间已不多了，要送他去机场的轿车到了。他们只好上车继续商谈。就在轿车抵达终点的一刹那，他们完成了这笔交易。结果这次谈判科肯被迫向日本人作出了很大的让步，而自己惨败而归。

资料来源：http://zhidao.baidu.com/question/99366943.html

问题：请用商务谈判的原理分析美国人科肯这次谈判失败的原因。

【启示与思考】

本次谈判失败的原因是他掉入了日本人设置的时间陷阱，即利用时间的紧迫性。时间是永远不会停止的，无论我们做什么事，时间会永远向前走。所以我们必须清楚了解事件的转变以影响谈判的进行。一般来说，谈判也应该是有时间限制的。作为谈判者要记住，只要你在结束前达到目的，你就永远不要觉得太迟。因为大多数的同意和决定都是在接近截止时限才发生的。假如你知道我的期限，而我不知道你的期限，那你肯定能在谈判中赢得胜利。当你看到别人坐立不安时，便可以拒绝做任何让步。

（5）谈判人员

推销洽谈方案应对谈判负责人及其小组成员作出明确的规定，同时应明确各成员在洽谈中的角色、职责权限，便于在谈判中明确分工、取长补短、团结协作。

2．人员准备

推销洽谈的人员是洽谈方案的具体执行者，是企业利益的维护者。选择优秀的谈判人员并加以恰当配备，组成优化的谈判班子，是推销洽谈成功的重要组织保证。

（1）谈判人员的选择

推销洽谈从一定的角度来讲是人才的对抗，是谈判人员知识、能力、品质等综合素质的较量。优秀的谈判人员应具备的主要条件包括：具有良好的思想素质和优秀的品质；具有高度的原则性、责任感和纪律性，遵守法律和社会公德；具有廉洁奉公、不谋私利的高尚品格；具有宽广的社会知识面与较深的专业知识，知识面越宽，谈判中的应变能力越强，专业知识越深，越能适应谈判的需要；具有优良的心理素质。推销是一种短兵相接、为各自利益需求而战的激烈角逐，它不仅是谈判人员知识、技巧的较量，也是其意志、毅力和胆识的较量，能在错综复杂的谈判局面中做到从容不迫、思维缜密、灵活应对，这与谈判人员优良的心理素质密切相关。另外，谈判人员还应具有较好的能力素质，如善于观察、勤于记忆、富有推理判断及思辨能力，以及较好的语言、文字表达能力等。

（2）谈判人员的配备

要组成一支高效而强有力的谈判团队，关键是对经过精心挑选和培养的谈判人员进行优化组合，使谈判班子形成一个群体优化的整体。在组建谈判小组时，要做到谈判人员之间权责清晰、分工明确、知识结构和性格结构配合良好，还要考虑费用与成本的经济性以及整体配合的精干与高效等问题。此外，推销方如果已经知道对方洽谈人员的职务、年龄等情况，最好是派出与对方同等职务、年龄相近的洽谈人员。

3．信息资料准备

在推销洽谈中，要在广泛收集有关谈判信息资料的基础上，通过对信息的加工处理，掌握大量的信息资料，为制定科学可行的谈判方案和谈判策略提供依据，为谈判成功打下基础。收集信息的途径与渠道多种多样，有关谈判的信息资料也十分广泛，关键是从实际出发，及时收集那些适用而又有针对性的信息资料，如洽谈对方的经济实力、利益需求、谈判实力等方面的信息，相关的市场信息、环境信息及其他竞争者的信息等。掌握的信息越充分，谈判成功的把握也就越大。

（二）推销洽谈的开局阶段

推销洽谈的开局阶段是指谈判各方走到一起直到提出各自的基本要求、立场的过程。在这一阶段，谈判各方要处理好几个环节：建立恰当的谈判气氛、明确谈判的议题、初步表达自己的意向和态度。

西方学者把推销洽谈开局阶段的谈判事项描述为"4P"：目标（Purpose），指谈判要解决的问题，要达到的目的；计划（Plan），谈判的规则，讨论问题的顺序，是双方共同遵守的规则；进度（Pace），谈判的时间安排，即谈判的时间表；个人（Personalities），介绍参加谈判的每一个成员，包括他们的姓名、职务以及在谈判中的角色、地位。

推销洽谈开局的气氛在很大程度上受到见面最初几分钟内所发生事情的影响，谈判各方相见的一瞬间是决定谈判气氛的关键阶段。它能决定谈判气氛是温和、友好还是紧张、强硬，是沉闷、冗长还是活跃、顺利以及整个谈判的进程如何。因此，推销人员应对开局阶段高度重视。推销人员作为谈判的主体，在形成良好的洽谈气氛中需要充分发挥自己的主观能动性。为了实现交易，洽谈应建立在谋求一致、互惠互利的基础上，洽谈气氛应是和谐、坦诚、友好和富有创造性的。创造良好的洽谈气氛，推销人员一定要讲好开场白，应注重自己的形象给对方留下良好的第一印象，要运用合适的有声语言、丰富的目光和形体语言与对方进行充分的沟通和交流，达到相互了解、理解。

在建立了良好的谈判气氛后，双方的话题就要转移到谈判的有关事项上来，如谈判的主要议题、具体安排等。在正式谈判开始后的开场白中，双方要就有关的谈判事宜进行重申，以便达成共识，使谈判沿着预定的、明确的方向进行。

当谈判双方就有关的洽谈事项达成共识后，双方正式进入了谈判的议题。在这一阶段，谈判双方要进行开场陈述，各方将自己的立场、要求作全面的、粗略的叙述，同时听取对方的陈述。陈述的主要内容有己方对有关问题的理解、己方的利益、己方为了合作可以采取何种努力、己方的立场等。开场陈述一般采用书面、口头或书面与口头相结合的形式，进行全面的陈述，点到为止，不深谈；陈述也只是原则性、非具体的。陈述时要简明扼要，使对方能很快理解并提出问题，从而开展交流与沟通。

> **案例 4-6**
>
> 推销人员来到某经理办公室洽谈某业务。一进门，推销人员就看到了经理办公室的左后方有个枪架，枪架上挂着枪，还摆着一尊刻着他名字的射击纪念杯，于是在见面寒暄后，推销人员与经理以飞碟射击为话题，热火朝天地谈论着，不一会儿，推销人员与经理之间的陌生感就消除了。
>
> 资料来源：龚士林. 推销技术[M]. 武汉：武汉大学出版社，2008.
>
> **问题：** 这个案例对推销人员接近顾客有什么启示？

【启示与思考】

推销人员应在洽谈开始时，针对不同类型的不同需求，巧妙地运用开场的技巧，创造好的推销洽谈气氛，轻松、顺利地将话题导入正式洽谈。

（三）推销洽谈的报价阶段

报价阶段是推销洽谈双方分别提出达成协议的具体交易条件，又称发盘，是开局阶段开场陈述的具体化，它涉及谈判各方的基本利益。

谈判一方在向另一方报价时，首先应弄清楚报价时机与报价原则。就惯例而言，一般由卖方先报价。但最好是在对方对推销品的使用价值有所了解后才报价；对方询问价格时是报价的最佳时机；报价应遵循最高可行价原则，即出价既要尽可能的高，以最大限度地实现己方的利益，又要有被对方接受的可能性，对方无法接受的漫天要价是毫无意义的。在报价时应做到：表达清楚、明确；态度坚定、果断；对报价不加解释和说明。

（四）推销洽谈的磋商阶段

推销洽谈的磋商阶段又称讨价还价阶段，是指谈判双方为了各自的利益、立场，寻求双方利益的共同点，并对各种具体交易条件进行切磋和商讨，以逐步减少彼此分歧的过程。在此阶段各方都极力阐述自己的立场、利益的合理性，施展各自的手段和策略，企图说服对方接受自己的主张、意见或作出一定程度的让步，是各方利益矛盾的交锋阶段，也是推销洽谈过程中相当关键的阶段。

在这一阶段，谈判双方的分歧在所难免，它是影响双方顺利达成交易的障碍。因此，双方要积极采取各种有效的策略和方法，谋求分歧的解决办法。积极的、充分的、恰到好处的妥协与让步是解决彼此分歧、达成协议的一种基本技巧和手段。妥协与让步从根本上来讲就是以退让的方式来实现进取的目的。因此，在任何情况下的妥协、退让都应是积极的，应与己方特定的洽谈目标相联系，都应是调动对方趋向己方以实现己方利益的手段。在没有真正把握对方意图和想法的时候，不可轻易作出妥协让步。让步应坚持的基本原则是：不作无利益的让步，不作同等幅度的让步，不过早地让步，每次让步的幅度不宜太大、太快。

由于每个让步都要牺牲自己的部分利益，而给对方带来某种好处，怎样才能以最小的让步换取谈判的成功是谈判者研究的重要内容。美国谈判专家嘉洛斯总结自己的经验，把让步的选择分为四个方面：让步时间的选择、让步对象的选择、让步方法的选择、让步来源的选择。

让步的时间与谈判的顺利进行程度有关。只要能满足对方的要求，促使谈判的顺利进行，什么时间都可以。在这里，选择的关键是让对方马上就能接受，而没有犹豫不决的余地。因此，尽快让步和拖延让步时间都是可行的。但从总体来说，只要谈判的时间允许，适当拖延让步时间是有利的。

让步的对象即让步的受益人。对方参与谈判的人员虽然是代表一个单位参加的，但内部利益上却存在差别。一般来说，让步的受益人有四种类型：（1）对方公司。那些关于价格的让步多数是给对方公司的让步。（2）对方公司的某个部门。如公司中的某个工厂、某个事业部等。当谈判的履约与不同的部门有关时，让步的对象就可能是不同的部门。（3）某个第三者。当谈判的成交与某个第三者有关时，该第三者就成为自己的让步对象。（4）谈判者本人。如让谈判者在今后工作中更容易开展工作，这是以谈判者本人作为让步的受益人。至于自己在让步中选择谁作为让步对象，主要取决于所选让步对象对谈判结果的作用，即要选择那些自己用较少的让步可以换取对方较多让步或自己的较少让步就能促使谈判成功的受益人作为让步对象。

让步的方法是指对方从哪里可以得到自己的让步。由于让步的内容可以使对方满足或者增加对方的满足程度，因而可以采用不同的方法让给对方。可以在谈判桌上作出让步，也可以在谈判桌下作出让步；让步的内容可以与本次谈判的议题有关，也可以与本次谈判的议题无关；让步可以由谈判者作出，也可以由与谈判无关的其他人作出。可见，让步可以是直接的，也可以是间接的。究竟是采用直接的让步还是间接的让步，要在总体上有利才行。

让步的来源是指自己在谈判中作出让步的费用由谁来承担。同让步的受益人一样，承担让步成本的也有四种类型，即谈判者所代表的公司、本公司中的某个部门、某个第三者和谈判者本人。让步费用的承担是与谈判利益的所得密切相关的，谁获得谈判的利益，谁就应该承担让步的费用。

（五）推销洽谈的成交阶段

推销洽谈的成交阶段是谈判的最后阶段。当谈判双方进行实质性的磋商后，经过彼此的妥协、退让，意见逐步统一，趋势逐步明朗，重大分歧基本消除，最终双方就有关的交易条件达成了共识，推销洽谈就进入了成交阶段。

在这一阶段，当洽谈双方都产生了成交的愿望，而又都不愿意直接说出来时，可用声明或行为向对方发出成交的信号。当买方明确表示愿意成交时，推销方应对最后成交的有关问题进行归纳和总结，以扫清办理签约手续时的障碍。最后归纳总结的内容通常应包括：涉及交易的所有条款是否谈妥；是否有遗留问题以及有关遗留问题的处理；最后的让步项目以及让步幅度；最后的成交价格；双方的履约责任等。

在归纳总结双方的共识后，紧接着就要签订协议。协议的条款要具体、明确、规范、严密，价格、数量、质量要准确，支付方式、交货期限、售后服务及履约责任要明确，标的名称要标准化、规范化。协议起草之后，谈判双方都要对协议的每一个项目进行认真审核，以免因一时的疏忽而影响协议的正常履行，甚至造成无法挽回的损失。当谈判协议审核通过之后，洽谈各方都要履行正式的签约手续。各方在洽谈中所获得的利益只有用明确的书面形式确定下来，才能受到法律法规的保护。签约成交是推销洽谈的最终成果。与顾客达成交易是值得庆贺的事情，但推销人员切忌得意忘形，以免引起对方的误解和怀疑。实际上，任何成功的推销洽谈，谈判各方都获得了某些利益或某种程度的满足。因此，签约后，推销人员要真诚地肯定、称赞对方的合作，恰当地祝贺对方交易成功。这样可以给对方留下良好的印象，为今后与对方进一步合作打下良好的基础。

任务三　制定推销洽谈的策略、方法与技巧

任务引入

张伟所在的机械公司开发了新产品气功激发仪，在某商场柜台摆放三个月无人问津，

而后的一天该商品却被顾客抢购了 158 个。产品由滞转畅的原因何在？原来是推销人员采用了一些推销洽谈的技巧。他们不仅向顾客介绍产品的性能，而且还在现场进行示范表演。当在一位患有肩周炎的老人身上进行具体示范时，奇迹发生了，当即这位老人的胳膊不仅能抬起，而且伸直弯曲自如，一点也不疼。围观的观众无不为之折服，纷纷解囊。通过这一事例，张伟认为取得推销成功，在推销洽谈中还要掌握以下两项。

任务 1：张伟需要掌握推销的策略。

任务 2：张伟需要掌握推销的技巧和方法。

任务分析

推销洽谈是一门技术，更是一门艺术。在推销洽谈中，推销人员要针对不同的产品，不同的顾客，灵活地采用适宜的推销方法、策略与技巧，说服顾客，激发顾客的购买欲望，最终达成交易。

知识链接

推销洽谈是一种合作性和冲突性相结合的复杂过程，是洽谈各方综合能力和素质的大比拼，是各方利益的直接交锋，是竞争中的合作和合作中的竞争。为了达到推销产品的目标，既要坚持原则，又要保持一定的灵活性。这样，为实现洽谈目标，必须掌握一定的洽谈策略、方法和技巧。

一、推销洽谈的策略

俗话说，商场如战场。面对形形色色的对手，要在谈判桌上占据优势，除了掌握一些常规的洽谈方法外，推销洽谈人员还应当讲究一些谈判策略。策略是谋事的计策和方略。推销洽谈策略是指推销人员在推销洽谈中为了达到推销目标所采取的计策和方略。推销洽谈的策略很多，在商务谈判中有详细的阐释，概括起来主要有以下几种可供参考。

（一）先发制人策略

先发制人策略是指在洽谈中由己方先提出有关交易条件和合同文本草案的策略。使对方很难另起炉灶，而只能在己方已提出的这一方案基础上提出自己的意见。先发制人要求知己知彼，熟悉行情，了解双方的力量对比。同时，提出的条件要适度，过高容易吓跑对方，过低则失去一定的利润。这种策略在卖方来说，多用在大企业对小买主；在买方来说，多用在供过于求，许多卖主对一个或少数几个买主的情况。先发制人并不意味着就是一口说死，不可改变，提出方案的一方还要准备应变方案，即哪些条件是可以让步的，哪些条件是不能让步的，让步可以让到什么程度等。如果对方采取这种策略，己方不应为其所动，不能被对方牵着鼻子走，应该坚信，任何条件都是可以通过洽谈改变的，所以要按照己方原定的洽谈方针进行洽谈，不能被对方方案束缚住自己的手脚，而不敢提出自己的方案或条件。

（二）不开先例策略

不开先例策略，是指在洽谈中，如果推销方占有一定优势，推销人员为了坚持和实现自己所提出的交易条件，以没有先例为由来拒绝让步促使对方就范，接受自己条件的一种强硬策略。在谈判中，当双方产生争执时，拒绝是一般推销人员不愿采用的。因此，人们都十分重视研究怎样回绝对方而又不伤面子、不伤感情，不开先例就是一个两全其美的好办法。

例如，"贵公司的这个报价，我方实在无法接受，因为我们这种型号产品售价一直是××元，如果此例一开，我们无法向上级和以往的交易伙伴交代"。或者说："××公司是我们十几年的老客户，我们一向给他们的折扣是 15%，因此，对你们来讲也是一样。如果此例一开，对别的用户就没有信用可言了，也不公平，以后打交道就难办了。希望贵公司谅解"等，以回绝对方的要求。

（三）避免争论策略

在推销洽谈的过程中，谈判双方为了谋求各自的利益，在一些问题上不可避免地产生分歧。分歧出现以后，保持冷静，积极寻求解决的方法，应尽可能地避免争论。因为争论不仅于事无补，而且只能使事情变得更糟。最好的方法是采取下列态度进行协商。

1. 婉转地提出不同意见

在谈判中，当你不同意对方意见时，切忌立即直接提出自己的否定意见，这样不但会使对方在心理上产生抵触情绪，而且促使他千方百计地来维护自己的观点。如果要表明己方的不同意见，最好的方法是在对方陈述完毕之后，先表示同意对方意见，承认自己在某些方面的疏忽，然后提出对双方有分歧的意见进行重新讨论。如果你对对方提出的意见不太理解时，建议用"提问——倾听——欣赏——建议"的顺序提不同意见，通过提问，了解对方想法的背景和出发点，之后仔细倾听并对对方的意见表示赞赏，再提出自己的建议；这样，双方就会心平气和地重新讨论，谈判也会收到双方都比较满意的结果。

案例4-7

在一次推销谈判中，谈判双方在价格方面产生了分歧。

甲方提出："你方的产品价格太高，如果不降价，将无法购买。"

乙方："请问你的心理价位是多少？"

甲方："我最多出 3 000 元一部手机。"

乙方："能不能告诉我为什么一定是 3 000 元吗？"

甲方："公司给优秀员工可以报销 3 000 元的购机费，已经打过预算的，如果超了谁付呀！"

乙方："不好意思！是我疏忽了，我应该提前了解的。不过你真有眼光，这部手机今年确实很受欢迎，性价比很高，价位也从来没有低过 3 000 元，我看这样吧，要不我们这里还有一款手机也不错，性能也不错，你要不看看？"

甲方："我还是觉着这款更合适，能不能更优惠些。"

乙方："看来先生真是喜欢这款，我觉着既然买就买最新款，买个自己喜欢的，用那么久呢，不如你自己稍稍加500元，另外3000元公司也可以报销，你说呢？"

甲方："这倒也是个办法！"

资料来源：根据学生实习案例编写

问题：推销人员是如何解决顾客异议的？

【启示与思考】

乙方通过"提问——倾听——欣赏——建议"有效解决了顾客的价格异议。

2. 分歧的产生致使谈判无法再进行下去，应马上休会

如果在洽谈中，某个问题成了绊脚石，使洽谈无法再顺利地进行，这时，应马上提出休会。如果继续下去，双方为了捍卫自己的原则和利益，就会各持己见，使谈判陷入僵局。休会的策略是给那种固执型谈判者提供请示上级的机会，以期待对方态度的改变，同时，也为己方创造养精蓄锐的机会。

（四）黑白脸策略

黑白脸策略又称软硬兼施策略，是指在推销洽谈过程中，利用对方既想与你合作，但又不愿与有恶感的对方人员打交道的心理，由两个人分别扮演"黑脸"和"白脸"的角色，诱导对手妥协的一种策略。这里的"黑脸"是强硬派，在洽谈中态度坚决，寸步不让，咄咄逼人，几乎没有商量的余地。这里的"白脸"是温和派，在谈判中态度温和，拿"黑脸"当武器来压对方，与"黑脸"积极配合，尽力撮合推销成功，以致达成于己方有利的协议。

使用这种策略，在洽谈初始阶段，先由唱黑脸的人出场，他通常苛刻无比，态度强硬，让对手产生极大的反感。当洽谈进入僵持状态时，"白脸"人又出场，他表现出体谅对方的难处，以合情合理的态度照顾对方的某些要求，并放弃自己一方的某些苛刻条件和要求，作出一定的让步。实际上，他作出这些让步之后，所剩下的那些条件和要求，恰恰是原来设计好的必须全力争取达到的目标。

需要注意的是，黑白脸策略往往在对手缺乏经验，对手很需要与你达成协议的情境下使用。实施时，扮演"黑脸"的，既要表现得态度强硬，又要保持良好的形象、处处讲理；扮演"白脸"的，应是主谈人，他一方面要善于把握谈判的条件，另一方面也要把握好出场的火候。如果一个人实施黑白脸策略，一般在第一现场的人扮演"白脸"，而让背后的人扮"黑脸"，但背后的人最好是对方找不到的人，即虚拟的"黑脸"，如告诉潜在客户："我理解你的难处，我也想帮你，但公司制度不允许通过你的条件。"或者"公司办公会讨论通过不了，我也实在没办法！"最好不要说具体哪个人不同意。

（五）留有余地策略

留有余地策略要求谈判人员对所要陈述的内容需留有余地，以备讨价还价之用。

在实际谈判中，不管谈判一方是否留有余地，另一方总是认为对方会"留一手"；即便报价分文不取，对方也会不相信，总要与之讨价还价一番。因此，为了使谈判顺利开展，报价时须留有余地，以备讨价还价之需。同样，对方提出的一些要求，即便能百分之百地满足对方，也不要立即一口承诺，要让对方觉得是经过讨价还价、是在谈判对手作了让步

后才实现的。这样既可以满足对方的心理，又是作为己方要求对方在其他方面作出让步的筹码。

这一策略从表面上看好像与开诚布公相抵触，但也并非是绝对的。两者的目标是一致的，都是为了达成协议，使谈判双方都满意，只是实现目的的途径不同而已。

案例 4-8

张经理想将现有的一辆日本丰田小汽车卖掉，然后再购买一辆宝马汽车。张经理的一位朋友得知后，想购买这辆丰田小汽车，问张经理这辆车的价钱，张经理回答说："你出个价吧。"这位朋友说"十二万元行吗？"张经理回答说："老朋友了，就按你说的价定了吧"。事后，张经理的朋友怀疑这辆车不值这个价，心理总不是滋味。

资料来源：李海琼. 现代推销技术[M]. 杭州：浙江大学出版社，2004.

问题：为什么张经理的朋友不但不领情，而且还不是滋味呢？给我们什么启示？

【启示与思考】

谈判中，如果对方向你提出某项要求，即使你能全部满足，也不必马上作出答复，而应该先答应其大部分要求，留有余地，以备讨价还价之用。

小知识

与你不能失去的客户如何谈判

"我很喜欢你们的产品，但是你们要价不符合行情。我们通常只能付你们所报价格的一半。"

"有公司打算免费奉送服务合同。如果你做不到这一点，那你就连谈成生意的机会都没有了。"

"老实说，我想我们已经达成了一笔相当不错的交易，但现在你该去见见我的老板。如果你觉得我很难对付……"

"告诉你：如果你能把要价再降 20%，这笔生意就是你的了。你一进我们的部门，你知道，整个公司都盯着这笔生意。这次的数量非常大！"

"我甚至连付款安排都不能和你谈，公司在这方面的政策是缄口不谈。"

"瞧这儿，看看这价钱，你在浪费我的时间！我觉得这已经是个很认真的报价了！"

这可不是假想出来的故事。为了赢得顾客的信任和友好，你已经付出了大量时间，你已经作好了需要满足型的销售、关系型的销售、咨询型的销售以及顾客至上型的销售，你的话语娓娓动听，不乏诙谐。但是，就在你距离自己的目标越来越近时，你的好朋友，你的顾客突然变得贪得无厌了，他要求价格再降低些，他想榨尽你的利润，然后带着他得到的好处扬长而去。给你留下的选择糟糕了：要么赔钱做生意，要么就彻底放弃。

当然，这种尴尬局面并不新鲜。每天都会有生意谈崩的时候。但是，依靠长期客户关系来维系的生意尤其希望避免出现类似情况：要么成交，要么一拍两散，因为，如果你在一笔赔本的买卖上出尔反尔，你将来的生意也会受到影响。即使销售人员的工作做得尽善尽美，可还是有些顾客要采取强硬的对策。就因为前提条件是要求做出让步只是举手之劳。销售人员可以一直说不，他们仍然能够做买卖。但是，也有一些销售人员（尤其那些没有办事经验的销售人员）甚至在面对顾客的无理要求时，竟然也表示了接受。精明的买家甚至会诱使老练的销售人员以感情因素为基础，而不是按照生意经达成交易。那么又该如何保障自己的利益，如何作成这笔生意，如何在顾客试图拿走你的利润的情形下，维系你们之间的关系呢？

针锋相对、兵戎相见并不是解决问题的办法，除非你是满足顾客一切需求的唯一人员（而且在那个案例中你最好确保你没有丧失你的控制权）。放弃这场争斗更不是什么好主意，不过，离开这位蛮不讲理的顾客倒是可行的。

忍让和妥协都不是解决问题的办法，很惊讶吧。通常10%的价格折扣对销售人员取得的佣金无关紧要，因此，销售人员会很爽快地答应下来。但是，这种轻易的让步不仅会消减公司的盈利，而且会纵容顾客在未来的讨价还价中索取一些免费的东西。

妥协（做出让步，迁就顾客）可能会节约一点时间，但是，由于它没能完全满足双方的要求，所以它不是人们常说的双赢方案。竞争对手会利用有创意的、能令双方都感到满意的方法抢走这笔生意。

对待咄咄逼人，但又十分重要的顾客，你的反应应该是具有肯定意义的消极对待。即不与之争斗，也不要让顾客占了你的便宜。不能屈服，更不能反击。可以回避、躲让、搪塞，但是还要坚持原则。千万别把门都关死了，一直保持总有新的大门在敞开。试着把你的顾客引入有创意的伙伴关系中来，这样，你们就可以为了找出新意的解决办法而共同工作，这种解决办法绝不会在你的竞争对手处获得。

有8条关键性的战略可以把顾客从态度强硬的思想状态中拉出来，带他进入创造性地思维空间。

（1）做好谈判前的准备工作，时刻分清自己能够接受的最低价码，并且多创造些谈判期间可以利用的变量因素。所有人都会有最低价码。无论你是同俄罗斯的军火商谈判军火生意，还是与联合汽车工会（UAW）的人商洽一份劳务协议，或者是一份你急欲获得的合同，你都需要有个最低价码，即价格、条款、付款周期因素的综合，它代表了你最低可以接受的条件范围。少了其中任意一项，你就无法与人谈判。

增添变量因素的数目同样至关重要。可以利用的变量因素越多，你能提供的选择也就越多；你的选择越多，获得交易的机会就越大。在与重要的顾客打交道时，最紧要的就是避免出现或者成功、或者一拍两散的局面，尽量让谈判继续下去，以从中找到可行的解决方案。很多销售人员认为，价格是自己所拥有的唯一变量因素，如此狭隘的想法极其危险。虽然价格是最易引起买卖双方利益冲突的部分，但仅仅考虑价格只会增添买卖双方的敌视态度，消减可获得的利润，或者是二者兼有。

应该把目光集中到顾客与你的共同利益上来。例如，负责销售消费品的人员在与零售商洽谈时，可以多谈些有效使用广告费（有零售商的，也有生产商的）来促销的话题。在讨论中加入营销计划，销售人员便可以在稍后即将谈到的价格中找到它的价值所在（例如，物流供应商除价格外，还有信息反馈、安全可靠性、后期更深层合作可能性、增值服务、销售网络扩张等等辅助客户价值）。

销售人员的工作就是从商品和服务中找出特殊部分，该部分可以在不损害卖家利益的情况下增添顾客所能得到的价值。例如，汽车零配件供应商让顾客自己选择是自行完成产品的研发设计，还是交由供应商来做，从而为供应商建立起自己的研发力量。有了这项选择，供应商就可以把话题由价格引到产品发展过程中的价值增值问题上来。由此，供应商的收入和利润得了显著增加。

对于无差别的产品，你可以关注它的服务，从而增添变量因素。例如，运输业务的销售人员照例应该根据业务量的折扣、保险支付方式、搭配销售（如提供运输中转仓）、信息分析与反馈、代收款、车身广告，甚至对客户固有车辆的租赁经营等考虑付款周期的选择。无论什么行业，掌握的变量因素越多，成功的概率就越大。

（2）当你受到了攻击，别着急，先听一听。尽可能多地从顾客身上收集信息。顾客一旦陷入一种思维，争辩根本无法令他动摇，不过，智慧可以做到。在这种情形下，劝说的最好办法就是聆听。

当受到攻击时，大部分人的本能反应便是保护自己，或者反戈一击。对于正在谈判过程中的销售人员来说，两种做法都会激起火药味儿很浓的对峙。与最初的直觉相反，最好的反应应该是让顾客谈下去，原因如下：首先，新的信息可以扩大活动的空间，增添变量因素数目；其次，不加防范地聆听有助于化解怒气；第三，如果你是在聆听，你就没有做出任何让步。

（3）时刻关注需要讨论的问题。谈判会令人变得不知所措。顾客经常会因为没能取得进展而沮丧。他们会不时地返回已达成的协议上来。有时，他们还会在最后的时刻挑起事端。一个避免此类问题的有效办法便是总结一下业已取得的成果，并对仍需讨论的问题做一个概要的说明。时常进行扼要的总结的确有助于保持发展的势头，而且可以让顾客确信你在聆听他的谈论。

最好的谈判专家甚至能够通过将反对意见转换成为需要解决的问题来缓和最直言不讳的驳斥。技巧就在于保持头脑冷静，注意顾客的语言及语调，并且耐心等到你已取得的进展。

（4）确定公司的需求。高效的销售人员总是关注他们客户的利益，而不是自己的利益。他们学会了完全从客户的角度看待问题，从而他们能够从客户的需求中获得不同寻常的理解。但是，对客户予以太多的同情会对销售人员不利，因为销售人员在讨价还价时必须时刻关注两个焦点——客户的利益和本公司的最佳利益。最佳的谈判立场并不是一味地强调满足客户，而是关注问题的解决，寻求令双方都满意的答案。不能确定自己公司利益的销售人员极有可能作出无畏的让步。

确定风格同样非常重要。切勿采取具有挑衅性质的风格。销售人员应该通过强调双方的共同利益而建立起共同的基础，避免使用火药味儿很浓的语言，鼓励对有争议的问题进行讨论。

（5）致力于追求对买卖双方均有益处的解决方案。如果好斗的顾客感觉到销售人员已经在自己的观点上站稳了脚跟，获得交易的成功概率就会大为降低。建议一些假设的解决方案会是个比较好的办法。请比较一下推销商业贷款时的两种不同办法。

"我要告诉你，如果你能把欧洲分部的货币交换业务全部交给我们，我们将按最低贷款利率加 1 的优惠批准这笔贷款。"

"你刚才提到你们公司在欧洲分部的货币交换买卖。假如你能将这笔生意全部交由我们完成，我们会大幅降低向你提供的新贷款的定价。"

第一种方式很有可能从好争斗的顾客处得到与意愿相关的回答。它使得坐在谈判桌两侧的双方代表无法达成一致。第二种方式邀请顾客一同帮助出谋划策。一同寻找解决方案的客户很乐意按照他们所喜爱的方式达成协议。

一些销售人员在认定某些问题时斩钉截铁，却忽视了整笔交易是否还有合理性，从而犯下错误。这正好落入了那些咄咄逼人，意欲一口吞下所有的顾客的掌握之中。要想再做让步，势必很难。我们应该试探性地对问题做个小结。"假如我们能在 Y 问题和 Z 问题上达成适当的协议，我们就同意做某交易。"

（6）把最棘手的问题留在最后。当你手头有一堆的问题要谈判时，千万不要从最难的问题入手，即便以这个问题为开端与对手展开谈判十分合理，也不要这样做。可是，为什么在最棘手的问题都还不知道能否解决的情况下，还要在细枝末节的问题上下功夫呢？

有两点原因。首先，解决相对简单的问题可以为事情继续发展下去创造势头。假设你在与一位客户打交道，这位客户一心准备在关键问题上将你击败。你如果能以竞争性不强的问题做开端，并找出一些有创造性的解决方案，你就能令客户发现挖掘新的解决方案的意义所在。其次，通过讨论简单的问题可以发现更多的变量因素。在你的谈判进入核心阶段时，这些因素会起一定的帮助作用。

（7）起点要高，让步要慢。好斗的顾客总想从谈判的投入中得到回报。如果知道顾客想要讨价还价，你就可以从一些你能做出让步的方面开始下手。很显然，玩游戏都要付出代价。你不但要引导顾客提出要求，还要教会他们在关于钱的问题上千万不能放松警惕。不过，当顾客的确要为所欲为时，你便别无选择。

大量研究表明，高期望值可以带来理想的谈判结果，而低期望值恰好相反。这就是为什么销售人员不能被每一个问题上都要讨价还价的顾客吓到。在谈判开始之前，一旦他们降低了自己的期望值，他们也就在自己的脑海中做出了第一步让步。顾客接下来就会携着这些尚未成熟的让步与他应得的部分直逼下去。

关键一点是时刻都要让你的让步有所回报，并且了解它的经济价值有多大。请记住，任何让步对买卖双方都会产生不同的价值，所以开始做出的让步一定要让顾客认为价值很大，而实际上对公司来说并不造成任何成本上升。

（8）不要陷入感情敲诈的圈套中。买家时常利用感情因素（通常是愤怒）使销售人员乱了阵脚，从而做出他们并不情愿的让步。有些人把愤怒当作预谋好的策略；还有些人是真的生气。这种感情是否真实并不重要，关键是销售人员应该如何应对。

三种技巧在对付利用发火作为惯用伎俩的顾客非常有用，那就是回避、聆听或公开表达对顾客怒气的意见，告诉他你认为这样不会产生任何结果，并且建议他关注明确的、不夹杂感情色彩的问题。

资料来源：沃伦·H·施米特，等. 谈判与冲突化解[M]. 北京：中国人民大学出版社，2001.

（六）避实就虚策略

该策略是指在谈判过程中，为达到某种目的或实现某种需要，有意识地将洽谈议题引导到一些无关紧要的问题上，以此转移对方的注意力，最终实现自己的目标。如在谈判中，对方最关心的是价格，而己方最关心的是交货时间。这时，谈判的焦点不宜直接放到价格和交货时间上，而是放到运输方式上。在讨价还价时，你方可以在运输方式上作出让步，而作为双方让步的交换条件，要求对方在交货时间上作出较大的让步。这样，对方感到满意，你方的目的也达到了。

（七）沉默策略

这种策略主要是给对方造成心理压力，使之失去冷静，不知所措，甚至乱了方寸，发言时就有可能言不由衷，泄露出己方想急于获得的信息。同时还会干扰对方的谈判计划，从而达到削弱对方力量的目的。

有效地发挥沉默策略的作用，应注意以下两个方面的问题。

1．事先准备

首先，要明确在什么时机运用该策略。比较恰当的时机是在报价阶段。此时，对手的态度咄咄逼人，双方的要求差距很大，适时运用沉默可缩小差距。其次，如何约束己方的行为反应。在沉默过程中，行为语言是唯一的反应信号，是对手十分关注的内容。所以，事先要准备好在沉默时应使用哪些行为语言。如果是多人参加小组谈判，还要统一谈判人员的行为语言。

2．耐心等待

只有耐心等待，才可能使对方失去冷静，形成心理压力。在等待的过程中可以做些记录。记录在这里可以起到双重作用：首先它纯是做戏；其次，记录可以帮助你掌握对手所讲的内容，有助于己方分析对手所讲问题的目的，致使沉默超出本身的作用。

（八）最后期限策略

通过制定最后的谈判期限，借以向对方施加压力，以达到预定的目的，这种谈判技巧和手段，称之为最后期限策略。

大多数的谈判，基本上都是到了谈判的最后期限或者临近最后日期时才达成协议的。在整个谈判过程中，谈判各方总是在不断地向对手讨价还价，只要谈判的最后期限还没有到来，谁都不肯先放弃，以期争得更多的利益。从谈判者的心理角度分析，之所以这样做的原因：一方面是为了尽到谈判者的责任，要善始善终；另一方面也是为了在有限的时间里尽可能地争取到一个更好的谈判结果。针对谈判者的这一心理，在谈判过程对于某些一时难以达成一致的问题，不必操之过急地强行解决，而要善于运用最后期限策略。在最后谈判期限不可避免地来临之时，谈判者迫于这种期限的无形压力，就会放弃自己的最后努力，甚至会迫不得已地改变自己原先的主张，以尽快求得问题的解决。

（九）剥笋策略

一个毛笋的外壳不可能一下子剥个精光，只能一片一片地剥去。在推销洽谈的过程中，谈判各方为了实现己方的最大利益，经常会发现对方不愿意也不可能全部答应己方的所有要求，只能一点一点磋商和争取，步步为营，最终达到预期的目的。这一谈判策略在谈判中被广泛地应用，在西方被人们称之为"意大利香肠"策略。

案例4-9

传说意大利有一个乞丐，为了得到一根香肠，先乞求施主给他薄薄的一片，第二天又来讨一片，第三天也如此⋯⋯最后他得到整个香肠。这就是"意大利香肠"之说。

资料来源：李海琼. 现代推销技术[M]. 杭州：浙江大学出版社，2004.

问题： 这个故事告诉了我们什么？

【启示与思考】

这个故事告诉人们，为了得到全部而对方又不肯时，只能得寸进尺，方能成功。

总之，推销谈判的策略是多种多样的，推销人员要审时度势，有针对性地加以运用，以取得良好的谈判效果。

（十）先苦后甜策略

先苦后甜策略，是指在洽谈中先用苛刻的条件使对方产生疑虑、压抑等心态，以大幅度降低对手的期望值，然后在实际谈判中逐步给予优惠或让步，使对方的心理得到了满足而达成一致的策略。

该策略使用的基本原因在于：人们对外界的刺激总是先入为主，如果先入刺激为甜，再加一点苦，则觉得更苦；相反，若先入刺激为苦，再加一点甜，则觉得更甜。该策略就是用"苦"降低对方的期望值，用"甜"满足对方的心理需要，因而很容易实现谈判目标，使对方满意地签订合同，使己方从中获取较大利益。

注意：在实际应用中，先苦后甜的应用是有限度的，在决定采用时要注意"过犹不及"的格言，也就是说所提出的条件不能过于苛刻，要掌握分寸。

二、推销洽谈的方法

推销洽谈是一项专业性和艺术性都很高的工作。在做好洽谈的各项专业准备工作的前提下，推销洽谈人员还必须针对不同的谈判对象和情境，恰当地掌握和运用洽谈的各种方法。推销洽谈的方法可以分为诱导法、提示法和演示法三种。

（一）诱导法

所谓诱导法，是指推销人员在推销洽谈时，为了引起顾客的兴趣，激发顾客的购买欲望，从谈论顾客的需要与欲望出发，并巧妙地把顾客的需要与欲望同推销品紧密地结合起来，诱导顾客明确自己对推销商品的需求，最终说服其购买的方法。这种方法在推销谈判中最能引起顾客的兴趣，有利于营造一种融洽的气氛，有利于最终说服顾客。

运用这种方法，推销人员必须注意以下三个方面。

（1）推销人员必须在推销洽谈的准备阶段了解顾客的需要与愿望。如果在推销洽谈前不清楚顾客的需要与愿望，推销人员则要在与顾客的接触中，如通过聊天、提问等方法，发现顾客的需要与愿望。

（2）明确指出顾客的需要与愿望。

（3）把顾客的需要与愿望同推销品紧密地联系起来。

（二）提示法

提示法是指推销人员通过言语和行动，提示顾客产生购买动机，促使其作出购买决策，作出购买行为的推销洽谈方法。提示法可分为直接提示法、间接提示法、动意提示法、明星提示法、逻辑提示法、积极提示法、消极提示法和联想提示法等。

1．直接提示法

所谓直接提示法是推销人员开门见山，直接劝说顾客购买其所推销的产品。这是一种被广泛运用的推销洽谈提示方法。这种方法的特征是推销人员接近顾客后立即向顾客介绍产品，陈述产品的优点与特征，然后建议顾客购买。因而这种方法能节省时间，加快洽谈速度，符合现代人的生活节奏，所以很具有优越性。

在运用直接提示法时应注意以下几点：（1）提示要抓住重点；（2）提示的内容要易于被顾客理解；（3）提示的内容应符合顾客的个性心理。

案例 4-10

请看一位推销员在推销一款衣柜时对顾客的提示："张先生，听说您正在为您的新房购买衣柜，这款衣柜款式很靓丽，也很时尚，实用性也非常强，很符合您的要求，假如您现在订货，国庆节前我们就可以帮您安装好。如果您对这款衣柜满意的话，请尽快订货。不然的话，因为订货太多，就难以保证交货期。"

资料来源：编者整理

问题：试分析这位推销人员在运用直接提示法时的成功之处。

【启示与思考】

案例中推销人员的成功就在于找准了顾客的真正需求点，然后直接提示推销产品可以很好地解决顾客面临的问题，接下来又提示这种产品非常畅销，如不尽早作出购买决定，可能就要等很长时间才能采购到了。

2．间接提示法

间接提示法是指推销人员运用间接的方法劝说顾客购买产品，而不是直接向顾客进行提示。例如，可以虚构一个顾客，可以一般化的泛指。使用间接提示法的好处在于可以避免一些不太好直接提出的动机与原因，因而可以使顾客感到轻松、合理，从而容易接受推销人员的购买建议。

运用间接提示法的一般步骤如下。

（1）虚构或泛指一个购买者，不要直接针对面前的顾客进行提示，从而减轻顾客的心理压力，开展间接推销。

（2）使用委婉温和的语气与语言间接地讲述购买动机与购买需求，尤其是对于一些比较成熟、自认为聪明、自视清高的顾客。

（3）主要是在洽谈后期采取直接提示法，以更好地把握机会。

案例4-11

一位推销成套设备的推销员指着某商报上的一篇关于一些企业进行设备更新的新闻报道对顾客说："你听说了吗？一个企业购买了这种产品之后，取得了很好的效益，其他一些企业都在考虑购买呢！连报纸都刊登了，看来不买是有点赶不上形势了。"推销员既陈述了推销主题，又以关怀的口吻间接提示顾客购买推销品，使顾客没有了来自推销本身的压力，却有了来自满足自己需求的迫切感。

资料来源：http://baike.baidu.com/view/2517520.html

问题：在应用间接提示法时，应该注意什么？

【启示与思考】

在运用间接提示法时，推销人员应根据不同类型的顾客，不同的购买动机，有针对性、区别地使用。

3. 动意提示法

动意提示法是指推销人员建议顾客立即采取购买行动的洽谈方法。当一种观念、一种想法与动机在顾客头脑中产生并存在的时候，顾客往往会产生一种行为的冲动。这时，推销人员如果能够及时地提示顾客实施购买行动，效果往往不错。例如，当一个顾客觉得某个产品不错时，推销人员觉察到并及时提示顾客："这种款式很好卖，这是剩下的最后一件了。"只要提示得及时合理，效果一般不错。

在运用动意提示法时应注意以下几点。

（1）动意提示的内容应直接诉述顾客的主要购买动机。

（2）为了使顾客产生紧迫感也即增强顾客的购买动机，语言必须简练明确。

（3）应区别不同的顾客，对于那些内向、自尊心强、个性强等特征的顾客最好不用动意提示法。

4. 明星提示法

明星提示法是推销人员借助一些有名望的人来说服、动员顾客购买产品的方法。明星提示法迎合了人们求名的情感购买动机，另外由于明星提示法充分利用了一些名人、名家、名厂等的声望，可以消除顾客的疑虑，使推销人员和推销产品在顾客的心目中产生明星效应，有力地影响了顾客的态度，因此，推销效果比较理想。

在应用明星提示法时应当注意以下几点。

（1）提示所指的明星（名人、名家等）都必须有较高的知名度，为顾客所了解；对于生产资料市场的推销，所提示的名厂，亦应该是该行业真正的市场领导者。

（2）所提示的明星必须是顾客公认的，而且是顾客所崇拜尊敬的。因为不同的名人有不同的崇拜者，不同的目标市场消费者群亦有不同的崇拜明星，推销人员在使用明星提示法时，应注意向不同的顾客提示不同的明星，不被顾客接受的明星反而使推销效果大打折扣，甚至事与愿违。

（3）所提示的明星与其所使用及消费的产品都应该是真实的。为此，应事先做好向明星的推销工作。

（4）所提示的明星与所推销的产品应有必然的内在联系，从而给推销洽谈气氛增加感染力与说服力。

5. 逻辑提示法

逻辑提示法是指推销人员利用逻辑推理劝说顾客购买的方法。它通过逻辑的力量，促使顾客进行理智思考，从而明确购买的利益与好处，并最终作出理智的购买抉择。逻辑提示法符合购买者的理智购买动机。

在运用逻辑提示法时应注意以下几点。

（1）逻辑提示法的适用顾客必须具有较强的理智购买动机。市场营销学研究证明，顾客的购买动机因各种原因而大致分为三大类：理智型、情感型、惠顾型。只有那些文化层次较高、收入一般或财力较薄弱、倾向于条理化思维、意志力强的顾客才可能具有理智型动机，因而可以对他们运用逻辑推理提示法。而倾向情感型购买动机与惠顾型购买动机的顾客，则不适用这种方法。

（2）要针对顾客的生活与购买原则进行推理演示。在同属于理智型购买动机的顾客群内，不同身份、不同职业的人有不同的动机内容、不同的逻辑思维方式、不同的购买推理逻辑与准则。因此，推销人员应尽最大可能分析了解顾客的个性倾向、人生哲学；了解顾客思考问题的方法、模式与标准；了解顾客具体的购买动机与购买逻辑，从而说服顾客购买。

（3）做到以理服人。不符合科学伦理的强词夺理是不能服人的。逻辑推理之所以有力量，也就是因为它是科学的，符合与强调科学伦理的。

（4）掌握适当的推销说理方式，发挥逻辑的巨大作用。

（5）洽谈过程中应做到情理并重。人总是有情有义有欲望的，因此，推销人员应该把科学的却显得有点干巴巴的逻辑推理与说服艺术结合起来，对顾客既晓之以理，又动之以情，促使顾客的购买行为合理化，从而使顾客较快地采取购买行为。

小知识

下面两段逻辑提示就很有说服力。

"现在市场竞争激烈，各企业都希望降低生产成本，我们这种材料能降低生产成本，提高贵厂产品的市场竞争力，贵厂应该采用这种新型材料。"

"目前市场不景气，各企业都在努力开拓市场，找一家有实力、有水平的广告公司协助策划宣传是应该的、有利的。"

资料来源：邱训荣. 推销技巧[M]. 南京：东南大学出版社，2004.

6. 积极提示法

积极提示法是指推销人员用积极的语言或其他积极方式劝说顾客购买所推销产品的方法。所谓积极的语言与积极的方式，可以理解为肯定的正面的提示、热情的语言、赞美的语言等会产生正向效应的语言。例如，"欢迎参加我们社的旅游团，既安全又实惠，所看景点又多又好""你看，这是摩托车手参加比赛的照片，小伙子们多神气！他们戴的是我们公司生产的头盔。"

在运用积极提示法时应注意以下几点。

（1）可以用提示的方式引起顾客注意，先与顾客一起讨论，再给予正面的、肯定的答复，从而克服正面语言过于平淡的缺陷。

（2）坚持正面提示，绝对不用反面的、消极的语言，只用肯定的判断语句。

（3）所用的语言与词句都应是实事求是的，是可以证实的。

7．消极提示法

消极提示法是指推销人员不是用正面的、积极的提示说服顾客，而是用消极的、不愉快的，甚至是反面的语言及方法劝说顾客购买产品的方法。例如，"听说了没有，过了 60 岁，保险公司就不受理健康长寿医疗保险，到那时要看病可怎么办？"用的就是消极提示法。

消极提示法包括遗憾提示法、反面提示法等，它运用了心理学的"褒将不如贬将、请将不如激将"的道理，因为顾客往往对"不是""不对""没必要""太傻了"等词句的反应更为敏感。因此，运用从消极到不愉快，乃至反面语言的提示方法，可以有效地刺激顾客，从而更好地促使顾客立即采取购买行为。但消极提示法比较难以驾驭和把握，实施时应注意以下几点。

（1）明确适用对象。反面提示法只适用于自尊心强、自高自大、有缺陷但不愿让人揭短、反应敏感、爱唱反调的顾客，而对于反应迟钝的顾客不起作用。但是对于特别敏感的顾客又会引起争执与反感。因此，分析顾客类型选准提示对象成为成功运用这个方法的关键。

（2）刺激要适度。语言的运用要特别小心，做到揭短而不冒犯顾客，刺激而不得罪顾客，打破顾客心理平衡但又不令顾客恼怒。

（3）提示要针对顾客的主要购买动机。推销人员应在反面提示后，立即提供一个令顾客满意的解决方案，使推销人员的坦率、善意与服务精神打动顾客，形成良好的洽谈氛围，将洽谈引向交易。

8．联想提示法

联想提示法是指推销人员通过向顾客提示或描述与推销有关的情境，使顾客产生某种联想，进而刺激顾客购买欲望的洽谈方法。

案例 4-12

一位推销灯光设备的推销员对顾客说："这些光彩夺目的灯光设备，在白天您可能感觉不到它的好处，但是夜幕降临时，可以使所有的行人都看到贵店的橱窗。如果不安装这些灯光设备，即使人们从你的橱窗外面经过；也注意不到橱窗里的展品。反之，安装了这些灯光设备之后，会使贵店的外观比对面的商店显得更舒适、温馨。耀眼的灯光照射在橱窗内的展品上，行人都会清楚地看到。您想一想，要是这些灯光设备能为您吸引成千上万的顾客，那您能多做多少生意啊！"

资料来源：张晓青，高红梅．推销实务[M]．大连：大连理工大学出版社，2007．

问题：案例是如何达到强化顾客购买欲望的？

【启示与思考】

这一方法中，推销人员向顾客勾画出梦幻般的情境，让顾客去想象，使产品更具有吸引人的魅力，从而达到强化顾客购买欲望的良好效果。

联想提示法要求推销人员善于运用语言的艺术去表达、描绘，避免刻板、教条的语言，也不能采用过分夸张、华丽的词藻。这样，提示的语言方能打动顾客，感染顾客，让顾客觉得贴切可信。

（三）演示法

日本丰田汽车公司一个不可动摇的原则是："一个优秀的推销人员不只靠产品说话，而且要善于利用各种推销工具。"通常，顾客是听凭推销人员对产品的介绍来购买产品的，如果推销人员备有促进推销的小工具，则更能吸引顾客，激发他们的兴趣和好奇心，引发他们的购买欲。并且人们有"耳听为虚、眼见为实"的心理，演示法正是很好地抓住了人们的这种心理。

演示法又称直观示范法，是推销人员通过实际操作推销产品或者辅助物品或服务，如让顾客通过视觉、味觉、嗅觉和触觉直接感受推销品信息，最终促使顾客购买推销品的洽谈方法。演示法主要有以下几种。

1．产品演示法

产品演示法是指推销人员通过直接向顾客展示产品本身说服顾客购买的洽谈方法。推销人员通过对产品的现场展示、操作表演等方式，把产品的性能、特色、优点表现出来，使顾客对产品有直观的了解。从现代推销学原理上讲，推销品本身就是一个沉默的推销人员，是一个最准确、最可靠的产品信息来源，再生动的描述与说明，都不能比产品自身留给消费者的印象更深刻，可谓百闻不如一见。

产品演示法的作用有两个方面：一是形象地介绍产品，有助于弥补言语对某些产品，特别是技术复杂的产品不能完全讲解清楚的缺陷，产品演示法通过产品本身生动形象地刺激顾客的感觉器官，使顾客从视觉、嗅觉、味觉、听觉、触觉等感觉途径形象地接受产品，起口头语言介绍所起不到的作用；二是起证实作用，产品演示法可以制造一个真实可信的推销情境，直观了解胜于雄辩。

运用产品演示法时应注意以下几点。

（1）做好演示前的准备。包括场地选择和布置，道具准备；演示过程进行专门的设计，达到演示最佳水平；推销人员最好提前反复演练，让自己专业化。

（2）重视演示中的互动沟通。演示过程为顾客提供最佳的沟通时机，一方面引导顾客认识需求，如卖豆浆机的推销员，在演示开始可以问顾客："你是否觉着自己做豆浆是件很麻烦的事情？""又担心外面的豆浆不安全？"另一方面，在演示的过程中及时把握潜在顾客的反馈信息。问顾客"你是不是觉得我刚才的操作很简便？"或"你是不是觉得我刚才榨的豆浆味道不错？"最后还要积极鼓励顾客参与演示，使顾客亲身体验产品的优点，从而产生认同感与占有欲望。

（3）尽量针对顾客具体需要逐步演示产品的各个方面。

（4）产品演示应该与商品介绍相结合，也就是最好是边演示边讲解，并注意演示的气氛与情境效应。

（5）给示范动作增添喜剧性，从而增加顾客的印象，演示时要重点突出推销品的特殊功能与主要的差别优势，以取得良好的演示效果。

（6）注意演示时肢体语言。例如，自信的眼神、真诚的微笑、引导顾客的不同的手势、吸引注意力的语气。

但是，产品演示法的运用也有一定的局限性，对于过重、过大、过长、过厚的产品以及服务性产品等，不适合采用实际产品现场演示法，但可以采用产品模型或样本演示的方式。随着信息技术的发展，有些企业将自己的产品做成动画形式进行展示也是不错的选择。

案例4-13

人们在车站、码头、街口等处常可以见到这样的情境：一些推销人员站在显眼处，从口袋里掏出一瓶脏油水倒在手帕上，顿时把一块干净的手帕弄得很脏，但还不罢休，又把手帕扔在地上，用鞋底来回搓、踩，然后卖货人拾起脏手帕，又掏出另一瓶什么清洁剂倒一点在手帕上搓了几下，放在一碗清水（先喝了一口，证明无其他物质）里洗了洗，取出来又是一块洁白的手帕。

资料来源：http://baike.baidu.com/view/4379351.htm

问题：推销人员用到什么方法达到说服的效果？

【启示与思考】

在上述案例中，推销人员用事实证明了推销品的功能和真实可信，这是语言提示所无法表述的信息。

2. 文字与图片演示法

文字与图片演示法是推销人员展示以赞美与介绍产品的图片或文字等劝说顾客进行购买的方式。在不能或不便直接展示产品的情况下，推销人员通过向顾客展示推销品的文字、图片、图表、音像等资料，能更加生动、形象、真实可靠地向顾客介绍产品。在借助音像影视设备来展示产品时，会做到动静结合、图文并茂，收到良好的推销效果。

案例4-14

小李是一家家庭装饰公司的销售员，在接待顾客时，小李总是首先询问顾客对房间装饰的总体想法，了解各房间尺寸，然后通过电脑软件将装饰后的效果显示在电脑屏幕上让顾客看。由于顾客能够在房屋未完成装饰前就看到装饰后的效果，因此顾客很容易接受小李的建议，往往在与小李的洽谈中就签订了装饰协议。

资料来源：邱训荣. 推销技巧[M]. 南京：东南大学出版社，2004.

问题：该案例对推销人员推销不能或不便直接展示或用语言难以说明的产品时有何

启发？

【启示与思考】

在不能或不便直接展示或用语言难以说明的产品的情况下，推销人员要根据洽谈的实际需要，广泛收集相关的文字、图片资料，展示给顾客，如案例中通过电脑软件将装饰后的效果显示在电脑屏幕上让顾客看，这样能收到良好的推销效果。

三、推销洽谈的技巧

推销洽谈的技巧巧妙运用可以起到事半功倍的作用，能够顺利化解僵局，最终使双方达成一致。

（一）倾听技巧

倾听技巧就是在推销洽谈的过程中，推销人员不要一味地口若悬河，不给顾客表达自己思想的机会，而要善于倾听的一种策略。在推销谈判中，倾听能发掘事实真相，探索顾客的真实想法，并且通过倾听能够赢得顾客的好感，容易判断顾客的意图，减少推销中的失误。所以，听往往比说还重要。

推销人员在倾听顾客谈话时要做到以下几点。

（1）听时要专注，保持良好的精神状态。避免急于表现、急于反驳或者先入为主等原因随意打断对方的谈话。

（2）听时要鉴别。要善于听出顾客言语中所蕴涵的观念和用意，若顾客故意含糊其辞，则可以要求对方解释清楚。在听的时候也要注意观察，确定说话人的眼睛、身体和脸传递出的信号是否与他的声音、语言一致。如果不一致，要仔细弄清楚。

（3）使用开放性动作给予反馈。如果想博得说话者的好感，最好让对方知道自己在听，在认真地听，将倾听信息反馈给说话者，从而将尊重、鼓励说话者的信息传递出来。具体表现在：目光交流、真诚的微笑、不时地点下头给说话者以鼓励，给予对方理解其观点的信息。但要注意这样的动作不要过频，注意适可而止。

（4）适度追问、复述和沉默。追问的目的是鼓励说话者以寻求更多的信息。追问时注意在理解对方信息的基础上提问，注意追问时机，过早追问会打断对方的思路，而且不礼貌；过晚追问会被认为精神不集中或未被理解，也会产生误会。复述是指准确间接地重新表达对方的意见，这样做不仅可以检验自己是否正确理解了说话者的意图，还可以鼓励对方对他的表达做更为详细的解释，且表现出自己在仔细倾听。复述首先不要打断别人，等耐心听人说完再复述，否则容易引起别人反感。其次，要弄清对方的中心思想。复述是对倾听的内容加以组织而不是评价对错，当倾听者忍不住把别人的话归入"不正确"之类时，可以先要求对方澄清细节之后再下结论。如果对方提不出所有的实证，不要质问与反驳，那样会堵住所有的交流渠道，尤其公众场合更要注意这一点。再次，可以重复几个关键词，总结中心思想。这看似简单却很难做到。总结不当，就可能误解别人的意思。因此，可以用委婉的复述来达到目的，弄清对方到底在谈论什么，并让对方明白倾听者的友善，也给对方留有余地来缓和气氛。当倾听者沉默寡言但保持良好的目光接触且不时点头或以微笑相回应时，说话者的感觉是倾听者对我支持或者信任。当倾听者长时间沉默不语，但目光较长时间固定且表情与说话者所要表达的情感相符合时，十有八九倾听者被打动了。沉默有诸多有益的作用，尤其对方说话刻薄，自己情绪不好时，沉默可以给双方思考时间，促进思考和反省，但也有消极的作用，需灵活把握。

案例4-15

江南某县的一家食品杂货店已开了三十多年，至今兴盛不衰。曾有人问那老掌柜，现在到处都是大小超市、购物中心。你的店为何在激烈的竞争中还能如此兴隆呢？

老人说，在我有生之年，这店一定能开下去，因为我有一种如今已经近乎绝迹的服务——陪顾客聊天，听顾客发牢骚。客人来买肉，常说如今的猪肉不但价格贵，而且味道不如先前的香，于是我就与他们聊现在化肥使用太多，啥都不好吃；有人来店说起外边农贸市场的商贩短斤少两，坑害消费者，我就叹世风日下，人心不古。

通过与顾客聊天，不但让他们发泄了不满情绪，认为你是最理解他们的人，而且可以从中了解他们的消费需求，及时调整我店里的货物品种与价格。如此一来，回头客就多了，特别是一些中老年人。

资料来源：曾亚波，李严. 专听顾客牢骚话也是促销好方法[J]. 现代营销，2001（8）.

问题：为什么听别人闲聊也能有助于销售呢？

【启示与思考】

现代社会上的人，面对的各种压力都是空前的，因此发发牢骚，表达一下不满，也是一种缓解、一种精神需求，这就需要有人倾听。明智的推销人员，应多听听，虽然听到的有时是难听的牢骚话，而收获的却是顾客的心。聆听和任何一种技能一样，都需要不断练习，并在日常生活和工作中不断运用，才能提高这一技能。不用怀疑，优秀的聆听技能是推销人员不可缺少的技能。

（二）提问技巧

销售中最好的沟通方式就是把你想说的话设计成问题，抛给顾客，然后顾客通过回答你的问题，自己说出他想要的东西，也就是让顾客自己说服自己，自己成交自己。像主持人一样"抛砖引玉"，我们拜访顾客前设计好的问题就是"砖"，拜访顾客时就可以结合当下的情景抛出问题，引导顾客说出他的需求的那块"玉"。即通过向潜在顾客提问，实现下列目标：

（1）加深对潜在顾客可能的需求、问题、麻烦和愿望的了解。

（2）继续推动潜在顾客进一种能更深入了解、看见和感受自己需求、问题、麻烦和愿望的状态。

（3）让潜在顾客用自己的语言描述需求和问题，以便推销人员在随后发表的建议中转引。

具体如何操作呢？推销人员可以在拜访顾客之前，或在即将展开一场洽谈之前，先试试"设计问题"。问题可以包括几类。

1. 根据自己的优势和潜在顾客的需求设计的开放性问题

推销人员首先总结出个人、公司、产品的独特优势，但这些优势带来的好处不一定是全部顾客需要的，"放之四海而皆准"的东西是没有价值的。例如，你认为大公司能给顾客带来影响力，而这个顾客在当地已经是老大了，他喜欢和小公司合作，享受那种受尊重、受重视的 VIP 感觉，所以你的大公司有实力这个好处在他的面前没有价值了。关键是要从客户的痛点中，找出那些与我们的独特优势相匹配的痛点。把我们的优势跟顾客的痛点搭一座桥梁，用开放式问题把它们连起来。之所以要使用开放性的问题，是因为这样的提问方式不会让客户产生厌烦的情绪，让顾客透露自己更多的想法，同时确认顾客是否存在这个需求，你才可以有的放矢。

2. 加强潜在顾客需求的假设性杠杆问题

如果客户有与我们相关的需求，就要用"杠杆式"假设性问题，进一步放大加强需求的重要性和紧迫性。这样你所拥有的独特优势才有价值，否则没有价值。创建这类问题的方法很简单：列一个因未使用你的产品可能导致的损失或问题的清单，然后为每个损失或问题想一个问题，各个问题必须具体、形象，能让潜在客户即刻感受到遭遇该损失或问题的痛苦。可以使用下列提问句式。

"……那时，您会怎么做？"

"……那时，您会如何处理？"

"……跟我讲讲是否您有这样的时刻……"

"……时，____会受到什么影响？"

"您会因为……而感到尴尬吗？"

3. 蕴含价值的问题

类似地，可以通过讲述你曾帮助人解决的某个问题，向潜在客户渗透产品或服务的一个好处，然后询问潜在顾客是否也有类似经历。

"我的大部分顾客都曾遇到过无法按时收到货物的情况，您是否也有类似经历呢？"

"很多人觉得既然信息已经存储在计算机内，还要每天都填写同样的表格很麻烦，您的员工对重新录入数据的看法是怎样的？"

这样的问题会让听者在脑海中描述出一幅故障画面，能让他们生动地看到和感觉到问题导致的不便。如果他们认可问题存在，那么就正好可以毛遂自荐帮他们解决问题。引入第三方例子可以起到关键作用，效果要远远好于直接告诉潜在顾客你可以解决他们的问题。

4. 信息深挖性问题

当提问时，你听到的第一个答案仅仅是"冰山理论"中冰山的尖角，隐匿于水平面以下的东西才是精华，是你真正能利用的资源，也是隐藏在第一个答案背后的真实理由。人们不买东西是因为他们告诉你的第一个答案，而他们购买东西是因为第一个答案背后的理由。推销人员只有获得背后的信息才能帮其揭开潜在顾客或顾客的真正需求，才是我们需要用来帮助他们购买产品或服务的信息。例如，推销人员问潜在顾客："您在评价服务方案时参照的标准是什么？"潜在顾客："我们非常看重服务方案中准时送达设计这一项。"推销人员可以先不说："哦，让我告诉你我们公司在准时送达这一项的表现。"而改为说："请告诉我为什么您认为这是最重要的因素好吗？""您期望的东西是什么样的？""除了这一项还有您认为很重要的吗？"也就是如果能这样继续深挖问题，连续多问几个问题，更深层次、更具体清晰、更全面挖掘和放大潜在顾客的烦恼感觉，就能收集到更好的信息，帮助自己精准定位潜在顾客的需求，成功激发对方更多情感，从而提高卖出产品的成功概率。

📚 小知识

尼尔·雷克汉姆先生的 SPIN 销售法是在 IBM 和 Xerox 等公司的赞助下通过对众多高新技术营销高手的跟踪调查提炼完成的。SPIN 销售法其实就是情景性（Situation）、探究性（Problem）、暗示性（Implication）、解决性（Need-Payoff）问题四个英语词组的首位字母合成词，该方法指在营销过程中职业地运用实情探询、问题诊断、启发引导和需求认同四大类提问技巧来发掘、明确和引导客户需求与期望，从而不断地推进营销过程，为营销成功创造基础的方法。

根据研究显示，成功的销售人员所采用的 SPIN 推销模型程序大致如下：

1. 利用情况性问题（Situation Questions）（例如先生从事什么职业？……）来了解客户的现有状况以建立背景资料库（收入、职业、年龄、家庭状况……），从业人员透过资料的搜集，方能进一步导入正确的需求分析。此外，为避免客户产生厌烦与反感，情况性问题必须适可而止的发问。

2. 销售人员会以难题性问题（Problems Questions）（如你的保障够吗？对产品内容满意吗？……）来探索客户隐藏的需求，使客户透露出所面临的问题、困难与不满足，由技巧性的接触来引起准客户的兴趣，进而营造主导权使客户发现明确的需求。

3. 销售人员会转问隐喻性问题（Implication Questions）使客户感受到隐藏性需求的重要与急迫性，由从业人员列出各种线索以维持准客户的兴趣，并刺激其购买欲望。

4. 一旦客户认同需求的严重性与急迫性，且必须立即采取行动时，成功的从业人员便会提出需求—代价的问题（Need-payoff Questions）让客户产生明确的需求，以鼓励客户将重点放在解决方案上，并明了解决问题的好处与购买利益。

然而，并不是所有销售情况都会遵照 SPIN 推销模型的发问顺序，例如，当客户立即表达明确的需求时，销售人员可以立即问需求—代价的问题；有时候销售人员在询问隐喻性问题以探索隐藏性需求的同时，需辅以情况性问题来获取客户更多的背景资料。但是大致而言，多数的销售拜访会遵循 SPIN 模型的发展。

资料来源：http://baike.so.com/doc/6076226-6289305.html

（三）回答技巧

在推销洽谈中，对于顾客的提问，推销人员首先要坚持诚实的原则，给予客观真实的回答，赢得顾客的好感和信任。但是，有时顾客为了自己的利益，提出一些难题或者是涉及企业秘密的问题，推销人员就应该使用一些技巧来回答。回答顾客提问时有以下技巧：（1）谈之前应做好准备，预先估计对方可能提出的问题，回答要言简意赅，通俗易懂，有条有理。（2）对不便回答的问题，应使用模糊语言或回避问话中的关键问题或转移话题等；也可采取反攻法，要求对方先回答自己的问题，或者找借口，找些客观理由表示无法或暂时无法回答对方问题。（3）倘若对方言辞激动、情绪激昂，为避免直接的冲突，推销人员要用幽默的语言，委婉含蓄地表达，避免出现僵局，使洽谈破裂。

有些擅长应答的谈判高手，其技巧往往在于给对方提供的是一些等于没有回复的答复。以下便是一些实例：

"在答复您的问题之前，我想先听听贵方的观点。"

"很抱歉，对您所提及的问题，我并无第一手资料可作答复，但我所了解的粗略印象是……"

"我不太清楚您所说的含义是什么，请您把这个问题再说一下。"

"我的价格是高了点儿，但是我们的产品在关键部位使用了优质进口零件，延长了产品的使用寿命。"

"贵公司的要求是可以理解的，但是我们公司对价格一向铁腕政策。因此，实在无可奈何。"

第一句的应答技巧，在于用对方再次叙述的时间来争取自己的思考时间；第二句一般属于模糊应答法，主要是为了避开实质问题；第三句是针对一些不值得回答的问题，让对方澄清他所提出的问题，或许当对方再说一次的时候，也就寻到了答案；第四句和第五句，是用"是……但是……"的逆转式语句，让对方觉得是尊重他的意见，最后话锋一转，提出自己的看法，这叫"退一步而进两步。"

（四）僵局处理技巧

在推销洽谈中，经常会出现推销人员与顾客互不相让的僵持局面，使洽谈无法进行下去，甚至导致洽谈不欢而散，无法取得交易的成功。形成僵局的原因很多，只要我们掌握一些处理僵局的技巧，问题就会迎刃而解。

（1）要尽量避免出现僵局。推销人员是卖家，在买方市场的环境中，卖家更应积极主动设法避免僵局的出现，有时需要暂时放下既定目标，在原则允许的前提下，小范围地妥协退让，这也是一种高姿态的表现，这样做可以避免僵局的出现。此外，一旦推销人员发现现场气氛不对或者对方略有不满时，应该尽量寻找轻松和谐的话语，对于实在不能让步的条件可以先肯定顾客的部分意见，在大量引用事实证据的基础上谦虚、客气地列出问题的客观性来反驳对方，使其知难而退。

（2）要设法绕过僵局。在洽谈中，若僵局已形成，一时无法解决，可采用下列方法绕过僵局：暂时放下此问题，避而不谈，待时机成熟之后再商定；在发生分歧，出现僵局时，推心置腹交换意见，化解冲突；邀请有影响力的第三者作为公立方调解。

（3）打破僵局。在僵局形成之后，绕过僵局只是权宜之策，最终要想办法打破僵局。打破僵局的方法有：① 扩展洽谈领域。单一的交易条件不能达成协议，把洽谈的领域扩展，如价格上出现僵局时，可将交货期、付款方式方面适当让步。② 更换洽谈人员。在洽谈陷入僵局时，人们为了顾全自己的面子和尊严，谁也不愿先让步，这时，聪明的推销团队会暂时停止洽谈，更换另外的推销人员再次进行洽谈。③ 让步。在不过分损害己方利益时，可以考虑以高姿态首先做一些小的让步。

任务总结

按照推销的一般步骤，张伟在成功接近顾客之后，即进入推销洽谈阶段。他认为在整个推销程序和过程中，推销洽谈是一个关键性的阶段，是极其重要的环节。他对推销洽谈体会如下。

（1）推销洽谈是一个复杂的、具有丰富内容和循序渐进的活动过程。整个推销洽谈的过程包括四个阶段：准备阶段、开局阶段、讨价还价阶段或磋商阶段、结束洽谈或成交阶段。

（2）要使推销洽谈顺利进行，必须进行充分的准备。推销洽谈前的准备工作主要包括掌握有关信息、确定洽谈目标、拟订洽谈方案等。

（3）俗话说："良好的开端等于成功的一半"，洽谈开局成不成功，将在很大程度上决定洽谈最终目标的达成。那么，如何才能拥有一个良好的开局呢？首先，应该对洽谈的原则有一个很好的把握，步步为营，不能让对方牵着鼻子走；其次，应根据对对方的了解和洽谈的需要，制定切实可行的洽谈步骤；再次，应该主动控制洽谈的进程，不能一开始就乱了方寸。

（4）推销洽谈是一项很复杂的工作，既需要推销洽谈人员有较深的专业知识，又要求其掌握一定的洽谈方法、策略和技巧。

业务技能自测

一、判断题

1. 推销洽谈的最优目标是通过洽谈要达到最理想的目标，一般达不到，所以设置时越高越好。（　　）

2. 老太太买李子的故事说明顾客第一时间说出想要的东西并一定是顾客的真正深层次需求。（　　）

3. 什么时候顾客想谈价格，我们就要开始价格磋商。（　　）

4. 黑白脸策略只能一个人扮演"黑脸"，一个人扮演"白脸"。（　　）

5. 开场陈述只是原则性、非具体的。（　　）

二、选择题

1. 挑选和组建谈判团队时应注意（　　）方面。

　A. 谈判人员之间权责清晰、分工明确、知识结构和性格结构配合良好

　B. 最好是派出与对方同等职务、年龄相近的洽谈人员

　C. 费用与成本的经济性

　D. 整体配合的精干与高效

2. 关于推销洽谈目标说法正确的是（　　）。

　A. 每次拜见潜在顾客时都应该有自己的洽谈目标

　B. 洽谈目标只能是结果性目标，不可以是过程性目标

　C. 目标应尽量具体，可衡量、可实现程度等

　D. 多重目标时要对目标重要性排序，分清轻重，相互不冲突

3. 开局阶段的任务包括（　　）。

  A．建立恰当的谈判气氛　 B．明确谈判的议题

  C．初步表达自己的意向和态度　 D．报价

4．报价时应该做到（　　　）。

  A．报价应遵循最高可行价原则　 B．表达清楚、明确

  C．态度坚定、果断　 D．对报价不加解释和说明

5．为了更深挖掘潜在顾客的想法，准确把握潜在顾客的需求，在提问时尽量做到所获得的信息（　　　）。

  A．具体、清晰　 B．深入　 C．粗略、局部　 D．全面

6．积极倾听表现在（　　　）。

  A．听时要专注，保持良好的精神状态　 B．听时要鉴别

  C．使用开放性动作给予反馈　 D．适度追问、复述和沉默

7．在和潜在顾客沟通时，为激发顾客的需求，我们经常可以设计的问题有（　　　）。

  A．根据自己的优势和潜在顾客的需求设计的开放性问题

  B．加强潜在顾客需求的假设性杠杆问题

  C．蕴含价值的问题

  D．信息深挖性问题

思考与讨论

1．如何制定推销洽谈方案？

2．推销洽谈的方法有哪些？各有哪些特点及应该注意哪些问题？

3．推销洽谈的技巧有哪些？请任选其中一种加以说明。

实训题

项目一　推销洽谈模拟

【实训目标】

1．培养学生掌握推销洽谈的方法，并能灵活运用。

2．培养学生掌握推销洽谈的策略，并能灵活运用。

【实训内容】

  模拟演练推销洽谈。任选一单位，假如这个单位准备建一大型机房，你是一家电脑公司的推销人员，你将如何做？

【实训要求】

1．要求学生充分了解推销洽谈要做什么样的准备工作。

2．要求学生在推销洽谈中灵活运用推销洽谈的方法及技巧。

3．要求老师对学生的情景模拟进行点评。

【组织与实施评价】

1．学生分组，每组 4～6 人。

2．设计简单的推销洽谈方案，运用的推销洽谈方法与技巧不能少于 3 种。

3．小组两两结合进行模拟操作。

【考核要点】

1．对象和询问的问题、灵活应变能力、语言表达能力等。

2．从推销洽谈方案策划书的格式、方案创意、可行性、完整性等方面进行考核。

3．对个人在实训过程中的表现进行考核。

项目二　朱荣光如何才能双赢

【实训目标】

1．训练学生如何把握商务谈判的目标与原则。

2．商务谈判各环节及全过程的具体运用。

【实训内容】

朱荣光是飞宇制帽公司的销售代表，他马上就要与宏大旅游公司的客户代表钱程会晤。最近宏大旅游公司准备在杭州西湖召开销售人员大会，需要订购一大批印有公司标志的太阳帽。谈判前，朱荣光的上司彭经理明确告诉他，需要运用双赢的策略，获得客户的承诺。

在前几次会晤中，朱荣光与钱程已经讨论了以下有关事项。

◇　宏大旅游公司需要 600 顶太阳帽，以供召开销售人员大会时使用。

◇　去年宏大旅游公司向辉煌制帽公司订购的太阳帽，其单价是 15 元。

◇　宏大旅游公司希望购买橙红色的太阳帽，因橙红色是宏大旅游公司的标志色彩。

为了使谈判能够迅速有效地进行，朱荣光对客户的需求、产品特征以及客户的利益等作出了全面分析，如表 4-2 所示。

表 4-2　客户需求及产品特征等信息分析

已知客户需求	特　征	利　益
太阳帽将在销售大会上使用 宏大旅游公司需要能表现公司专业形象的太阳帽	加印宏大旅游公司标志并采用橙红色	使人一目了然，记住宏大旅游公司的标志与色彩
宏大旅游公司去年订购的太阳帽，没有凸显的标志与色彩，用的面料不透气	采用新式面料	保证透气性，从而使戴帽者不头晕
客户每年需要召开两次销售人员大会，并且游客也需要各种太阳帽。但是宏大旅游公司希望降低太阳帽的运费以及单价	承诺长期经营太阳帽业务	降低太阳帽的运费，每顶帽子可以节省 0.30 元 保证持续性的服务。客户即时订购，公司即时发货

朱荣光与彭经理拟订了初步题案。

商品及服务条件：

◇　600顶太阳帽。

◇　选用色卡上的橙红色（为宏大旅游公司定制）。

◇　10天内送抵客户需要地点。

◇　票期30天。

◇　每顶太阳帽20元。

【实训要求】

1. 朱荣光是否根据双赢销售谈判的要求进行了准备？

2. 如果朱荣光想获得谈判成功的话，他还需要做什么？

3. 朱荣光是否设定了谈判的目标与底线？

4. 朱荣光在谈判中需要注意的是什么？

5. 本案例给你的启发是什么？

【组织与实施评价】

1. 学生分小组制定谈判可行方案。

2. 情境模拟与角色扮演：学生可以分成朱荣光（卖方）与钱程（买方）进行模拟谈判练习。

【考核要点】

1. 每个人的谈判可行方案可作为一次作业，评定成绩。

2. 由教师与同学根据班级讨论中的表现评定成绩。

案例分析

案例一　保险行销皇后的销售演练

陈明利是新加坡乃至东南亚的保险行销皇后，在一次保险业行销论坛上，我与陈女士在没有任何准备的情况下，现场进行销售演练（假如我是比尔·盖茨，陈女士是保险销售员），场面精彩非凡，以下是当时的对话。

陈：比尔·盖茨先生，我知道您是全世界上最有钱的人，您的钱几代人都花不完，您知道为什么您这么成功吗？

孟：会赚钱。

陈：没错，您不但会赚钱，我听说您还是全世界最有爱心的人。可是您是不是也承认，生意有起有落，您也经历过一些风浪，经历过一些低潮，对吗？

孟：对。

陈：那么当您经历低潮的时候，您有没有想过，您还是希望对这个世界的爱心能够继续下去？

　　孟：对。

　　陈：不管您这个人在不在，是不是？

　　孟：对。

　　陈：那么如果比尔·盖茨先生，我能够提供给您一个计划，就是说您不用自己掏口袋里的钱，而且即使您不在世了，也会有很多穷人因为您而得到帮助。您愿意听听吗？

　　孟：当然。

　　陈：那么，比尔·盖茨先生，您觉得慈善应该用多少金钱才够？

　　孟：是我资产的一半。

　　陈：资产的一半，非常好。那么比尔·盖茨先生，现在我这个情况就是，您只要投保一份您资产一半的保额的保险，而这个保险是以您的名义，不管您人在不在世，这份保单将会提供给全世界不幸的儿童。并且，因为您的不在，全世界因为失去您这位巨人，会有许多儿童永远永远、世世代代地怀念您的爱心基金，您觉得这个计划好不好？

　　孟：OK，谢谢！

资料来源：孟昭春. 成交高于一切[M]. 北京：机械工业出版社，2010.

分析思考：

1．模拟演练中都包括哪些种类的提问？

2．我们应从中得到哪些启示？

案例二　他为什么后悔

　　一名叫安古斯·麦克塔维希的生意人想换一艘游艇，正好他所在的游艇俱乐部的主席想把自己的游艇出售，再买更大的，他表示有兴趣买下主席先生的游艇，两人谈得很投机。"你出个价吧！"主席先生说。安古斯·麦克塔维希小心翼翼地报了一个价格："我凑到手的钱只有14.3万镑，你看怎么样？"其实，他有14.5万镑，他留了余地以准备讨价还价。没想到对方很爽快："14.3万镑就14.3万镑，成交了！"可是安古斯·麦克塔维希的高兴仅仅维持了几分钟，他就开始怀疑自己上当了，那艘游艇他横看竖看总觉得有问题。十多年来，每当他提起这笔交易时，总认为是自己上当了。

　　安古斯·麦克塔维希为什么会后悔呢？

　　安古斯·麦克塔维希之所以仅仅高兴了几分钟就开始后悔，一方面是对方让步太快，以致使他有自己是否开价太高了的感觉；另一方面是在没有真正把握对方意图和想法的时候，就作出价格让步，让他感到利益受损了。

资料来源：http://www.docin.com/p-583112466.html，2010年9月

分析思考：

　　假如你是游艇俱乐部的主席，在价格谈判时，你将如何控制价格让步节奏，既达成交易，又使得客户满意？

学习情境五　处理顾客异议

知识目标

◇　理解顾客异议的概念、类型及成因。
◇　了解处理顾客异议的原则和策略。
◇　掌握处理常见顾客异议的方法与技巧。

技能目标

◇　具有在推销过程中正确看待客户异议的能力。
◇　具有能够准确判断客户异议类型的能力。
◇　具有能准确把握处理客户异议的时机、巧妙运用各种处理方法和技巧的能力。

导入案例

顾客异议的表现

顾客："嗯，听起来不错，但我店里现在有 7 个品牌的 21 种型号的牙膏了，没地方放你的高露洁牙膏了。"

顾客："这种鞋设计太古板，颜色也不好看。"

顾客："万达公司是我们的老关系户，我们没有理由中断和他们的购销关系，转而向你们公司购买这种产品。"

顾客："给我 10%的折扣，我今天就给你下订单。"

顾客："算了，连你（推销人员）自己都不明白，我不买了。"

顾客（一中年妇女）："我这把年纪买这么高档的化妆品干什么，一般的护肤品就可以了。"

上述案例是推销过程中常见的顾客异议，每一位推销人员都应该充分认识到：不同的顾客有不同的推销异议，只有充分地了解顾客的异议，才能运用相应的方法和技巧，成功地处理顾客的异议。

资料来源：刘文广. 现代推销技术[M]. 北京：中国财政经济出版社，2000.

任务一　弄清顾客异议的类型与成因

任务引入

张伟在公司销售部当推销员一段时间后，一天，他决定拜访公司的老客户，因为他知道老客户是公司的生命线，于是首先去拜访一个重要的顾客。没想到他刚走进顾客公司的会议室，立即进来了几十个年轻人，他们争先恐后地抱怨起来，有的说他们公司的产品质量不好，有的说产品与说明书不符，有的说他们是骗人公司，原先答应的售后服务根本没有那么一回事，有的干脆要求退货等。听到这些抱怨张伟应该怎么办呢？

任务1：张伟需要理解顾客异议的内涵。

任务2：张伟需要掌握顾客异议的类型与成因。

任务分析

在推销洽谈过程中，顾客往往会提出一些意见、问题甚至是相反的看法，并以这些作为拒绝购买的理由。推销人员应该明确，顾客提出异议是正常现象，它既是成交的障碍，也是成交的信号。推销劝说是推销人员向顾客传递推销信息的过程，而顾客异议则是顾客向推销人员反馈信息的过程，它几乎贯穿于整个推销活动中。因此，正确对待并妥善处理顾客所提出的有关异议，是现代推销人员必须具备的能力。推销人员只有正确分析顾客异议的类型和产生的原因，并针对不同类型的异议，把握处理时机，采取不同的策略，妥善加以处理，才能消除异议，促成交易。

知识链接

一、顾客异议的概念

在实际推销过程中，推销人员经常遇到"对不起，我很忙""很抱歉，我没有时间""这些商品真的像你说的那样好吗？""价格太贵了""质量能保证吗？"等被顾客用来作为拒绝购买推销品的回答，这就是顾客异议。顾客异议是指顾客针对推销人员及其在推销中的各种活动所做出的一种反应，是顾客对推销品、推销人员、推销方式和交易条件发出的怀疑、抱怨，提出的否定或反对意见。

推销人员应如何对待顾客异议呢？顾客异议通常表现在口头上，它客观地存在于推销过程之中。推销人员必须明白，顾客提出异议是推销过程中的必然现象。俗话说："嫌货人才是买货人""褒贬是买者，喝彩是闲人"。任何一个顾客在购买产品的时候，不提任何意见，只说"好、很好"，然后就买，这种情况是不多见的。不提反对意见的顾客往往是没有购买欲望的顾客。从实质上看，尽管顾客异议一定程度上是推销的障碍，但顾客异议本身也是一种购买的前奏和信号。全美"最伟大的推销员"乔·吉拉德曾说："客户的拒绝并不可怕，可怕的是客户不对你和你的产品发表任何意见，只是把你一个人晾在一边。所以我一向欢迎潜在客户对我的频频刁难。只要他们开口说话，我就会想办法找到成交的机会。"正确对待并妥善处理顾客所提出的有关异议，是现代推销人员必须具备的能力。推销人员只有正确分析顾客异议的类型和产生的原因，并针对不同类型的异议，采取不同的策略，妥善加以处理，才能消除异议，促成交易。积极对待异议的言论有："我十分理解您的意思，我也有同样的感觉""我很高兴您能提到那一点，××先生""这的确是一个很明智的意见，

××先生，我明白您的疑问。"

案例 5-1

　　推销人员张明去一家商场推销一种包装比较简陋、售价为35元的清洁器。他向经理说明了来意，对方明显表现出不感兴趣的态度。当推销人员把样品呈现给经理看时，他不屑地说："这个小东西就要35元啊，包装还这么差，一看包装就知道不上档次，像劣质产品。"可是推销人员并不在意。他一声不响地从提包里拿出事前准备好的一包碎头发、一团白棉花和一小块地毯。经理及其办公室里的人们都好奇地看着他。推销人员看了大家一眼，然后将碎头发洒在地毯上，又把白棉花团在地毯上搓了搓。接着推销人员对大家说："我们的衣服上，家里的布艺沙发上、地毯上常常会沾上灰尘、头发和宠物的毛发等，这很难清除。即使用清水清洗，有时都很难办。别发愁，大家看……"说着，推销人员拿起清洁器在地毯上来回推了几下，刚才还沾着碎头发和白毛毛的地毯一下子就干净了。再看清洁器的表面，沾满了地毯上的杂物。

　　办公室里的人都感叹清洁器的良好效果。他们有的人还拿过清洁器在地毯上试试，有的把清洁器拿在手上端详。有的人说："包装这么差，还要35元啊，贵了。"

　　推销人员没有正面回答，而是说："这个清洁器是我们公司的专利产品。"说着，他把专利证书的复印件递了过去，说："这是我们的专利证书。乍一看我们的这种清洁器产品，35元好像贵了点，但是他能反复清洗使用5 000多次，平均每次花费不到6分钱。每次花6分钱，就能给我们的生活带来这么大的方便，您说贵吗？我们还替顾客着想，不让顾客花费太多，所以使用最简易的包装，降低了价格。要不它就不会卖30多元了，而是40多元或50多元了。这种生活用品是以实用为主，商品的包装能起到保护商品的作用就够了。顾客花35元购买我们的清洁器，是不用付包装费的。"

　　办公室里的人终于被推销人员说服了，现场订购了500个清洁器。

资料来源：崔利群，苏巧娜. 推销实务[M]. 北京：高等教育出版社，2002.

问题：请问推销人员用哪些方法化解了顾客的异议？

【启示与思考】

　　在该案例中，推销人员灵活地运用了多种处理顾客异议的方法，化解了顾客的异议，从而达成了交易。

二、顾客异议的类型

　　顾客异议往往出于保护自己，其本质不具有攻击性，但它的后果可能会影响推销的成功，有时还可能形成舆论，造成对推销活动不利的影响。要消除异议的负面影响，首先要识别和区分顾客异议的类型，然后针对不同类型的异议，采取相应的办法予以处理。

（一）按照顾客异议指向的客体进行划分

　　按照顾客异议指向客体的不同，可将顾客异议分为以下几种类型，这是最主要的划分方法。

1. 需求异议

需求异议是指顾客提出自己不需要推销人员所推销的产品。它往往是在推销人员向顾客介绍产品之后，顾客首先提出的一种异议。顾客提出这种类型的异议，或许是顾客确实已有或不需要推销的产品，或许是借口，或许是对推销品给自己带来的利益缺乏认识。推销人员应该对顾客的需求异议进行具体分析，弄清顾客提出异议的真实原因。

对需求异议处理的关键是要使顾客相信"推销员推销的产品正是我所需要的，我能从购买产品中受益"。先让他动心，再向他推销你的产品。

2. 价格异议

价格异议是指顾客认为推销品的价格过高或价格与价值不符而提出的反对意见，是顾客受自身购买习惯、购买经验、认识水平以及外界因素影响，而产生的一种自认为推销品价格过高的异议。价格异议最主要的原因是想少出钱，当然也可能存在其他原因。

3. 产品异议

产品异议是指顾客对产品的使用价值、品牌、性能、作用、质量和用途等提出不同的看法，是属于推销品方面的一种常见异议。这类异议带有一定的主观色彩，主要是受顾客的认识水平、购买习惯以及其他各种社会成见影响所造成的。推销人员应在充分了解产品的基础上，采用适当的方法进行比较说明来消除顾客的这类异议。

4. 财力异议

财力异议是指顾客声明他支付不起购买产品所需款项的言辞，也称为支付能力异议。这类异议有真实的和虚假的两种。一般来说，顾客不愿意让他人知道其财力有限。而出现虚假财力异议的真正原因则可能是顾客早已决定购买其他产品，或者是顾客不愿意动用存款，也可能是因为推销人员说明不够而使顾客没有意识到产品的价值。推销人员对此应采取相应措施化解异议。如果顾客确实无力购买推销品，推销人员最好的解决办法是暂时停止向他推销。

5. 权力异议

权力异议是指推销人员在拜访顾客或推销洽谈过程中，顾客或主谈者表示无权对购买行为作出决策。这种情况在实际推销洽谈过程中经常遇到。就权力异议的性质来看，真实的权力异议是直接成交的主要障碍，说明推销人员在顾客资格审查时出现了差错，应予以及时纠正，重新接近有关销售对象。而对于虚假的权力异议，应看作是顾客拒绝推销品的一种借口，要采取合适的转化技术予以化解。

6. 购买时间异议

购买时间异议是指顾客自认为购买推销产品的最好时机还未成熟而提出的异议。

小知识

不同阶段提出的购买时间异议，反映了顾客不同的异议原因。

推销活动开始时提出：则应视为是一种搪塞的表现，是拒绝接近的一种手段。

在推销活动进行过程中提出：大多表明顾客的其他异议已经很少或不存在了，只是在购买的时间上仍在犹豫，属于有效异议。

在推销活动即将结束时提出：说明顾客只有一点点顾虑，稍加鼓励即可成交。

7. 货源异议

货源异议是指顾客针对推销品来源于哪家企业或哪个推销人员而产生的不同看法。

（二）按照顾客异议的性质进行划分

按照顾客异议的性质不同，顾客异议可分为以下两种类型。

1. 真实异议

真实异议是指推销活动的真实意见和不同的看法，因此又称为有效异议。对于顾客的真实异议，推销人员要认真对待，正确理解，详细分析，并区分不同异议的原因，从根本上消除异议，有效地促进顾客的购买行为。

2. 虚假异议

虚假异议是指顾客用来拒绝购买而故意编造出来的各种反对意见和看法，是顾客对推销活动的一种虚假反应。虚假异议的产生多是顾客拒绝推销意识的表示，并不是顾客的真实想法，如可能是顾客为了争取更多的交易利益而假借的理由。一般情况下，对虚假异议，推销人员可以采取不理睬或一带而过的方法进行处理，因为即使推销人员处理了所有的虚假异议，也不会对顾客的购买行为产生促进作用，故虚假异议又称无效异议。

小知识

在实际推销活动中，虚假异议占顾客异议的比例比较大。日本有关推销专家曾对 378 名推销对象做了如下调查："当你受到推销人员访问时，你是如何拒绝的？"结果发现：有明确拒绝理由的只有 71 名，占 18.8%；没有明确理由，随便找个理由拒绝的有 64 名，占 16.9%；因为忙碌而拒绝的有 26 名，占 6.9%；不记得是什么理由，好像是凭直觉而拒绝的有 178 名，占 47.1%；其他类型的有 39 名，占 10.3%。

这一结果说明，有近七成的推销对象并没有什么明确的理由，只是随便找个理由来反对推销人员的打扰，把推销人员打发走。

另外，异议还有一些其他分类方法：根据顾客异议是否能被转化，可将顾客异议分为可转化异议和不可转化异议；根据顾客异议表达方式的不同，可将顾客异议分为口头异议、行为异议和表情异议等。

小知识

有时候，顾客使用小异议只是要使进展速度放慢下来，他们并不是不想买，只是想在成交前考虑一下。

有些反对意见不需要回答，只要意识到就行。

有时"不"的潜台词是"可以"。

　　总之，顾客的异议是多方面的。然而，表面上提出的各种异议是否真实，是否反映顾客的真实看法，是否会对推销产生真正的阻碍，还需要推销人员认真加以研究。因此，从众多的异议中分辨出真假就成了当务之急。推销人员经常面临的 10 种异议如表 5-1 所示。

表 5-1　推销人员经常面临的 10 种异议

（1）婉言谢绝	（6）竭力诋毁
"我不需要这样的新产品。"	"听人说这种产品经常出现故障。"
"没有理由现在就买新产品的。"	"你们公司的售后服务不及时。"
（2）别无选择	（7）是的，但是
"我尽了力，但是我不得不听家人的意见。"	"你的建议很好，但这超越了我的权限。"
"你的价格太高了，我不得不购买他人的产品了。"	"我们已经做了预算，但是现在面临重组。"
（3）贬低弱化	（8）无能为力
"我不认为这种产品对我们有多大的价值。"	"等我能说服我老板，我马上就会购买。"
"花这些钱可能不值得。"	"我无权处理这件事情。"
（4）寻找托词	（9）发泄抱怨
"我暂时不打算购买。"	"我无权作出决策的。"
"我无权决策。"	"我老板不喜欢这种样式，我也没办法。"
（5）百般辩解	（10）捏造事实
"我很想买，但是我没钱。"	"我们的物流系统很好，我们是在缩减供应商数量。"
"公司不景气，我们没有预算。"	"我们公司转产了，不再需要你的产品了。"

　　一般而言，真实的异议通常较容易应付，而虚假的异议则往往令推销人员头痛。销售人员要培养评估异议的能力。没有一个现成的精确的模式来区分真假异议，有时候最好问问下面这个问题。顾客说"我希望有红色的。"销售人员问"如果我有红色的，你会买吗？"如果顾客回答"是"，就证明顾客真的顾虑颜色；如果顾客回答"不"，那么顾客只是以这种关于颜色的异议作为借口。

　　当时的情景也会提供一些线索来证实潜在顾客是否真的是出于某种顾虑。在对陌生顾客的销售拜访中，如果潜在顾客说"对不起，我没有钱。"那么销售人员可以认为这个潜在顾客根本不想听完销售介绍。而如果在进行完了整个销售介绍和已经通过观察与探寻收集完顾客的相关信息之后，顾客仍然提出相同的理由，那么，顾客的反对也许就是真的由于这种原因造成的。销售人员必须通过观察、提问和所掌握的顾客为什么要买的知识和经验来确定提出的异议是否确实就是原因所在。

三、顾客异议的成因

　　在推销过程中，顾客异议是必然存在的。但是现代推销学对此主张的是一种积极的思维方式，即不指望冲突更少，而是努力化解冲突。

　　在推销过程中，顾客异议产生的原因是多种多样的。归纳起来，主要有以下四个方面。

（一）顾客方面的原因

1. 顾客对推销品缺乏了解

随着现代科技的发展，产品更新速度越来越快，新产品层出不穷，产品的科技含量大大提高，而顾客可能对该种商品从未接触和使用过，导致顾客提出异议。推销人员不要指望顾客对商品根本不了解就会购买该种商品。因此，推销人员要熟练、巧妙地运用各种有效的推销方法，让顾客了解商品，为吸引其购买创造条件。

2．顾客的自我保护

人有本能的自我保护意识，在没弄清楚事情之前，会对陌生人心存恐惧，自然会心存警戒，摆出排斥的态度，以自我保护。

当推销人员向顾客推销时，对于顾客来说推销人员就是一位不速之客，推销品也是陌生之物。即使顾客明白推销品的功能、作用，且是自己所需要的物品，但他也会表示出一种本能的拒绝，或者提出这样那样的问题乃至反对意见。绝大多数的顾客所提出的异议都是在进行自我保护，也就是自我利益的保护。因此，推销人员要注意唤起顾客的兴趣，提醒顾客购买推销品所能带来的利益，才能消除顾客的不安，排除障碍，进而达成交易。

3．顾客的情绪欠佳

人的情绪有时会对行为有影响。当推销人员向顾客推销时，若顾客此时由于各种原因而不开心时，就很可能提出各种异议，甚至恶意反对，借题大发牢骚，肆意埋怨。这时，推销人员需要理智和冷静，正视这类异议，做到以柔克刚，缓和气氛；否则，就可能陷入尴尬境地。

案例 5-2

某日化用品的推销人员如约来到某太太家里，向其推销公司生产的新产品。进门后，发现女主人满脸怒容，但是推销人员没有在意，连忙进行推销："太太，您看这是我们公司最新研制、开发、生产的新产品，这是它的试用装，您先试一下看看……"还没等推销人员说完，女主人不耐烦地打断他说："先放桌子上吧，改天我试试看。"推销人员感觉有眉目了，继续说："太太，我保证我们的产品质量一定很好，你现在就试试看。"女主人回答到："你这人怎么这么烦，多少钱一套啊。""不贵，45 元，很实惠的。""这么贵啊，不要不要，你走吧。""太太，这可是套装的，你算算看……""你这人怎么搞的，我不要了，你走吧，走走走。"推销人员一下惊呆了，不知道错在什么地方，只好灰溜溜地走了。后来才知道，推销人员去之前，这位太太因为孩子的事情和丈夫刚刚大吵了一架。

资料来源：http://jpkc.msvtc.net/sytx/wsxx/alk/6.html

问题：推销人员陷入尴尬的真正原因是什么？

【启示与思考】

推销人员在推销的过程中，与顾客交谈的时候，应注意观察顾客的表情和情绪的变化，在顾客情绪欠佳时，及时调整策略以免陷入尴尬境地，影响推销的进行。

4．顾客的购买力不足

顾客的购买力是指在一定的时期内，顾客具有购买商品的货币支付能力。它是顾客满足需求、实现购买的物质基础。如果顾客缺乏购买力，就会拒绝购买，或者希望得到一定的优惠。如顾客说："对不起，这太贵了，我买不起。"有时顾客确实是购买力不足，但有时顾客也会以此作为借口来拒绝推销人员。因此，推销人员要认真分析顾客拒绝的真实意图，以便作出适宜的处理。

5. 顾客的决策权有限

在实际的推销洽谈过程中，推销人员会遇到顾客说"对不起，这个我说了不算""等我丈夫回来再说吧""我们还需要再商量一下"等托词，这可能说明顾客确实决策权力不足，或顾客有权但不想承担责任，或者是找借口。推销人员要仔细分析，针对不同的情况区别对待。

6. 顾客已有较稳定的采购渠道

在推销过程中，推销人员常常会听到："我们一直使用某某品牌的商品，质量不错""我们已经有固定的进货渠道""我们与某某厂是老关系了"等顾客异议，这是因为大多数顾客在长期的生产经营活动中，逐渐地形成了比较固定的购销关系，并且这种合作关系通常较融洽。一般而言，顾客不会轻易断绝这种合作关系。因此，这种异议是很难消除的，除非推销人员及其产品能够给顾客带来更多、更好的利益。

在推销活动中，推销人员应当认真分析、辨别，一方面要善于发现和了解客户的真正需要；另一方面要善于启发、引导、影响与培育顾客的需要。当发现顾客确实不需要时，不要强行推销，而应该立即停止推销。

7. 顾客的偏见或成见

它是指顾客根据个人的生活经历、以往的经验和习惯，或根据道听途说，在推销人员上门推销前形成的对推销人员、推销品、生产经营企业固有的片面看法。通常，这是一些不符合逻辑、带有强烈感情色彩的反对意见，很不容易对付，对推销人员十分不利。例如，"保险都是骗人的。""说得好听，一旦商品出了问题，你们公司根本不会解决。""你们的信誉不好。"对于这类顾客，推销人员单凭讲道理是解决不了问题的。在不影响推销的前提下，推销人员应尽可能避免讨论偏见与成见问题，并针对顾客的认识观，做好转化与耐心的解释工作，从认识的角度进行科学分析，改变顾客错误的观念，使顾客树立对推销活动的进步的、正确的认识与态度，以达到有效处理顾客异议的目的。

在推销洽谈过程中，来自顾客方面的异议是多方面的，也是复杂的。推销人员要想处理好这一环节，就应始终站在顾客的立场上，处处为顾客着想，方能达成交易。

（二）推销品方面的原因

推销品是推销活动的客体，只有当顾客产生了某种需要，并确知推销品能够满足自己的这种需要，同时推销品的其他方面（式样、包装、颜色等）也符合自己的心意，顾客才乐于接受、购买推销品。例如，顾客需要一双冬季的棉皮鞋，顾客购买"星期六"牌皮鞋，不仅仅是它能满足顾客对棉皮鞋的保暖的物质需求，而且"星期六"是鞋类著名品牌，在式样、颜色、质量等多方面满足了顾客心理上、精神上的需求。因此，顾客购买商品，一定是其内涵和外延都能满足顾客需求的整体商品。

推销品自身的问题致使顾客对推销品产生异议的原因也有很多，大致可归纳为以下几方面。

1. 推销品的质量

推销品的质量包括推销品的性能（适用性、有效性、可靠性、方便性等）、规格、颜色、型号、外观包装等。如果顾客对推销品的上述某一方面存在疑虑、不满，便会产生异议。当然，有些异议确实是推销品本身有质量问题，有的却是顾客对推销品的质量存在认识上的误区或成见，有的是顾客想获得价格或其他方面优惠的借口。所以，推销人员要耐心听取顾客的异议，去伪存真，发掘其真实的原因，对症下药，设法消除异议。

2. 推销品的价格

美国的一项调查显示：有 75.1%的推销人员在推销过程中遇到有价格异议的顾客。顾客产生价格异议的原因主要有：顾客主观上认为推销品价格太高，物非所值；顾客希望通过价格异议达到其他目的；顾客无购买能力等。要解决价格异议，推销人员必须加强学习，掌握丰富的商品知识、市场知识和一定的推销技巧，提高自身的业务素质。

案例 5-3

一位面容稍显憔悴的女青年在化妆品柜前踌躇良久，很想买一瓶叫作玛奇奥的新牌子的美容霜，然而面对48元的高价她又有点舍不得，于是她提出价格异议。售货员听罢说道："小姐，您不知道，这种玛奇奥美容霜含有从灵芝、银耳中提取的活性生物素，具有调节和改善皮肤组织代谢作用的特殊功效。因此，它可消除皱纹，使粗糙的皮肤变得细腻，并能保持皮肤洁白，富有弹性与光泽，从而达到美容的目的。小姐，相对于它的价值和特殊功效而言，48元的价格一点也不贵。"

听了这一番细致的解释，女青年心头的价格疑云顿时消散。

资料来源：钟立群. 现代推销技术[M]. 北京：电子工业出版社，2009.

问题： 案例中推销人员解决顾客价格异议的策略是什么？

【启示与思考】

案例中，推销人员巧妙地应用了推销策略，避开顾客敏感的价格话题，向顾客谈产品的优势与功效，使顾客感觉到物有所值，从而完成了交易。

3. 推销品的品牌及包装

商品的品牌一定程度上可以代表商品的质量和特色。在市场中，同类同质的商品就因为品牌不同，售价、销售量、美誉度都不同。一般来说，顾客为了保险起见，也就是顾客为了获得的心理安全度高些，通常在购买商品时都会挑选名牌产品。

商品的包装是商品的重要组成部分，具有保护和美化商品、利于消费者识别、促进品销售的功能，是商品竞争的重要手段之一。一般顾客都喜欢购买包装精巧、大方、美观、环保的商品。

可见，无论是品牌还是包装，它们都是商品的有机组成部分。如果顾客对它们有什么不满，也可能引起顾客异议，推销人员要能灵活处理，企业也应该重视商品的品牌创建和商品包装。

4. 推销品的销售服务

商品的销售服务包括商品的售前、售中和售后服务。在日益激烈的市场竞争中，顾客对销售服务的要求越来越高。销售服务的好坏直接影响到顾客的购买行为。

在实际推销过程中，顾客对推销品的服务异议主要有：推销人员未能向顾客提供足够的产品信息和企业信息；没能提供顾客满意的服务；对产品的售后服务不能提供一个明确的信息或不能得到顾客的认同等。

对企业来讲，商品的销售服务是现在乃至将来市场竞争中的最有效的手段，推销人员为减少顾客的异议，应尽其所能，为顾客提供一流的、全方位的服务，以赢得顾客，扩大销售。

（三）推销人员方面的原因

顾客的异议可能是由于推销人员素质低、能力差造成的。例如，推销人员的推销礼仪不当；不注重自己的仪表；对推销品的知识一知半解，缺乏信心；推销技巧不熟练等。因此，推销人员能力、素质的高低，直接关系到推销洽谈的成功与否，推销人员一定要重视自身修养，提高业务能力及水平。

（四）生产企业方面的原因

在推销洽谈中，顾客的异议有时还会来源于产品的生产企业。例如，生产企业经营管理水平低、产品质量不好、不守信用、企业知名度不高等。这些都会影响到顾客的购买行为，顾客对企业没有好的印象，自然对企业所生产的商品就不会有好的评价，也就不会去购买。

不同客户拒绝推销人员的理由不同。应从拒绝理由出发，认真分析其真实心态。只有掌握了客户的真实心态，推销人员才能对症下药。

任务二　处理顾客异议的原则、策略和方法

任务引入

张伟在销售过程中经常会碰到顾客各种各样的质疑和刁难，他认识到销售过程遇到异议是很正常和不能避免的，销售本身就是排除异议的过程，只要妥善解决客户的异议，才能有效地促成交易。反之，如果处理得不恰当，就会失去成功的机会。要获取销售的成功，张伟迫切要解决以下两个任务。

任务1：处理顾客异议的原则。

任务2：处理顾客异议的策略。

任务分析

顾客异议产生的原因很多，发生的时间、地点和外部环境也各不相同，但顾客异议的

形成却有许多共同的特点，推销人员只有掌握处理顾客异议的基本原则和策略，才能使推销工作更加富有成效，并使顾客产生良好的印象。

知识链接

顾客异议无论何时产生，都是潜在顾客拒绝推销品的理由。推销人员必须妥善地处理顾客异议才有望取得推销的成功。为了高效而顺利地完成这一任务，推销人员在处理顾客异议时必须遵循一些基本原则，灵活地运用一些基本的策略。

一、处理顾客异议的原则

推销人员在处理顾客异议时，为使顾客异议能够最大限度地消除或者转化，应树立以顾客为中心的营销观念，并遵循以下原则。

（一）尊重顾客异议原则

尊重顾客是推销人员具有良好修养的体现。只有尊重顾客才能做好异议转化工作。顾客之所以购买推销品，并非完全出于理智，在许多情况下还出于感情。无论顾客异议有无道理、有无事实依据，推销人员都要以温和的语言和欢迎的态度作出合乎理性的解释。这不仅会使顾客感到推销人员对推销品具有自信心和具有谦虚的品德，而且会使顾客感到推销人员对他们的需求与问题具有浓厚的兴趣。所以对持有异议的顾客，推销人员一定要尊重、理解、体谅，找出异议的真正原因；要学会洞察顾客心理，分析并把握公开的真实异议，只有准确了解顾客异议，才能有针对性地处理各种异议，从而提高推销的成功率。推销洽谈的过程是人际交流的过程，保持与顾客融洽的关系是现代推销永恒的原则。

（二）耐心倾听原则

"上帝给了你两只耳朵，却只给了你一张嘴，所以上帝的意思是让你一只耳朵听自己说，另一只耳朵听别人说，也意味着上帝要求你一定要多听少说。"要理解顾客，首先应学会聆听顾客的诉说。即使一些话题你不感兴趣，只要对方谈兴很浓，出于对顾客的尊重，推销人员应该保持耐心，不能表现出厌烦的神色。

有关统计指出，我们的说话速度是每分钟120～180个字，而大脑思维的速度却是它的4～5倍。所以对方还没说完，我们就已经知道了他要说的意思。这时即使推销人员已经不耐烦，但必须记住自己仍处于工作状态，应保持足够的耐心和热情。推销人员必须牢记：越是善于耐心倾听他人意见的人，推销成功的可能性就越大。因为聆听是褒奖对方谈话的一种方式。

案例5-4

乔·吉拉德从他的顾客那里学到了耐心倾听这一道理。乔花了近半个小时才让顾客下定决心买车，而后，乔所需要做的只不过是让顾客走进乔的办公室，签下一纸合约。

当他们向乔的办公室走去时，顾客开始向乔提起他的儿子，因为他儿子就要考进一所著名的医科大学。他十分自豪地说："乔，我儿子要当医生。"

"那太棒了。"乔说。当他们继续往前走时，乔却看着其他推销员。

"乔，我的孩子很聪明吧，"顾客继续说，"在他还是婴儿时我就发现他相当聪明。"

"成绩非常不错吧？"乔说，仍然望着别处。

"在他们班是最棒的。"顾客又说。

"那他高中毕业后打算做什么？"乔问道。

"我告诉过你的，乔，他要到大学学医。"

"那太好了。"乔说。

突然地，顾客看着他，意识到乔未注意听他所讲的话。"嗯，乔"，他突然说了一句"我该走了"，就这样他走了。

下班后，乔回到家回想一整天的工作，分析他所做成的交易和他失去的交易，开始考虑白天顾客离去的原因。

第二天上午，乔给那位顾客的办公室打电话说："我是乔·吉拉德，我希望您能来一趟，我想我有一辆好车可以卖给您。"

"哦，世界上最伟大的推销员先生"，他说，"我想让你知道的是我已经从别人那里买了车。"

"是吗？"乔说。

"是的。我从那个欣赏我儿子、赞赏我的人那里买的。当我提起我对儿子吉米有多骄傲时，他是那么认真地听。"

随后他沉默了一会儿，又说："乔，你并没有听我说话，对你来说我儿子吉米成不成为医生并不重要。好，现在让我告诉你这个笨蛋，当别人跟你讲他的好恶时，你得听着，而且必须全神贯注。"

顿时，乔明白了他当时所做的事情。乔此时才意识到自己犯了多么大的错误。

"先生，如果这就是您没从我这儿买车的原因，那确实是个不错的理由。"乔说，"如果换我，我也不会从那些不认真听我说话的人那儿买东西。那么，十分对不起。然而，现在我希望您能知道我是怎样想的。"

"你怎么想？"他说道。

"我认为您很伟大。我觉得您送儿子上大学是十分明智的。我敢打赌您儿子一定会成为世上最出色的医生。我很抱歉让您觉得我无用，但是您能给我一个赎罪的机会吗？"

"什么机会，乔？"

"有一天，如果您能再来，我一定会向您证明我是一个忠实的听众，我会很乐意那么做。当然，经过昨天的事，您不再来也是无可厚非的。"

3 年后，那位顾客又来了，他不仅自己买了一辆车，而且还介绍他的许多同事来买车。后来，乔还卖了一辆车给他的儿子，吉米医生。

是他给了乔一个极好的教训，从此，乔从未在顾客讲话时分心。毕竟，上帝赐给我们两个耳朵、一个嘴巴，就是为了让我们多听少说。

从那以后，每个进入店内的顾客，乔都要问他们是做什么的，家里人怎么样等。然后乔再认真地聆听他们讲的每一句话。大家都喜欢这样，因为那给他们带来一种受重视的感觉，而且让他们感觉到你是十分关心他们的。

资料来源：魏星宇. 世界上最伟大的推销员实战手册[M]. 北京：中国纺织出版社，2003.

问题：从这个故事中你受到什么启发？

【启示与思考】

上帝赐给我们两个耳朵、一个嘴巴就是为了让我们多听少说，一名成功的推销人员必须重视顾客的感受，维护顾客说话的权利，学会耐心倾听。

（三）永不争辩原则

推销过程是人与人之间相互交流、沟通的过程。作为推销人员，保持与顾客良好和谐的关系，是推销工作能否顺利展开的重要条件。在实际工作中常用的方法是倾听顾客异议，一旦顾客有异议，最好不要与之争辩，寻找机会再作下一步的行动。

（四）及时反应原则

对于顾客异议，如果推销人员及时答复的，而且能够给消费者一个圆满的答复的，应及时化解顾客疑虑；如果推销人员不知如何回答或者顾客情绪激动，可策略性地转移顾客的注意力，如对顾客表示同情，进一步了解异议的细节，并告诉顾客会尽快向公司反映情况。对于不能直接回答的问题，推销人员应及时向公司反映并将有关结果尽快回复顾客。推销人员应做好顾客异议的相关准备，先发制人，在顾客提出异议之前及时解答消除顾客的疑虑。

（五）提供价值和利益原则

推销人员应坚持消费者利益至上原则，首先要保证消费者能买到放心的产品，向消费者提供质量好、符合其利益和需要的产品。要做到消费者利益至上，就要了解消费者的需求和意愿，了解消费者想得到什么，然后我们才能有针对性地维护消费者的利益。可以通过开展消费者满意度测评活动，客观地了解消费者的需求，找准自己的不足，进而改进推销工作，更好地维护消费者的利益。

二、处理顾客异议的策略

（一）把握适当时机

推销人员在处理顾客异议时，掌握处理顾客异议的恰当时机，是考察推销人员能力和素质的重要条件之一，也是推销人员必备的基本功。处理顾客异议的时机主要有以下几种情况。

在顾客异议提出前解答顾客异议是消除顾客异议的最好方法。推销人员在服务过程中会发现，不管是何种情况，顾客都会对服务提出某些具有普遍性的异议，因此，推销人员可以事先预测顾客会提出的一些异议及其内容，事先准备好应答的内容，并抢在顾客开口前进行处理与解释。这样可以先发制人，起到预防顾客异议的作用。

顾客异议的发生有一定的规律性。有时顾客虽没有提出异议，但他们的表情、动作及谈话的语气和语调却可能有所流露，如果推销人员觉察到这些变化，就可以抢先解答。如果推销人员能事先做好应对的准备，就可以在顾客面前表现得很有信心。

顾客的反对理由一旦提出来，都希望推销人员能尊重和听取自己的意见，并能得到满意的答复，所以，推销人员此时应马上就顾客的异议作出回答，否则顾客会产生更大的不满，更加坚定他自己的反对理由。

异议提出后应立即予以解决，既可以促进顾客消费，也是对顾客的尊重。这是对顾客提出的大多数反对意见进行答复的最合适的时间，也是通常情况下必须作出的答复。

（二）弱化与缓解

弄清顾客异议的性质，推销人员的态度要温和谦恭，要用宽容的心态来弱化或减少与顾客所持有的差异，适当利用时间和场所的变换来弱化和缓解顾客的异议，因为不管顾客心里怎么想，他们的许多异议直接或间接地对推销人员的推销都有帮助，要善于把顾客拒绝购买的理由转化为说服顾客购买的理由。

顾客提出价格异议的动机主要有：顾客只想买到便宜产品；顾客想在讨价还价中击败推销人员以显示自身的谈判能力；顾客不了解商品的价值；顾客想了解商品的真正价格；顾客还有更重要的异议而只是把价格作为一种掩饰。所以价格问题是影响推销的重要因素，它直接关系到买卖双方的经济利益。为此推销人员应当首先分析和确认顾客提出价格异议的动机是什么，然后有针对性地采取顾客异议处理策略。

（三）调整与让步

如果推销人员面对顾客询问价格开始，就不能很好地引导顾客，而做出价格的让步，那么推销成交的概率极低。如有礼貌地、坦诚地答复一个略高的、公正的价格，这其实就是一种调整与让步。因此，调整与让步是一个非常重要而且关键的成功推销步骤。

🔑 案例 5-5

在一次冰箱展销会上，一位打算购买冰箱的顾客指着不远处一台冰箱对身旁的推销员说："那种 AE 牌冰箱和你们的冰箱产品同一类型、同一规格、同一星级，可是 AE 牌冰箱制冷速度要比你们的快，噪声也要小一些，并且冷冻室比你们的大 12 升。看来你们的冰箱不如 AE 牌的呀！"推销员回答："是的，您说得不错。我们的冰箱噪声是大点，但仍然在国家标准允许的范围以内，不会影响您家人的生活与健康。我们的冰箱制冷速度慢，可耗电量却比 AE 牌冰箱少得多。我们冰箱的冷冻室小但冷藏室很大，能储藏更多的食物。您一家三口人，每天能有多少东西需要冰冻呢？再说吧，我们的冰箱在价格上要比 AE 牌冰箱便宜 300 元，保修期也要长 6 年，我们还可以上门维修。"顾客听后，脸上露出欣然的表情。

资料来源：倪政兴. 如何成为推销高手[M]. 成都：西南财经大学出版社，2003.

问题：该案例中，这位推销员是怎样化解与顾客之间的异议？

【启示与思考】

该案例中，这位推销人员用"省电、冷藏室大、价格便宜、保修期长、维修方便"五种长处，弥补了自己冰箱"制冷慢、噪声大、冷冻室小"的短处，因而提高了自己冰箱的整体优势，推销策略的调整化解了顾客的疑问，从而使顾客觉得还是买该推销人员推销的冰箱好。这就是调整与让步的具体运用。

三、处理顾客异议的方法

处理顾客异议是一项高度智慧性的工作，它依赖于推销人员老到的工作经验和推销人员丰富的知识底蕴，还依赖于推销人员雄辩的口才和机智的应变能力。这就是为什么推销职业最能锻炼人的原因。基于此，一些资深营销专家感慨地说，所有优秀的推销人员都有一个共同的优点，那就是成为杰出人士的成就欲望。如何在推销工作中采取适当的方法，妥善地处理顾客异议，需要推销人员认真总结经验，不断学习和思考人际关系的处理技巧。

（一）忽视法

所谓忽视法，又叫作沉默法、一带而过法或不理睬法，是指在推销过程中对于一些顾客提出的反对意见，目的并不在于想要得到结论，也不在于想要进行讨论，甚至与目前进行的销售没有直接的联系，就完全没有必要与之较真，一笑了之，同意他的观点就是了。

天下之大，无奇不有。武汉地区有一句俗话，说"人上一百，形形色色"，就是指在现实生活中人与人不一样。有些顾客好出风头，总想在有机会的时候表现出自己的想法高人一等，提出一些别出心裁却又毫无意义的顾客异议或是为了抬杠而抬杠，为了反对而反对。如果推销人员较真，不仅浪费时间，而且很有可能横生枝节，惹出是非。最好的办法就是满足他的表现欲，恭维他的想法有见地，"高，实在是高！"对于抬杠的话题，不妨说一声"您真幽默"，然后采用忽视法，迅速地岔开话题。

忽视法还有一种处理技巧，那就是装聋作哑，不予理睬。不管顾客异议出于什么目的，只要是与销售工作无关的、无效的、虚假的异议，"晾"它一下，既可以避免与顾客争论纠缠，又让这类"不怀好意"的顾客感到没面子，不好意思再提无聊的异议。20 世纪 80 年代初有一部反映优秀销售人员的电影，中间的一个细节非常典型地刻画了这样的顾客：在出售毛毯的柜台前，一位顾客问营业员"有猴毛的毛毯吗？"试想，你遇到这样的顾客异议，不装聋作哑又有什么办法？要说明的是，忽视法或不理睬法要注意运用的范围。例如，只能用于确实与销售无关的、无效的甚至是无聊的虚假异议，而且是在认真听取顾客异议之后，确认属于运用忽视法的异议范畴，并观察顾客提问之后的表情、情绪反应，从外在表现中推测其内心的异议根源，以便作出必要的回应。此外，推销人员要善于控制自己的情绪，胸怀要宽广，头脑要冷静，态度要从容，不要与顾客斤斤计较，也不要与顾客争辩是非曲直，体现出推销人员良好的职业素养，保持融洽的推销氛围。

案例 5-6

一位办公用品制造公司的女推销员到一家公司进行推销。

顾客异议："你们公司怎么会用女推销员。"

推销员："这种复印机是引进国外先进设备生产的，各项质量指标在国内都是一流的。"

（不理睬法）

或者，

推销员："男女都一样。这种复印机是引进国外先进设备生产的，各项质量指标在国内都是一流的。"（一带而过法）

资料来源：李世宗. 现代推销技术[M]. 北京：北京师范大学出版社, 2007.

问题：什么时候推销人员可以采用不理睬法或一带而过法？

【启示与思考】

当顾客提出的一些异议并非真的想要获得解决或讨论，或者说顾客随意说说而已，推销人员可以采用不理睬法或一带而过法，甚至不予答复。

（二）补偿法

补偿法又可以叫作抵消法、平衡法或者利弊分析法，指利用顾客异议以外的、能够对顾客异议予以其他利益补偿的方法来处理顾客异议。

实际推销工作中，没有十全十美的产品，也没有完全无知的顾客。当顾客提出有事实依据的有效异议时，推销人员应当予以承认并欣然接受，但要通过客观的说理和诚实的解释，让顾客感觉到产品虽然有些不足，却有不少优点，而且优点远多于不足，还是值得购买的。例如，顾客抱怨车身短了点儿，那么售车先生就要告诉顾客：车身短可以让您方便停车，在一般的车位上可以停两部车，节约不少停车费用；在拥挤的城市里可以方便调头等。

从某种意义上讲，给顾客的这种补偿，应让顾客产生两种感觉：一是性价比是合理的，即产品的质量与销售价格是完全相符的；二是产品的优点对顾客而言是重要的，产品没有的优点（不足）对他是不重要的。这是推销中的辩证法，既体现了推销人员诚实的态度，又反映了推销人员站在顾客的立场上，替顾客着想的服务精神。更重要的是，顾客更清楚地看到了购买利益，在理智与情感上都获得了比较大的满足。

运用补偿法的条件是，最好用于单一有效异议，且属于理智型购买者。同时，推销人员能够而且必须及时提出产品与推销的有关优点和利益，能够有效地补偿顾客异议，使顾客感觉到接受推销所获得的利益远远大于可能受到的损失。

（三）借力法

顾名思义，借力法就是借助于顾客异议，将推销障碍转化为推销动力的异议处理方法，因而又可称为转化法、利用法或太极拳法（意即武术中的借力打力）。有许多顾客异议本身就有两面性，只不过顾客更多强调消极的一面而已，推销人员就是要机智地利用顾客异议中积极的一面，去克服其消极的一面，运用得好，就可以促成交易的实现。

在现实生活中我们经常能碰到类似转化处理法的说词。例如，在保险业里，客户说："我收入少，没钱买保险。"保险业务员却说："就是因为您收入少才需要购买保险，以便从中获得更多的保障。"

服装业有顾客说："我这种身材穿什么都不好看。"推销人员说："正是因为自己感觉身材不是很好的人才更需要加以设计，来修饰不满意的地方。"

卖儿童图书时，顾客说："我的小孩连学校的课本都没兴趣，怎么可能会看这种课外读物呢？"推销人员说："我们这套图书就是为激发小朋友的学习兴趣而特别编写的。"

例如，假若一个经销店的老板说："你们这个企业把太多的钱花在广告上，为什么不把钱省下来，作为我们进货的折扣，让我们多一点利润，那该多好呀。"销售人员可以说："就是因为我们投了大量的广告费用，客户才被吸引来购买我们的产品。这不但能节省您的销售时间，同时也能够顺便销售其他商品，您的总利润还是最大的吧？"

恰当运用借力法处理顾客异议，有时会意想不到的效果。推销人员既没有回避顾客异议，又充分调动了顾客异议中的积极性，将异议中的消极因素转为为积极因素。在这里，借力法转换了顾客的观念，也转化了顾客对推销介绍的态度，并且抑制了顾客再次提出新的异议，将推销工作顺利地推向成交阶段。

（四）"认同-赞美-转移-反问"法

处理顾客异议的原则之一为尊重顾客异议。那么如何让顾客感觉到推销人员尊重他的异议呢？"认同-赞美-转移-反问"法（也叫太极法）则很好地体现了这点。它遵从"先处理人的心情，再处理事情"的基本原则。即在处理顾客异议时，先赢得顾客的好感、信任，再引导顾客解决心中的异议。该方法分四个步骤，前两个步骤"认同和赞美"是对心情的处理，后两个步骤"转移和反问"是针对问题或事情的处理。当顾客提出异议时，先从某个角度认同顾客，让顾客感觉他被理解，感觉他的意思你明白，推销人员顺便再从某一个角度借机给予恰当的赞美，就会使顾客变得舒心和愉悦，顾客自然愿意和你打交道，不会出现对立的情绪，后面的事情自然就会好办些。心情处理使异议处理有了好的开端，但如果顾客异议是真实异议，而销售人员又没有办法提出有力证据直接打消顾客的担心，销售人员要做的不是让顾客纠结下去，而是转移顾客关注的焦点或者看问题的角度。将目光转移到更有价值的地方去，让顾客重新调整评价的标准。就如赵传歌中所唱的"我很丑但我很温柔"。当完成转移利益陈述后，推销人员最后可以通过反问的方式获取客户的反馈，反问相对于陈述，最大的好处一是掌握谈话的主动权，二是吸引顾客的参与，挖掘顾客更多的想法。如果顾客亲口说你所说的是有道理的、是对的，异议自然就顺利处理了。例如，顾客说："你们卖的太贵了。"你可以回答："先生，这款确实价格比其他同类高，不过你真有眼光，这是今年最新款，采用了最新加工技术，比其他同类产品都耐用，如果能买到一件好产品，价格稍贵点也值，你说呢？"

（五）询问法

许多顾客异议是推销人员很难判断原因的。原因不明朗，冒失回答可能会引来更多的问题。推销人员要把"为什么"作为自己工作中的利器，对工作中遇到的一切问题都要多问几个为什么，对待顾客异议也同样如此，这就是询问法的理论依据。

询问法是指推销人员通过对顾客异议提出问题的办法，来处理顾客异议的一种技巧和策略，也可以叫作追问法、问题法或者提问法。这种方法可以帮助推销人员把握顾客异议中的真正问题，从而能够展开有针对性的推销活动。"询问"一词内涵丰富，有谦虚请教之意，运用得当，能够融洽与顾客之间的人际关系，营造良好的推销氛围。更重要的是，询问顾客异议，可以为推销人员赢得更多的思考时间，争取重新整合营销方案的机会，变被动听取顾客异议申诉，转为主动提出问题，还能进一步探询顾客内心的真实想法，更完整地掌握顾客信息。因此，在推销活动中，这种方法被普遍运用。

对顾客而言，推销人员提出问题后，他必须自己提出问题的理由，把问题的真实原因展现给推销人员，这正是推销人员所期望的。同时，他还会对自己提出的问题进行反省，检视问题是否妥当。例如，顾客提出产品（如服装）系列不完全，推销人员就可以询问：这是目前最畅销的几个品种，难道您希望增加库存（积压）吗？或者问，您还希望增加哪几个品种？……还有其他要求吗？

有时候，只要推销人员对顾客异议提出反问，就可以直接化解顾客异议。例如，顾客嫌产品价格高，不妨反问一句：您喜欢便宜货吗？注意，反问顾客时，一定要态度和蔼，语气真诚，像对待老朋友一样，千万不能语气轻蔑，神态鄙夷。还要注意，询问要有针对性，要询问真实有效的异议，询问那些如果不询问就不能解决顾客异议，并且对成交有影响的问题；询问要适度，只问影响成交的问题，与成交无关的问题一概不问；顾客不愿意回答的问题也不要追问，不必横生枝节，穷追不舍。询问要体现对顾客的尊重，以保持和谐的推销环境。

🔑 案例 5-7

你作为公司的一名推销员，请你判断在处理模糊信息方面，下列哪一种方式是正确的，并说明理由。

方式一：

推销员：我们的标书怎么样？

客户：还可以。

推销员：太好了，何时我们能得到答复？

客户：我们会尽快决定的。

方式二：

推销员：我们的标书怎么样？

客户：还可以。

推销员：我是否可以这样理解，您已经认真考虑过我们的标书，并有可能采用它？

客户：还不能这么说，还有一些事情我们正在考虑。

推销员：有哪些方面还没有最后确定？

客户：我们担心供应商的信誉和按时完工的能力。

推销员：对于我们公司，在这两方面您也有这样的担心吗？

客户：我们担心你们不能按时完工。

资料来源：胡善珍. 现代推销[M]. 北京：高等教育出版社，2010.

问题：方式一和方式二哪个沟通好？为什么？

【启示与思考】

在对客户进行询问时，推销人员往往得到客户模糊的信息。模糊的信息掩盖了客户真实的需求和想法，给推销人员及其评估业绩造成负面影响。推销人员应学会善于对付客户的模糊信息，通过技巧的发问有效地得到明确的信息。在听到客户的模糊信息后就急切地结束面谈则是失败的做法，客户的模糊信息往往意味着存在交易的机会。

（六）反驳法

我们强调在推销过程中不要直接反驳顾客异议，是因为不适当的反驳不仅不能解决异议，反而会引起更多的新的问题，一旦推销人员陷入争辩的泥淖，就有可能干扰正常的推销介绍，破坏与客户间良好的推销气氛，丢掉可能获得的订单，后悔都来不及。但是，有些情况下直接反驳顾客的错误观点，反而能够增强推销的说服力。例如，顾客对企业的声誉、诚信、服务、资质及合法性等有所怀疑，顾客引用道听途说、未经证实的错误资料，望文生义地理解产品概念和服务观念等，就需要推销人员采取直接反驳的方法。

反驳法就是推销人员根据明显的事实依据，对顾客提出的异议进行直接否定的处理技巧。推销中恰当运用反驳方法，以无可辩驳的事实、翔实权威的资料来佐证自己的观点，可以给顾客一个简洁明了、毋庸置疑的答案，不但能让顾客心服口服，更加信任推销人员，接受推销方案，而且能够拉近双方的距离，融洽推销气氛，有效地节约推销时间，提高推销效果。例如，美国一位顾客向一位房地产经纪人提出购买异议："我听说这房子的财产税超过了1 000美元，太高了！"推销人员非常熟悉有关税收法令，知道这位顾客的购买异议并没有可靠的根据，于是有根有据地加以反驳："这房子的财产税是618.5美元。如果您不放心，我们可以打电话问一问本地税务官。"在这个案例里，推销人员有效地使用直接否定法否定了顾客所提出的有关异议。

但是，推销人员如果不能运用正确的方法，就极其容易伤害顾客的自尊，使新的顾客异议不断出现，即使这样，要以和蔼的语气，控制住自己的情绪，注意只讨论问题，不要涉及人身攻击，即我们常说的"对事不对人"。要让顾客感觉到推销人员的专业、严谨、权威、敬业和崇高的人格魅力。

案例 5-8

顾客："你们家的衣服太花了。"

导购错误的回答：

1. "不会呀！"
2. "这是我们今年最新流行的设计。"
3. "这就是我们家的风格。"

导购正确的回答：

1. "嗯。有些顾客刚接触到我们的产品会觉得比较独特，我们的产品是源自欧洲古典巴洛克风格，设计时融入了现代时尚元素，很能够体现女性柔美气质，我建议您可以挑选一件试穿感受一下。"

2. "是的。和您以前接触到其他品牌服装确实有比较独特的方面。和您目前的着装风格相比也比较特别，但我们的衣服很能够体现女性柔美气质，我建议您可以尝试一下新的着装风格，可以在不同场合展现不同的气质。如这款……"

资料来源：编者整理

问题：请问正确的回答和错误的回答有什么差别。

【启示与思考】

在处理顾客异议时注意灵活地采用反驳法，争取以不可辩驳的事实、翔实权威的资料来佐证自己的观点，给顾客一个简单明了、毋庸置疑的答案，不但能让顾客心服口服，而且能让顾客更加信任推销人员。

（七）分拆法

分拆法只适合于涉及产品价格、交货时间、付款方式、订货数量和信贷条件等具体量化的顾客异议。所谓分拆，即把顾客认为整体偏高的相关数量异议分拆为零散的个量或者将零散的个量予以整合的办法，来处理顾客异议。例如，顾客认为价值 5 000 元的平板电视太贵了，推销人员可以告诉顾客：这种电视使用寿命是 10 年，等于一年只花费了 500 元，相当于一年看 20 场电影的价格。或者顾客抱怨一年交纳 1 000 元的保险费用多了，你可以说，一天不到 3 块钱，也就是半包烟的代价（对男性而言），或者说，只不过一袋瓜子的价钱（对女性而言）。整合则相反，是将顾客认为麻烦的零散个量合并为一个整体。例如，顾客不满意 30 天交货期限，你可以说，只不过短短的一个月而已。

分拆法主要用于对顾客心理感觉上的影响，将顾客在某一个问题上的纠缠通过数量上的分解，分散其主要的注意力，达到化整为零、积少成多的目的，消除相应的顾客异议。一般来说，分拆适合于那些斤斤计较，死要面子又表现"精明"的顾客；整合法则适用于比较好说话、性格随和、比较好沟通的"马虎"的顾客。在推销现场究竟采取什么方法比较好，完全取决于推销人员对顾客类型的准确分析和判断，不好一概而论。

这里介绍了七种处理顾客异议的技巧和方法，推销人员只要都能掌握，一般是可以自如地处理各种顾客异议的。在实践中，如何处理顾客异议，并不是哪一种方法可以单独奏效的，多数情况下，需要推销人员根据推销现场的实际情况，随机应变，见机处理，有时需要多种方法合并使用，才能产生好的效果。

任务总结

张伟在推销的过程中，认识到顾客异议存在于整个推销洽谈的过程中，它既是推销的障碍，也是成交的前奏与信号。通过分析和处理顾客异议得出如下结论。

1. 顾客异议是推销人员在推销商品过程中，顾客用语言或行动打断推销人员的介绍或改变话题，以表示怀疑或否定甚至反对意见的一种反应。

2. 顾客异议产生的原因包括顾客方面的、推销品方面的、推销人员方面的和生产企业方面的。

3. 处理顾客异议的原则有尊重顾客异议原则、耐心倾听原则、永不争辩原则、及时反应原则和提供价值和利益原则等。

4. 处理顾客异议的策略有把握适当时机、弱化与缓解和调整与让步等。

5. 处理顾客异议的方法有忽视法、补偿法、借力法、"认同-赞美-转移-反问"法、询问法、反驳法和分拆法等。

业务技能自测

一、判断题

1. 顾客异议会阻碍成交，所以应该与顾客争辩。（　　）

2. 一般情况下，对虚假异议，推销人员可以采以不理睬或一带而过的方法进行处理。（　　）

3. 推销人员可以通过 FSQS 方法，即通过友好、沉默、询问、注视、促使顾客详细说出或解释他们所关心的事，从而辨别顾客的真假异议。（　　）

4. 当处理顾客异议时应优先处理异议，而不是顾客心情。（　　）

5. 当推销人员和顾客的审美观完全不同时，可以用直接反驳法。（　　）

二、选择题

1. "正因为你工资不高，万一发生意外，你就缺乏应变能力，所以才要花钱给自己买份保险"，这属于顾客异议处理法中的（　　）。

    A. 借力法　　　　　　B. 补偿法　　　　　　C. 询问法　　　　　　D. 反驳法

2. 下列哪个说法更好？（　　）

    A. 您说得对，但是……　　　　　　B. 是的，不过……

    C. 是的，除非……　　　　　　D. 是呀，如果……

3. 不管是何种情况，顾客都会对服务提出某些普遍性的异议，应该何时处理？（　　）

    A. 顾客提出后　　　　　　B. 顾客提出前

    C. 顾客提出前后都一样　　　　　　D. 不予处理

4. "李小姐，看来您是一位非常细心的人，对于您提出的意见我一定会予以充分重视。不过，您是否注意到，在另一方面……，你说呢？"请问使用（　　）处理顾客异议。

    A. 借力法　　　　　　B. 补偿法

    C. 反驳法　　　　　　D. "认同-赞美-转移-反问"法

5. "小姐，这套产品卖 720 元，可以用一年，一天才花四元钱，很实惠了！"请问使用（　　）处理顾客异议。

    A. 借力法　　　　B. 补偿法　　　　C. 反驳法　　　　D. 分拆法

思考与讨论

1. 什么是顾客异议？其产生的原因有哪些？

2. 推销人员如何在推销洽谈中使用处理顾客异议的策略和方法？请举例说明。

3. 自我测试，以下是对于购买产品的一些普遍异议，列出你对每种异议的回答。

（1）对汽车：我需要和我的妻子商量商量。

（2）对打字机：我们不需要一个文字处理打字机。

（3）对人寿保险：我感觉自己很健康。

（4）对清洁器：这个产品的价格比你们竞争对手的要高。

（5）对除草机：这个东西看起来没有必要买。

（6）对微波炉：我看不出你们的微波炉有加热快的优势。

（7）对广播广告：我看不出你们对于报纸广告有任何优势。

（8）对药品：我们已经有这种药品的过多存货。

（9）对化妆品：你们商品的价格太高了。

（10）对房产推销人员：这儿离市区太远，干什么都不是很方便啊。

实训题

处理顾客异议模拟训练

【实训目标】

1．体会处理顾客异议时应持有的正确态度。

2．掌握处理顾客异议的基本方法。

【实训内容】

处理顾客异议。

【实训要求】

1．要求学生充分了解顾客异议的类型。

2．要求学生了解推销异议产生的根源。

3．要求老师对学生的情境模拟进行点评。

【组织与实施评价】

1．教师可向学生给出有关顾客异议的基本案例资料，并对其采取的处理技巧进行分析，便于学生实践训练时参考。

2．根据以下案例，分小组轮流扮演角色。讨论、分析两个老板对待顾客异议的态度及处理方法，并回答问题，写出文案，各小组评出优秀文案在班内表演。评选出班内文案范例。

两辆装满土豆的马车停在自由市场上。一位顾客走到第一辆马车前，问："土豆多少钱一袋？"老板坐在车上不屑地回答："55元。""噢，太贵了！我上周买时才45元。顾客不满地说。老板懒懒地说："那是上周的事了，现在就是这个价。"顾客扭头走了。

她来到第二辆马车前，询问价格。老板立刻从车上下来，热情地说："大姐，您还真有眼力，这是品种优良的土豆，是我们种的土豆中最好的一种。您看，这种土豆的芽眼很小，削皮时不会造成什么浪费；您看，这编织袋里的土豆，个个又大又圆，是经过我们挑选过的；另外，您看这土豆，多干净，这是我们在装袋前处理过的，保证您不仅放得住，而且又不会弄脏干净的厨房。我想，您不会花钱买一堆土吧？我这土豆只卖 60 元一袋。"顾客仔细地看了看编织袋里的土豆，点了点头，老板又不失时机地问："您要两袋还是三袋？我给您搬到车上。"顾客买了两袋土豆。

3．小组讨论，列举顾客可能提出的关于产品质量和产品价格的具体异议内容（最少10 种），进行分类。分析异议产生的原因以及可能存在的影响因素（至少各 10 种），并进行异议的处理。

4．采用实地调研法，各小组到本地商场实地观察，记录营业员的态度、举止及处理顾客异议的方法。回来后各小组对所观察的营业员处理顾客异议的方法进行评判，强化正确的处理方法，对需要改进的地方反复进行练习。

【考核办法】

1．写出文案，各小组评出优秀文案在班内表演。

2．评选出班内文案范例。

3．教师根据学生的方案及课堂表演评分。

4．小组之间互评。

案例分析

案例一　拒绝的背后

推销员：我们是这周还是下周把货送给你？

买主：哪个时间都不是，下次再来见我吧，我必须好好考虑一下。

推销员：你犹豫不决一定是有原因的。我可以问问是什么原因吗？

买主：花费太多了。

推销员：花费太多了？我理解你想让自己的钱发挥最大的效用。除了钱之外，还有别的原因让你犹豫不决吗？

买主：没有。

推销员：假设你能相信用这台机器几个月之后就能收回货款，我们把它记在你的预算中，这样你会前来购买吗？

买主：是的，我会购买。

（买主做了肯定回答，因此你可继续推销；假设买主做否定回答，则可进行下面的问题。）

买主：不，我还不能购买。

推销员：那么你现在还犹豫不决一定有别的原因。我想问一下是什么原因，可以吗？

买主：培训我的员工们使用这种机器太费时间。

推销员：你知道我对此很理解。时间就是金钱。除了时间，还有其他原因吗？

买主：实际上没有别的原因了。

推销员：假设你相信这台机器能节省员工的时间这样他们可以做其他事情，那你可以拿出这笔钱，是吗？

买主：我不能肯定。

推销员：金钱和时间对你都很重要，对吗？

买主：是的。

推销员：我怎么样才能让你相信这机器将会给你既省钱又省事呢？

资料来源：http://www.taodocs.com/p-4940670.html

思考题：请对该推销员处理顾客异议的手段进行评价？

案例二　墨菲卖车

约翰·墨菲是一家汽车销售公司的推销员，下面是他向一位对赛车感兴趣的买主奈特先生推销产品的精彩对话。

墨菲：奈特先生，这辆赛车是非常舒适的（奈特以沉默作答）。

墨菲：（意识到自己的口误）请坐到汽车驾驶员的座位上试一试好吗？（奈特坐进了驾驶室）您坐在里面感到舒适吗？

奈特：舒服极了！

墨菲：您觉得座位调得如何？您坐在方向盘后面舒服吗？

奈特：行，挺舒服的。不过，驾驶室太小了。

墨菲：还小？您在开玩笑吧？

奈特：我说的是实话，我感觉在里面坐着有点憋气。

墨菲：但汽车前舱的空间有 2 英尺 1！

奈特：不管怎样，我还是觉得有点憋气。

墨菲：（意识到他的错误，就停止了反驳）当然了，这辆车比不上大型车辆宽敞。但正如您刚才说的那样，坐在里面还是很舒服的。您可能已经注意到这辆车的装潢还是相当不错的，使用的材料都是皮革。还有比皮革更好的材料吗？

奈特：我不懂什么皮革不皮革的。但我觉得皮革夏天太热，冬天又太冷。

墨菲：（墨菲本来可以，也应该在事前了解清楚顾客对各种材料做成的座位外套有什么看法。不过，这仅仅是一个无关大局的细节问题，因此，他决定避开它）对，那仅仅是个人的爱好问题。其实，我明白您的意思，在炎热的夏天，皮革确实有点热。但在这个国家，夏天从来都不是太热的。应当这样看待这个问题才是，您说呢？不管怎么说，皮革肯定要比塑料凉快得多。您同意这个看法吗？

奈特：那或许有可能。但有些时候，我要在夏天开车到其他国家去。

墨菲：（墨菲本可以进一步指出，他不可能把车开到赤道去，开车到国外的时间相对来说是短暂的。但他觉得这样谈下去会把问题扯远，并且引起争执）好吧，我们来谈一下其他问题吧。您准备用这辆车来干什么？（墨菲又准备回到汽车的主要用途上，并打算用它来证明这种车的前舱空间还是足够的）

奈特：我准备开车去上班和到我们的乡村别墅去。

墨菲：路程远吗？

奈特：不特别远。

墨菲：家里人口多吗？

奈特：我们有两个小孩，都在念书。

墨菲：那么说，您是想要一辆省油的汽车了，是不是？（墨菲为了绕开汽车驾驶室大小的问题，又换了一个新话题。不过，他远远没有脱离危险区，因为他又转到汽油价格这个人人关心的问题上）您知道汽油的现价吗？

奈特：价格还可以吧。但关于节油的种种说法都是靠不住的，事实上，每一辆车所耗费的汽油量总要比说明书上规定的多得多。

墨菲：当然了，耗油量的大小取决于您怎么使用您的汽车。

奈特：（非常生气）你这话是什么意思？

墨菲：车开快了就需要经常更换挡位，这样耗油量就要大一些。

奈特：在很多情况下，宣传说明书上所说的都是不可靠的，不是事实。说明书上说，行驶20～30英里才耗费一加仑汽油。我们就按照说明书购买了一辆汽车。结果呢？还没有行驶15英里就耗费了1加仑的汽油，"宣传归宣传，事实归事实"。

墨菲：（控制住自己）好吧，我们可以在试车的时候检查一下这辆车的耗油情况。奈特先生，您可以亲自开车，好吗？

奈特：好的。（他们发动了汽车）

墨菲：您的夫人也会开车吗？（他准备把这辆车便于操作这一点作为推销要点）

奈特：她准备去听驾驶课。

墨菲：（接过新话题）我们有自己的驾驶学校。如果您需要的话，我可以帮助您夫人联系上课的事。

奈特：不用了。

墨菲：（刚准备有所表示，但及时地控制住了自己）不管怎么说吧，对您夫人来说，开小车要比大车容易。您说呢？

奈特：我想是的。（奈特又想出了一条反对的理由）像这样一辆小车怎么这样贵呢？

墨菲：（从奈特的这一想法，他意识到车的大小问题并不很重要。于是，他决定避开讨论车的大小问题。如果反驳奈特的这一看法，并且指出汽车的价格不高的话，那么就有可能发生争论。所以，他决定不直接地讨论价格问题）奈特先生，您开车是很有经验的，对吧？

奈特：我想是的。

墨菲：那么，依您看，车的哪一方面最重要？（通过承认对方有经验，造就一种融洽的气氛。并且以提问的方式把话题转向一些更重要的问题上）

奈特：唔……当然是车开起来稳不稳、车速和车的质量最重要了。还有转售价格问题。

墨菲：（谨慎地纠正对方的看法）当然也要节省，是吗？

奈特：那是当然的。

墨菲：所以，应该是稳、速度和节省。奈特先生，就速度而言，您认为哪一方面是最重要的，是最高速度指数还是变速器？

奈特：当然是变速器更重要了。不管怎么说，人们一般不使用最高速度。

墨菲：（现在他终于了解到顾客对什么东西感兴趣了）您说得太对了，这些才是最重要的。在决定一辆车的价值的时候，他的作用是很重要的。关于这一点，我与您的看法是一致的。

就这样，墨菲从以上三个方面解释了这辆车的价值，并且间接地反驳了奈特认为车的售价太高的看法。在经过三次业务洽谈之后，他终于成功地推销了这辆汽车。

资料来源：http://www.docin.com/p-679737706.html

分析思考：

1．推销人员是采用了哪些方法来处理顾客异议并说服顾客购买推销品的？

2．结合顾客异议处理的原则对墨菲的推销行为进行评价？

3．这个案例给了你什么启发？

学习情境六　推销成交与售后服务

知识目标

◇　熟悉促成交易活动的主要任务。
◇　理解推销成交的含义和基本策略。
◇　了解成交后跟踪的内容。
◇　掌握推销成交的方法与技巧。

技能目标

◇　能够正确判断并捕捉成交信号。
◇　具备灵活运用推销成交方法的能力。

导入案例

张林的方法

张林是做财产保险业务的。一次，通过朋友介绍去拜访王先生，一番寒暄之后，便开门见山地说："王先生，不管怎么样，你的房屋需要保险，您最好马上就投保。因为只要您现在一投保，您的房子马上就会得到保护。"王先生听后，沉默了一会儿，为张林倒了一杯水，让他详细介绍产品。当张林感觉已经讲得差不多，气氛越来越融洽时，就提醒王先生说："王大哥，请将您的身份证和房产证借我用一下，咱们将您的保单填妥，好吗？"因为王先生很早就考虑买这份保险，只是不知道怎样办理有关手续而已。所以，张林这样一说，他就马上提供了相关证件，与张林签订了保单。

引例说明，在推销成交阶段，推销人员要充分注意顾客的言行，及时捕捉成交信号，灵活运用成交策略与技巧，最终促成交易，达到推销的目标。

在推销过程中，促成交易是一个特殊的阶段，它是整个推销工作的最终目标，其他阶段只是达到推销目标的手段。如果推销没有成交，那么推销人员所做的一切努力都将白费。虽然成交的环境条件各不相同，成交的原因也各有特点，但是达成交易还是有一些共性的特征，推销人员掌握和熟悉这些特征后，对提高推销成效将有很大的帮助。

任务一　克服心理障碍，把握成交信号

任务引入

张伟成功地解决了顾客所有异议，他的推销活动进入了推销成交阶段。张伟知道推销

成交是推销过程中的一个特殊阶段，它是整个推销工作的最终目标，其他阶段只是达到推销目标的手段。没有成交，推销人员所做的一切努力都将白费，因此他必须仔细观察顾客的言行，捕捉各种成交信号，千方百计促成交易。

任务1：张伟需要克服成交的心理障碍。

任务2：张伟需要成功捕捉成交信号。

任务分析

所谓成交信号是指顾客在语言、表情、行为等方面所泄露出来的打算购买推销品的一切暗示或提示。在实际推销工作中，顾客为了保证实现自己所提出的交易条件，取得交易谈判的主动权，一般不会首先提出成交，更不愿主动、明确地提出成交。但是顾客的购买意向总会通过各种方式表现出来，对于推销人员而言，必须避免不良的心理倾向，准确地识别成交信号并成功地捕捉成交信号。

知识链接

成交就是推销人员帮助顾客作出使买卖双方都能接受的交易条件的活动过程。推销人员可以直接请求顾客购买来推动和帮助顾客作出购买决定。实际上，任何一个成功的推销人员都清楚，在推销成交活动中，压根就不存在神奇无比的推销技巧，也没有感染力十分强烈的语言技巧。成交是洽谈所取得的最终成果，是洽谈的延续。

一、克服心理障碍

主动不代表冒险，被动不代表安全。不早点结束，就会夜长梦多。很多销售人员业绩之所以不好，不在于产品介绍不好，也不在于顾客异议解决不好，而是具有不利于成交的心理障碍，不克服这些心理障碍，就无法从产品介绍环节成功过渡到成交环节。所以在学习成交信号、成交技巧之前，我们先了解下推销人员的哪些不良心理障碍会阻碍成交。

（1）害怕提出购买的请求。为什么不敢提出购买的请求，一方面推销人员还没有充分的心理准备，怕顾客说不让双方尴尬，有成交恐惧症。其实没有什么害怕，如果顾客今天说不，你就可以问她为什么不？让顾客讲清楚，说明白，给个不的理由。例如，她说："我觉得不好看！"又回到好不好看的问题了，我们解决就是了。再说也不能100%成交的，让自己心情放松。另一方面是有些推销人员对于推销职业有自卑感而造成的。一个人，只有真正认识到自己工作的社会意义，对自己、对产品、对公司有自信，认为在帮助顾客，才会激发出巨大的勇气和力量。所以推销人员应当认真学习现代推销学基本理论和技术，加强职业修养，培养职业自豪感和自信心，从而使自己在成交阶段信心倍增，而不是患得患失害怕提出成交。

（2）认为顾客会主动提出成交。推销过程中，有些推销没有与顾客达成交易，就是因为他们认为没有必要主动提出成交，他们认为顾客在面谈结束时会自动购买产品。但事实证明，绝大多数顾客会因为各种担忧而采取消极态度，推迟、修正或者避免购买行为。这些担忧包括信任担忧、货币损失担忧、机会损失担忧、后果担忧、其他担忧。所以，推销人员用适当方法在最恰当时机主动鼓动顾客，引导顾客才有更多成交的机会。

（3）对成交期望太高。一旦推销人员成交期望太高，给顾客太大的压力，就会破坏良好的成交气氛，引起顾客反感，并阻碍成交。因此，在销售工作中，销售人员务必做到：不要对成交抱有过高的期望。

二、识别成交信号

资深推销人员都知道，提出成交是个很敏感的话题，如果提出过早，顾客没有购买欲望，很容易给顾客形成压力，导致脱离你的推销。提出过晚，可能错过顾客购买意念最强烈的一刻，导致推销的失败。不要以为成交像电脑程序，各个步骤走到了就一定会发生预定的结果；成交更像荡着秋千摘高处的苹果，你首先必须将秋千荡到一定高度，最终能否够着苹果还需要看你出手的时机和角度是否精准。对于每一个销售人员来说，都需要等待一个恰当的心理时机来成交。这个时机的核心就是一切都合适，也就是说潜在顾客的意识已经被调到了最佳状态。而这最佳的时机就要根据顾客的成交信号来判断。顾客的语言、行为和表情等信息表明了顾客的想法，对于销售人员来说，要随时准备好成交，要在销售气氛冷却之前获得购买的信号。当顾客发出成交信号时，请立即停止产品介绍，索要订单。顾客表现出来的成交信号主要有表情信号、语言信号和行为信号等。

（一）表情信号

这是从顾客的面部表情和体态中所表现出来的一种成交信号，如在洽谈中面带微笑、下意识地点头表示同意你的意见、对产品不足表现出包容和理解的神情、对推销的商品表示兴趣和关注等。例如，一位保险推销人员在给顾客讲述一个充满感情的、很有说服力的故事时第三者因为购买保险而从灾难中得到补偿，竟让对方忍不住双目含泪。这个信号非常清晰地告诉推销人员，顾客是非常有同情心并且关注自己的家庭成员的。这个信号为推销人员销售保险产品提供了宝贵的线索和方向。把握成交时机，要求推销人员具备一定的直觉判断与职业敏感。一般而言，下列几种情况可视为促成交易的较好时机。

（1）当顾客开始认真地观察产品，表示对产品非常有兴趣，或一边听你介绍产品一边若有所思地把玩产品时，很可能他内心正在盘算怎样和你成交。

（2）顾客的表情从戒备、抵触变为放松，眼睛转动由慢变快，眼睛发光，腮部放松，这表示客户已经从内心接受了你和产品。

（3）在推销人员讲话的时候，顾客频频点头。

（4）顾客脸部表情从无所谓、不关注变得严肃或者沉思、沉默，说明他有所动心，开始权衡。

（5）顾客态度由冷漠、怀疑变成自然、大方、亲切，也说明对你和产品的接受。

（6）顾客态度友好，认真观看有关的视听资料。

（7）当顾客身体靠在椅子上，眼睛左右环顾后突然直视着你的时候，说明他正在下决心。

（二）语言信号

顾客通过询问使用方法、价格、保养方法、使用注意事项、售后服务、交货期、交货手续、支付方式、新旧产品比较、竞争对手的产品及交货条件、市场评价、说出"喜欢"和"的确能解决我这个困扰"等表露出来的成交信号。以下几种情况都属于成交的语言信号。

（1）顾客对商品给予真诚的肯定或称赞，或者对产品爱不释手。

（2）征求别人的意见或者看法，说明他想买，正在求证。

（3）询问交易方式、交货时间和付款条件。

（4）详细了解商品的具体情况，包括商品的特点、使用方法、价格等。

（5）对产品质量或工艺提出质疑，说明他关心买了以后的使用，并为价格谈判做铺垫。

（6）了解售后服务事项，如安装、维修、退换等。

（7）询价或和你讨价还价，这是一个最显著的信号，谈好价格后基本就可以成交。

（8）对产品的细节提出很具体的意见和要求。

（9）客户提出"假如我要购买"的试探问题。

语言信号种类很多，推销人员必须具体情况具体分析，准确捕捉语言信号，顺利促成交易。

（三）行为信号

由于人的行为习惯，经常会有意无意地从动作行为上透漏一些对成交比较有价值的信息，当有以下信号发生的时候，推销人员要立即抓住良机，勇敢、果断地去试探、引导客户签单。

（1）坐姿发生改变，原来是坐在椅子上身体后仰看着你，现在直起身来，甚至身体前倾，说明原来对你的抗拒和戒备，变成了接受和迎合。

（2）动作变化，原来静止地听业务员介绍变成动态，或者由动态变为静态，说明他的心境已经改变了。

（3）查看、询问合同条款，反复阅读文件和说明书，从单一角度观察商品到从多角度观察商品。

（4）要求推销人员展示样品，并亲手触摸、试用产品。

（5）顾客不再提问，突然沉默或沉思，眼神和表情变得严肃，或笑容满面表示好感。

（6）主动请出有决定权的负责人，或主动给你介绍其他部门的负责人。

（7）给销售人员倒水递烟，变得热情起来，说明他开始重视你。

（8）打电话询问家人，或者打电话询问他心目中的专家。

（9）转变洽谈环境，主动要求进入洽谈室或在推销人员要求进入时，非常痛快地答应，或导购员在订单上书写内容做成交付款等动作时，顾客没有明显的拒绝和异议。

（10）提出变更推销程序，例如顾客跟你说："明天，公司有个技术会议，你也参加一下。"

例如，一位女士在面对皮衣推销人员时，虽然是大热天，她仍穿着皮衣在试衣镜前，足足折腾了一刻钟。她走来走去的样子好像是在做时装表演；而当她脱下皮衣时，两手忍不住又去摸皮毛，甚至眼里涌动着泪光。从该例我们可以看出，这位女士的行为属于强烈的成交信号。

正因为通过顾客的行为我们可以发现许多顾客发出的成交信号，因此作为一位推销人员应尽力使顾客成为一位参与者，而不是一位旁观者。在这种情况下，通过细心观察，推销人员很容易发现成交信号。例如，当顾客在商品前流连忘返，或者来回看过几次的时候，就说明顾客对该产品有很大的兴趣，只要及时解决顾客的疑问，成交也就顺理成章了。

以上介绍的是推销成交环节常见的顾客成交信号，但不同行业仍有其各自的特点，需要推销人员认真地学习把握。没有成交，谈何销售？所以，推销人员要随时准备好成交，要在销售气氛冷却之前及时准确识别成交信号。

案例6-1

小王是某配件生产公司的销售员，他非常勤奋而且沟通能力也相当不错，前不久，公司研发出了一种新型的配件，较之过去的配件有很多性能上的优势，价格也不算高。小王立刻联系了他的几个老顾客，这些老顾客都对这种配件产生了浓厚的兴趣。

此时，有一家企业正好需要购进一批这种配件，采购部主任对小王的销售表现得十分热情，向小王反复咨询有关情况。小王详细、耐心地向他解答，对方频频点头。双方聊了两个多小时，十分愉快，但是小王并没有向对方索要订单。他想，对方还没有对自己的产品了解透彻，应该多接触几次再下单。

几天之后，他再次和对方联系，同时向对方介绍了一些上次所遗漏的优点。对方很是高兴，就价格问题和他仔细商谈了一番，并表示一定会购进。之后，对方多次与小王联络，显得非常有诚意，为了进一步巩固客户的好感，小王一次又一次地与对方接触，并逐步和对方的主要负责人建立起良好的关系。他想："这笔单子已经是十拿九稳的了。"

然而，一个星期之后，对方的热情却慢慢地降低了。再后来，对方还发现了产品中的几个小问题，这样拖了近一个月，这笔到手的单子就这样黄了。

资料来源：孟昭春. 成交高于一切[M]. 北京：机械工业出版社，2010.

问题：小王为什么会失去订单？

【启示与思考】

小王的失败显然不是因为缺乏毅力或沟通不当，也不是因为产品缺乏竞争力，而是因为他没有把握好成交的时机，过于追求完美，过于谨慎，最终错失良机。

在实施成交的过程中，如果推销人员懂得分辨客户的购买信号，就会信心倍增，并及时促成成交。当然，也许推销人员会碰上一本正经、不动声色的人。但多数买家会通过细小的事情而泄露他的秘密。当信号显现时，推销人员就要长驱直入促成交易，必须做个行动主义者。要知道，虽然买家对产品表现出了巨大的兴趣并且价格可以接受，推销人员还是必须主动首先提出成交意向。作为买家，总难免犹豫不决，这就需要一个推动力。

三、捕捉成交信号

当顾客产生了一定的购买意向之后，往往会向推销人员询问产品的一些具体信息。例如，询问产品某些功能及使用方法、折扣，或者询问其他老顾客的反应，询问公司在客户服务方面的一些具体细则等。这需要推销人员认真观察和细心体验，及时捕捉成交信号，作出积极反应，抓住成交时机。

很多推销人员之所以最终无法与顾客达成交易，并非不够努力，而是因为没能正确识别成交信号并及时捕捉成交信号。对自己及推销的产品缺乏信心，总希望能给顾客留下更完美的印象，结果反而失去了成交的大好时机。

成功捕捉成交信号的五个注意事项如下。

（1）随时做好准备，不要在顾客已经显示成交意向时，对顾客发出的信号无动于衷。

（2）多观察、多询问、多思考，不放弃任何成交机会。

（3）留意顾客表情、语言、行为方面的成交信号。

（4）准确识别顾客发出的成交信号，无论是识别错误还是忽视这些信号，对推销人员来说都是机会的错失，对顾客来说也是一种时间和精力上的浪费。

（5）在把握顾客发出的成交信号时，坚持"宁可信其有，不可信其无"的基本原则。

小测验

如果你是中高级住宅的推销人员，根据你自己的经验和看法，下面哪些不是推销洽谈中的购买信号？

1．顾客索取并阅读有关部门推销文件。

2．顾客提出有关价格异议。

3．顾客问推销人员有完没完。

4．顾客抱怨住宅的外观设计缺乏品位。

5．顾客要求推销人员留下联系电话。

6．顾客详细询问价格和付款条件。

小知识

信号一：如果在你向顾客作完商品说明后，顾客表现出兴趣，然后再仔细听取你所提出的成交条件、商品价格。这时表明成交的最佳时机已经到来，你就可以提出成交。用热情的态度问："你觉得怎么样了？""你是否觉得满意。"这时你就等着顾客给你的好消息吧。

信号二：在你向顾客作完商品推销说明后，顾客一般有征求其他顾客尤其是同伴们的看法和意见的倾向，看着对方或问一句"你觉得怎么样？""值得买吗？"出现这种情况时，表明顾客基本上已有购买的意愿了，只想再征求一下别人的意见。此时你就要转向他的同伴，把他也说服了，或者跟他的同伴谈些与此无关的话而转移他的注意力。要切记，当你与一群顾客谈交易时，千万不要只与其中的一两个谈而不管其他人，让他们坐冷板凳，还要尽量避免他们之间互相谈论商品。

信号三：当顾客对你的交易不太感兴趣，显出不在意的神态时，你不要气馁，而应积极主动地接近顾客，调动顾客的积极性，参与到你的交易中来。如你可以这样说："您需要试试吗？""您先试用一下吧？"顾客若是接受了你的建议，表明他的兴趣增大了。这时你就可以继续你的介绍了，直到成交的最佳时机出现。

信号四：在作完商品推销说明后，不要给顾客有松气的机会，立即把商品拿到顾客的跟前，建议他自己试试。这样，他对商品的看法就会受你刚刚讲完的说明的牵制，让他觉得你的商品确实像说明里说的那样好。这样，以紧凑的节奏来调动顾客，直到交易完成。一气呵成，快速干脆。

信号五：在你作商品推销过程中，有些顾客会产生焦虑不安、神情不定的情况。此时你若还跟他大谈交易，要求签约，必然无效。为了使你的工作进行得下去，必须消除顾客的焦虑。最好的方法是找些题外话来活跃气氛，然后再慢慢地把话题拉到交易上来，把顾客想说的一些话，用自己的方式说出来，减轻他的压力感。

信号六：在推销过程中，如果顾客老问有关商品质量和性能方面的问题，表明他对商品已经产生了深厚的兴趣，并且有意准备购买了。此时是否就要对他提出的问题作详细的回答呢？不一定。你可以挑战性地回答说："你还是自己试试吧。"

信号七：常言道："眼睛是心灵的窗户。"从眼睛里可以获得很多顾客心理活动的信息，有对你的推销工作十分有用的东西。根据这些重要的信息，你就可以调整好交易的进程和节奏。当顾客的眼睛里流露出渴求、惊奇、明亮的神情时，表明顾客已经有了强烈的购买欲了，你就可大胆地提出成交的事了。

信号八：在与顾客的交谈过程中，有的顾客静心地听着你的话语，仔细看你的商品推销资料。而有的顾客正相反，在交谈中大发议论，饶有兴趣地谈论着有关商品的一些问题，积极地发表自己对商品的一些意见。这两种人其实都是对商品颇感兴趣的人，这时正是提出成交的最佳时机，千万不要错过了这个良机。

总之，要准确地把握住成交的最佳时机，必须要善于观察顾客的神态、表情，获取从中折射出来的信号，并加以分析利用。

任务二　掌握成交的策略和方法

任务引入

张伟在最后达成交易的过程中，发现了顾客有购买意向并传递了有关购买信号。那么，在成交的最后阶段，张伟应该如何利用顾客的购买信号，采用什么样的成交策略与方法，才能顺利拿下订单，达成最终目标。

任务1：张伟需要了解推销成交的策略。

任务2：张伟需要掌握推销成交的方法。

任务分析

在推销过程中，推销人员要认真研究成交的策略，在坚持相关成交原则的同时，要根据交易实际情况灵活运用成交的技术与方法。只有这样才能成功地促成交易，完成销售任务。

知识链接

成交策略是促成交易活动的基本战术，适用于各种商品或服务的买卖活动。成交的实现，取决于推销人员是否真正掌握并灵活运用成交策略和成交战术。成交方法是指推销人员用来促成顾客作出购买决定，最终促使顾客采取购买行动的方法和技巧，它是成交活动的规律与经验的总结。

一、常用的成交策略

（一）预防第三者"搅局"策略

当推销人员与顾客接近成交的关键时刻，如果有第三者突然冒出来，往往会给推销工作增加难度。要是这位不速之客不熟悉或者不欣赏推销人员所推销的商品，顾客又向他征求意见，十有八九会使生意告吹，事实上在顾客购买某些产品时，准顾客购买的"天平"本来就非常敏感，稍微有点"风吹草动"就可能使准顾客改变主意。因为人们天然就有拒绝接受新事物的思想，排他性是一种惯性思维定势。有鉴于此，推销人员应尽量在没有别人干扰的情况下与准顾客成交，防止可能的第三者的"横加干涉"。为了防止顾客受到其他人的影响，推销人员可以对准顾客说："咱们找个清静的地方谈吧！"以防患于未然。

（二）保留成交余地策略

保留一定的成交余地，有两个方面的内涵：一是在某次推销面谈中，推销人员应该及时提出推销重点，但不能和盘托出，因为顾客从对推销人员的推销产生兴趣到作出购买决定，总是需要经过一定过程的。到成交阶段，推销人员如能再提示某个推销要点和优惠条件，就能促使顾客下最后的购买决心。为了最后促成交易，推销人员应该讲究策略，注意提示的时机和效果，留有一定的成交余地。二是即使某次推销未能达成交易，推销人员也要为顾客留下一定的购买余地，希望日后还有成交的机会，因为顾客的需求总是在不断地变化，顾客今天不接受你的推销，并不意味着永远不接受。一次不成功的推销之后，推销人员如果留下一张名片和产品目录，并对顾客说："如果有一天你需要什么的话，请随时与我联系，我很愿意为你服务。在价格和服务上，还可以考虑给你更优惠的条件。"那么，就会经常发现这些回心转意的顾客。

（三）保持积极心态策略

成交是推销过程中的一个重要的"门槛"，成交的障碍主要来自于两个方面：一是顾客的异议，二是推销人员的心理障碍。推销人员由于自身知识、经验、性格、爱好以及所面对的顾客特点的不同，在推销过程中难免会产生或多或少的退缩、等候、观望、紧张等不利于成交的消极心理。这就是所谓的推销心理障碍。推销人员心理上的一些障碍，会直接影响到最终的成交。

另外，推销人员应以积极、坦然的态度对待成交的失败。实际上，即使是最优秀的推销人员，也不可能使每一次推销洽谈都达到最后的成交。在推销活动中，真正达成交易的只是少数。要坦然接受推销活动可能产生的不同结果。

案例 6-2

美国百货大王梅西于 1882 年出生于波士顿。年轻时出过海，以后开了一家小杂货铺，卖些针线。然而，铺子很快就倒闭了。一年后他另外开了一家小杂货铺，没想到仍以失败而告终。

当淘金热席卷美国时，梅西在加利福尼亚开了个小饭馆，本以为供应淘金客膳食是稳赚不赔的买卖，没想到多数淘金者一无所获，什么也买不起。这样一来，小铺又倒闭了。

回到马萨诸塞州之后，梅西满怀信心地干起了布匹服装生意。可是这一回他不只是倒闭，简直是彻底破产，赔了个精光。

不死心的梅西又跑到新英格兰做布匹服装生意。这一回他终于找对了时机，买卖做得很好，甚至把生意做到了街上的商店。

梅西在头一年开张时账面上的收入才 11.08 美元，而现在位于曼哈顿中心地区的梅西公司已经成为世界上最大的百货商店之一了。

资料来源：付晓明. 超级销售细节训练[M]. 北京：北京科学技术出版社，2004.

问题： 百货大王成功的秘诀何在？

【启示与思考】

所谓"失败乃成功之母"。成功正是在失败中发酵孕育的，它隐藏在你对挫败的否定并坚持不懈之中。做推销一定会遇到许多的拒绝，奢望一夕成功绝无可能。失败了多少次并不重要，重要的是你即将要采取哪些行动去帮助自己成功。一次的失败并不重要，重要的是永远不放弃成功的念头，只要坚持永不放弃，就一定可以成功。从某种意义上来说，没有失败的推销，只有推销人员的失败。

（四）因势利导策略

诱导顾客主动成交就是要设法使顾客主动采取购买行动。这是成交的一项基本策略。推销人员要采取适当的方法与技巧来诱导顾客主动成交，并使顾客觉得购买行为完全是个人的决定，而非别人强迫，这样，在成交的时候，顾客的心情就会十分轻松和愉快。

（五）成交助推策略

准顾客准备签订交易合同时，但由于对推销品仍有疑虑，犹豫不决，推销人员应该适时亮出"王牌"，"重拳"出击，掌握主动权，彻底摧毁顾客的心理防线，使之签订"城下之盟"。但王牌的使用是要讲究策略的，应该在推销的关键时刻亮出来，这要求推销人员要有保留地介绍成交条件，不要一口气把全部有价值的宣传亮点都用完，"弹尽粮绝"之时也就是"坐以待毙"之日。如推销人员可以说："我忘记告诉你了，为了表明我们与贵公司合作的诚意，第一笔生意的运费由我们承担。"

（六）最后成交机会策略

在推销洽谈似乎是要以失败告终时，推销人员仍不应放弃，因为此时顾客紧张的压力已经得到充分的释放，防备松懈。这时，推销人员要善于察言观色，准确捕捉顾客心理活动，抓住时机，充分利用这一最后的机会促成双方最终达成交易。美国有位推销人员就特别擅长利用这一最后的时机达成交易。每当他要告别顾客时，便慢慢地收拾东西，有意无意地露出一些顾客未曾见过的产品样品，企图引起顾客的注意和兴趣，从而达成交易。在实际推销工作中，许多推销人员往往忽视这一最后的成交机会，而使一些本该达成的交易失之交臂。

二、推销成交的方法与技巧

在实际推销实践中，经过国外推销学家和优秀的推销人员对成交过程进行的大量研究，发现成交活动的一些基本规律，并总结出以下的成交方法。

（一）请求成交法

请求成交法（Asking for the Order）也称直接成交法（Direct Approach），即推销人员用明确的语言向准顾客直接提出购买的建议。这是一种最基本、最常用的成交方法。当买卖已经"瓜熟蒂落"时，推销人员自然就应该明确提出成交请求，如："既然没什么问题，我们现在就把合同订了吧。""这次机会很难得，您现在订货，我们保证本月交货，可以方便您下个月的开工。""这个合同非常简单，您看完后没有异议，就可以签字了。""您这次想要多少货？"等。

1. 使用请求成交法的时机

针对某些理智型的顾客，直接请求成交法也许是最有效的方法。请求成交法一般适合于以下情形。

（1）老客户。对于老顾客，因为买卖双方已建立了较好的人际关系，运用此法，顾客一般不会拒绝。例如，"老张，最近我们生产出几种新口味的冰淇淋，您再进些货，很好销的！"

（2）顾客已发出购买信号。顾客对推销品产生购买欲望，但还未拿定主意或不愿主动提出成交时，推销人员宜采用请求成交法。例如，一位顾客对推销人员推荐的空调很感兴趣，反复地询问空调的安全性能、质量和价格等问题，但又迟迟不作出购买决定。这时推销人员可以用请求成交法，"这种空调是新产品，非常实用，现在厂家正在搞促销活动，享受八折的优惠价格，如果这时买下，您还会享受终身的免费维修，这些一定会让您感到满意的。"

（3）在解除顾客存在的重大障碍后。当推销人员尽力解决了顾客的问题和要求后，是顾客感到较为满意的时刻，推销人员可趁机采用请求成交法，促成交易。例如，"您已经知道这种电热水器并没有您提到的问题，而且它的安全性能更好，您不妨就买这一型号的，我替您挑一台，好吗？"

2．使用请求成交法的优点

（1）快速地促成交易。

（2）充分地利用了各种成交机会。

（3）可以节省销售的时间，提高工作效率。

（4）可以体现一个销售人员灵活、机动、主动进取的销售精神。

3．请求成交法的局限性

请求成交法也存在着缺陷。若销售人员不能把握恰当的成交机会，盲目要求成交很容易给顾客造成一种压力，从而产生一种抵制情绪，破坏本来很友好的成交气氛。此外，若销售人员急于成交，就会使顾客以为销售人员有求于自己，导致销售人员被动。俗话说，"谁先开口谁矮一头"，在讨价还价的时候，谁先提出成交，往往就会处在被动的地位。所以，推销人员如果过分着急直接提出成交，客户会利用这个优势压价或开出更多的要求，从而使销售人员丧失成交的主动权，使顾客获得心理上的优势。还有可能使顾客对先前达成的条件产生怀疑，从而增加成交的困难，降低成交的效率。

（二）假定成交法

假定成交法是指在尚未确定成交，对方仍持有疑问时，销售人员就假定顾客已接受销售建议而直接要求其购买的成交法。如推销人员可做如下陈述："我稍后就打电话为您落实一下是否有存货？"或"你打算让我们的工程师什么时候来安装？""明天下午来交货可以吗？""您打算进多少这种规格的货品呢？"如果准顾客对此不表示任何异议，则可认为顾客已经默许成交。

假定成交法是一种推动力。例如，你已将一部汽车开出去给顾客看过了，而感到完成这笔交易的时机已经成熟，这时你就可以进一步地解决这个问题，推动顾客能真正地签下订单。你可以这样对他说："杨先生，现在你只要花几分钟工夫就可以将换取牌照与过户的手续办妥，再有半小时，你就可以把这部新车开走了。如果你现在要去办公事，那么就把这一切交给我们吧，我们一定可以在最短时期内把它办好。"经你这样一说，如果顾客根本没有决定要买，他自然会向你说明；但如果他觉得换取牌照与过户手续相当麻烦而仍有所犹豫的话，那么你的这番话该可使他放心了，说明手续不成什么问题。

假定成交法，特别适用于对老顾客的推销。例如，一个化妆品推销员对一个正在比较各种口红颜色的顾客说："你手上的这支很适合你的年龄和肤色。来，我替你装好。"

假定成交法的优点是节省推销时间，效率高，能迅速地将谈判带到成交阶段，当你和客户谈得差不多的时候，可以果断运用这种方法进入成交。它可以将推销提示转化为购买提示，适当减轻顾客的成交压力，避免让客户在"买与不买"之间徘徊，直接让他做"买多少""何时买"这种相对容易的决策，从而促成交易。

假定成交法要求销售人员要正确地把握时机，盲目假定顾客已有了成交意向而直接明示成交，很容易给顾客造成过高的心理压力，导致可能成功的交易走向失败。这种方法若使用不当，还会使顾客产生种种疑虑，使销售人员陷于被动，增加成交的困难。

（三）选择成交法

选择成交法是指推销人员向顾客提供两种或两种以上可供选择的购买方案来促成交易的成交方法。即推销人员为顾客设计出一个有效的成交范围，使得客户跨过了"买与不买"选择的痛苦，只在购买多少、何时购买等成交方式上进行选择。例如，"您想要小包装的还是大包装的？""给您送70个还是90个这种产品？""今天给您送货，还是明天送？"

选择成交法是假定成交法的应用和发展，仍然以假定成交理论作为理论依据，即推销人员在假定成交的基础上向顾客提出成交决策的比较方案，先假定成交，后选择成交。顾客不能在买与不买之间选择，而只是在推销品不同的数量、规格、颜色、包装、样式、交货日期等方面作出选择，使顾客无论作出何种选择，导致的结局都是成交。

🔑 案例6-3

推销员："以车身的颜色来说，您喜欢灰色的还是黑色的？"

客户："嗯，如果从颜色上来看，我倒是喜欢黑色的。"

推销员："选得不错！现在最流行的就是黑色的！那么，汽车是在明天还是在后天送来呢？"

客户："既然要买，就越快越好吧！"

经过这样一番话，客户等于说要买了，所以这时推销员就说："那么明天就送货吧。"这样很快就达成了交易。

资料来源：http://www.qianyan.biz/sshow-44743050.html

问题：请问该推销人员用了哪种成交法，其优点是什么？

【启示与思考】

从表面上看来，汽车推销员似乎把成交的主动权交给了顾客，而事实上是让顾客在一定的范围内进行选择，有效地促成交易。采用选择成交法，可以避免令顾客感到难以下决心是否购买的问题，而使顾客掌握一定的主动权，即选择权，从而比较容易作决定。但真正的成交主动权仍在推销人员手中，因为顾客选来选去，无论选择哪一个都是成交。而且当销售人员直接将具体购买方案摆到顾客面前时，顾客会感到难以拒绝。

选择成交法最大的好处是减少了顾客成交的压力，避免了顾客在作选择决策上的痛苦，让顾客顺利成交。这种成交方法还有一个好处，推销人员提出成交方案，使得推销人员在交易中占支配地位。

但选择成交法也有它的缺点。首先，如果推销人员提出的成交方案使得顾客无法接受的时候，顾客可能会失去成交的信心，甚至导致推销失败。在实际推销中，并不是像"摊煎饼"那样简单，尤其是对于单位购买这样涉及方方面面的复杂购买，推销人员贸然提出选择方案，很可能是不切实际的，也很可能被顾客否决。其次，如果推销人员提出的选择成交方案是各有优点、截然不同的方案，往往会让客户对每个方案都割舍不下陷入犹豫之中，甚至导致不购买。例如买衣服，营业员一会儿说紫色衣服优雅大方、尽显高雅脱俗的气质，一会儿又说红的这件时尚动感、青春靓丽，但是客户只有买一件衣服的钱，左右为难之下，她很可能会放弃购买。

运用选择成交法应注意以下问题。

（1）选择成交法不适合大宗购买或比较复杂的购买。例如卖房子，你不能用"您是买一个三居室还是二居室？"来促进顾客成交，因为"三居室""二居室"相差太大了，客户购买这两者所考虑的因素是截然不同的，也不可能是到最后才决定的。对于复杂的购买，影响客户购买决策的因素有很多，推销人员很难准确把握，例如，在单位购买中，就存在老板、使用者、购买者甚至公司财务等多方面的制约因素，推销人员很难拿出准确的备选方案。

（2）运用选择成交法时，备选方案要少。一般不超过两个，而且每个都是符合顾客实际情况的。备选方案少，免得客户挑花眼。另外，备选方案要有实质性的差异，避免客户没法选择。

（3）选择成交法要求推销人员帮助顾客进行选择。特别是对于那些比较犹豫的顾客，推销人员要帮助其分析各个备选方案的好坏，尽量引导顾客选择一个符合其实际的称心如意的方案。

（四）总结利益成交法

总结利益成交法是指推销人员将顾客关注的产品的主要特色、优点和利益，在成交中以一种积极的方式来成功地加以概括总结，以得到顾客的认同并最终获取订单的成交方法。

例如，吸尘器推销员运用总结利益成交法，他可能说："我们前面已经讨论过，这种配备高速电机的吸尘器（特征）比一般吸尘器转速快两倍（优点），可以使清扫时间减少15～30分钟（利益），是这样吧？（试探成交如果得到积极回应）你是想要卫士牌还是天使牌？"

总结利益法也许是争取订单最流行的方法。施乐公司培训中心的销售教员说，他们传授的大多数成交方法都是由总结利益法的三个基本步骤组成。

（1）推销洽谈中确定顾客关注的核心利益。

（2）总结这些利益。

（3）作出购买提议。

总结利益成交法能够使顾客全面了解商品的优点，便于激发顾客的购买兴趣，最大限度地吸引顾客的注意力，使顾客在明确自己既得利益的基础上迅速作出决策。总结利益成交法适用面很广，特别是适合于相对复杂的购买决策，如复杂产品的购买或向中间商推销。

但是采用此法，推销人员必须把握住顾客确实的内在需求，有针对性地汇总阐述产品的优点，不要"眉毛胡子一把抓"，更不能将顾客提出异议的方面作为优点加以阐述，以免遭到顾客的再次反对，使总结利益的劝说达不到效果。

案例 6-4

在一次推销洽谈中，顾客（一位商店女经理张女士）向推销员暗示了她对产品的毛利率、交货时间及付款条件感兴趣。以下是他们之间的对话。

推销员：张女士，您说过对我们较高的毛利率、快捷的交货时间及付款方式特别偏爱，对吧？（总结利益并试探成交）

张女士：我想是的。

推销员：随着我们公司营销计划的实施，光顾你们商店的顾客就会增加，该商品的销售必将推动全商店的销售额超过平常的营业额，我建议您购买（陈述产品和数量）。下两个月内足够大的市场需求量，必将给您提供预期的利润，下周初我们就可交货（等待顾客的回应）。

资料来源：邱少波. 现代推销技能[M]. 北京：立信会计出版社，2005.

问题：推销人员用到了什么成交法获取订单？

【启示与思考】

推销人员将张经理关注的利益，在成交中加以概括总结，从而得到顾客的认同并最终获取订单。

（五）从众成交法

从众成交法是推销人员利用人们的从众心理来促成准顾客购买推销品的成交方法。如一位服装店的销售人员在销售服装时说："您看这件衣服式样新颖美观，是今年最流行的款式，颜色也合适，您穿上一定很漂亮，我们昨天刚进了四套，今天就剩下两套了。"一般来说，顾客听到这种话，都会对该商品产生好印象，即缺货就意味着是好货，紧俏品就是好商品，肯定值得购买。类似的例子还有："王先生，这款汽车外观豪华气派，流线型的造型时尚而简洁，内部结构合理舒适，空间的感觉也非常棒，而且车的动力强劲。来我们这里买车的很多商务人士，他们首选就是这辆车，它可以说是商务人士的代步车，买它非常符合您的身份。""李女士，这款香水的味道非常独特，淡淡的、幽幽的香气，非常高雅迷人，它几乎是白领丽人专用化妆品，您选择它没错。""王太太，这份名单上面的名字都是您左邻右舍居家的太太，她们都购买了我的产品，享受我的上门服务。如果您能买我的产品，我将竭诚为您服务。"

从众成交法的优点是：采用从众成交法，可以用一部分顾客去吸引另一部分顾客，从而有利于推销人员提高销售的效率。在日常生活中，人们或多或少都有一定的从众心理，顾客在购买商品时，不仅要依据自身的需求、爱好、价值观选购商品，而且也要考虑全社会的行为规范和审美观念，甚至在某些时候不得不屈从于社会的压力而放弃自身的爱好，以符合大多数人的消费行为。别人的购买是一种潜移默化的说服，利用人们从众的心理，让顾客知道有很多人都在购买，这样就会在客户心中形成一种因为没有购买的不平衡压力，从而促使他作出购买决定。如果从众成交法做得好，可以导致一大批客户大规模成交，例如在打折促销滞销品的时候，就经常使用这种方法。由于产品已取得了一些顾客的认同，使销售人员的说词更加有说服力，有利于顾客消除怀疑，增强购买信心。

但是，也有些顾客喜欢标新立异，与众不同。若销售人员对这些顾客错误地使用了从众成交法，反而会引起顾客的逆反心理，从而拒绝购买。有些客户因为一时冲动从众，但把东西买回去后，一冷静就后悔了并提出退货，这时推销人员的麻烦就来了。如果推销人员所列举的"众"不恰当，非但无法说服顾客，反而会制造新的成交障碍，从而失去成交的机会。同时，如果推销人员把时间和精力都用在述说人群购买情况，而忽视了对产品的介绍，也可能导致推销失败。

采用从众成交法应注意以下问题。

（1）在购买人群中要找好有影响的顾客，通过说服他来带动大家的购买。这个有影响力的人分两种，一种是顾客熟悉的人，这样的人由于顾客熟悉所以相信；另一种是名人，名人由于其社会知名度通常具有很大的带动效果。

（2）在举例的时候，尽量运用例证以增加说服力。日本有个家庭用品的推销员，每当他说服家庭主妇购买的时候，他都请这些主妇们在一张纸上签字，时间长了，他再去说服其他主妇的时候，他只要拿这张纸给主妇们看就很有说服力。

（3）要选择好从众所"从"的对象。例如对于白领，你所说的"众"就应该是白领，而不是农民工；对于"职业女性"所说的"众"就应该是"职业女性"，而不应该是家庭妇女。

（4）从众成交法的"从众"应该是实际已经发生的，如果杜撰捏造，企业与推销人员都将无法承受其后果。

（六）小点成交法

小点成交法又称为局部成交法，是推销人员利用局部成交来促成整体成交的方法。小点是指次要的、较小的成交问题。

小点成交法主要利用的是"减压"原理，以若干细小问题的决定来避开是否购买的决定，培养良好的洽谈氛围，导向最后的成交。购买者对重大的购买决策往往心理压力较大，较为慎重，担心有风险而造成重大损失，导致难以决断，特别是成交金额较大的交易。为了减轻顾客对待成交的心理压力，帮助顾客尽快下定决心，推销人员可以采取化整为零的方法，将整体性的全部决定变为分散性的逐个决定，先争得对方部分同意。让顾客逐个拿定注意，最后再综合整体，以促成购买决策的达成。

小点成交法具有许多优点。它可以创造良好的成交气氛，减轻顾客的心理压力；为推销人员提供与顾客周旋的余地，避开对顾客很难接受的问题进行接触，从而避免了顾客的直接拒绝，即使一个小点不能成交，也可以换其他的小点，直至达成交易；它还有利于推销人员合理利用各种成交信号，有效地促成交易。

小点成交法也存在一些缺点。

（1）如果老是围绕小问题转而无法涉及主要问题，不仅浪费时间，而且降低成交效率。

（2）容易引起顾客的误会。例如顾客提出一个很重要的要求，你避而不答去谈小问题，他会以为你接受了他的要求。

（3）用小问题去谈，也可能分散顾客的注意力，结果主要问题反而得不到解决。

案例6-5

一个办公用品推销人员到某局办公室推销一种纸张粉碎机。办公室主任在听完产品介绍后摆弄起这台机器，并自言自语道："东西倒很适用，只是办公室这些小青年毛手毛脚，只怕没用两天就坏了。"

推销人员一听，马上接着说："这样好了，明天我把货送来时，顺便把纸张粉碎机的使用方法和注意事项给大家讲一下。这是我的名片，如果使用中出现故障，请随时与我联系，我们负责修理。主任，如果没有其他问题，我们就这么定了？"

资料来源：钟立群. 现代推销技术[M]. 北京：电子工业出版社，2005.

问题：推销人员采用的是什么成交法？

【启示与思考】

案例中该推销人员采用的就是小点成交法。推销人员在假定顾客已经作出购买决定的前提下，就纸张粉碎机的使用和维修与主任达成协议，而避开了重大的成交问题，使办公室主任轻松地接受了成交。办公室主任很容易地接受了这个条件，实际上他也就接受了推销人员的推销建议。

运用小点成交法应注意的问题。

（1）比较适合大宗的、复杂的、涉及人员比较多、无法就所有问题达成协议的交易，也适合顾客本来对整个交易抵触比较大的情况。另外，当顾客购买某些产品主要的决策因素只是其中某些小点的时候，也比较适合。

（2）推销技巧中的小点设置很关键，有助于整个问题的解决，这样才能一步步把顾客引入下一个回合。

（3）如果顾客提出的问题或者异议是很关键的，也无法跨越的，那就不要回避。毕竟再高明的推销技巧，都要屈服于顾客的实际情况。

（七）最后机会成交法

所谓最后机会成交法是指推销人员直接向顾客提示最后成交机会，而促使顾客立即购买的一种成交方法。这一成交方法要求推销人员运用购买机会原理，向顾客提示"机不可失，时不再来"的机会，给顾客施加一定的成交压力，使顾客感到应该珍惜时机，尽快采取购买行为。如汽车推销员说："这种车型的汽车非常好卖，这一辆卖出去以后，我们也很难进到同样的车子或由于原材料需要进口，这批货卖完后，可能要很长时间才有货。"

最后机会成交法的关键在于把握住有利的时机，若使用得当，往往具有很强的说服力，产生立竿见影的效果，并能节省销售时间，提高销售效率。这种方法对于大部分的推销行为都有作用，既可单独使用，也可和其他成交方法一起使用。

最后机会成交法的缺点是：（1）对于没有强烈购买欲望的顾客，可能因为成交压力而终止购买行为；（2）对于一些因为切实的原因无法现在购买的顾客，机会的丧失会导致他的挫折感，甚至不再购买该产品；（3）如果经常地提示最后机会，容易让顾客无视这个机会，甚至认为推销人员在说谎。

采用最后机会成交法最忌讳的是欺骗顾客。例如有些卖水果的小贩往往采用这种伎俩，对顾客说："就剩下这点儿了，五块钱卖给你。"等顾客买完离开后，又拿出一些来欺骗下一个顾客。这种做法一旦被发现，会令其丧失信誉，失去顾客。

（八）优惠成交法

优惠成交法是推销人员通过提供优惠的交易条件来促成交易的方法,如通过提供价格、赠品、服务等优惠的方法,促使客户下决心成交。商业推广中经常使用的"买二送一""买大家电送小家电"等便属此法。它利用了顾客在购买商品时,希望获得更大利益的心理,实行让利销售,促成交易。例如:"张总,在本月5日前,我们厂家提供3折优惠,您今天下订单,还可以享受这么大的优惠。""李先生,如果您今天能够成交,我可以向销售经理请示,再给您赠送一套汽车贴膜。""刘女士,这是最低价格了,如果您能今天成交,我可以帮您请求一个小赠品。"

正确地使用优惠成交法,利用顾客的求利心理,可以吸引并招揽顾客,有利于创造良好的成交气氛。而且利用批量成交优惠条件,可以促成大批量交易,提高成交的效率。该方法尤其适用于销售某些滞销品,以减轻库存压力,加快存货周转速度。但是,优惠成交法也有局限性。首先,这种方法可能导致企业利润降低,也会导致销售员的收入减少;其次,也可能对产品的品牌形象产生不利影响,人们通常认为"便宜没好货",降价尤其是频繁或大幅度的降价,对产品品牌形象损失尤其大;再次,这种方法还容易导致客户的贪得无厌心理,引发他更多的讨价还价或要求更大优惠的欲望;最后,容易引发推销人员对优惠成交法的依赖,变成了不优惠不会成交。

（九）体验成交法

体验成交法是推销人员为了让顾客加深对产品的了解,增强顾客对产品的信心而采取的试用或者模拟体验的一种成交方法。当推销人员和顾客商讨完有关产品、服务保障和交易条件后,为了促成交易,就需要在可能的条件下用形象化的手段直观地展示推销品。如用计算机给顾客演示产品的多媒体效果图和有关公司的发展理念、服务网络、文化等方面的情况,以进一步增强用户信心。体验成交法能给顾客留下非常深刻的直观印象。目前,在很多高价值、高技术含量的产品领域,体验成交非常流行,如汽车销售中的顾客试驾、软件销售中的顾客试用体验等。

案例6-6

马丰是做绿色食品——食用仙人掌推销工作的,刚开始时他的推销工作经常遭到拒绝,但他认为他的口才和推销技巧都不比别人差,那么,问题究竟出在哪里呢? 他的一位同事每天都能卖出很多仙人掌,并且与几个大酒店都签订了长期的订货合同。马丰觉得很奇怪,于是就在一次聚会中向这位同事索取成功推销的经验。这位同事说:"我也没有用什么方法,只是将食用仙人掌的做法告诉那些饭店的厨师,并请他们做出来先品尝一下。因为这种菜以前从没有人吃过,更没有人做过。如果花钱买来了却不会做,那买它作什么呢?"马丰听了以后感觉有理。

资料来源:http://tieba.baidu.com/p/117923073?pn=1

问题:马丰的同事获取订单的关键是什么?

【启示与思考】

案例中马丰的同事将食用仙人掌的烹饪方法告诉了饭店的厨师，最重要的是免费提供仙人掌让厨师试做并品尝，使用户加深了对仙人掌的了解，增强了信心，从而促成了交易。

体验成交法的优点：（1）它可以让顾客通过亲身体验，更加充分体验产品的性能、利益，用产品优良的性能来进行自我推销。（2）顾客将产品拿回去试用，当他用得很满意的时候，会将产品看成自己的，如果再让他交回来，他就会很依依不舍而决定购买。买过汽车的朋友都有这种感觉，一般的 4S 店都有试乘试驾服务，当你一趟试驾下来，心里的种种异议都跑得无影无踪了，下车的时候就一个念头——买车！（3）这种成交方法会让许多顾客因为推销人员的大度和信任，对产品和推销人员产生好感，从而不好意思不买。如销售食品时提供"先尝后买"，也是这个道理，品尝之后，很多顾客往往不好意思不买。（4）将产品给顾客试用，可以延长推销人员和顾客的交往时间，推销人员可以利用这一时间加强推销力度，和顾客交朋友，或拓展更广的客户关系。（5）先用后买，可以让顾客更清楚地了解产品，购买以后的退货率也会大大降低。

体验成交法的缺点：（1）通过产品试用后才购买，推迟了成交的时间，降低了推销效率。（2）要为顾客准备试用品，增加了销售成本和中间的损耗。（3）有一些顾客可能在当时被销售员将购买欲望调动起来，但试用产品的时候，购买欲望降低了或者对产品不满意而取消了购买。（4）体验成交法对部分产品并不适用。

运用体验成交法应注意的问题：（1）要选择好适合试用的产品，例如车可以试乘试驾，但房子就无法试住，房子可以做出样板间让客户增加体验感。（2）要做好充分准备，所谓的试用，就是让顾客体验，如果他体验不好，就适得其反。这里所说的准备，不仅是对产品的准备，还有对一些复杂产品让客户掌握使用方法的准备，试想，顾客从你这里拿了游戏机回家试用，他不知道按键怎么操作，折腾一个晚上还没有玩上游戏，他的反应会怎样？（3）要有相关的条款，对产品试用的条件，以及试用产品损坏等进行约束。（4）要对顾客试用情况进行了解，及时解决顾客在产品试用中出现的问题，让客户获得更好的体验。（5）体验成交法是一种非常好的方法，如果产品在同类产品中有差异优势，建议都要尽量让顾客进行试用，以增强推销力度。

（十）保证成交法

保证成交法是推销人员通过向顾客提供某种保证来促成交易的成交方法。保证成交法即推销人员针对顾客的主要购买动机，向顾客提供一定的成交保证，消除顾客的成交心理障碍，降低顾客的购物风险，从而增强顾客的成交信心，促使尽快成交。保证成交法是一种大点成交，直接提供成交保证，直至促成交易。例如，"我们汽车保证您能够无故障行驶 20 万公里，并且还可以为您提供长达 8 年的售后服务保证，如果一旦遇到什么问题，我们公司的服务人员会随时上门为您提供服务。"

又如"您放心，我这儿绝对是全市最低价，如果您发现别家的货比我的货便宜，我可以立即给您退货。"

保证成交法通过提供保证使顾客没有了后顾之忧，增强了购买信心，从而可以放心购买产品。另外，该方法在说服顾客、处理顾客异议方面也有不同寻常的效果。保证成交法的保证内容一般包括商品质量、价格、交货时间、售后服务等。这种保证直击顾客的成交心理障碍，极大地改善成交气氛，有利于促成交易。使用保证成交法时，一定要做到言而有信。不能为一时的利益而信口承诺，结果又无法实现，必将丧失销售信用，不利于与顾客发展长久的关系。

◤ 小测验

指出下面的例子使用的是什么成交方法。

1. 推销员推销某种化妆品，在成交时发现顾客露出犹豫不决、难以决断的神情，就对顾客说："小姐，这种牌子的化妆品是某某明星常用的，她的评价不错，使用效果很好，价钱也合理，我建议您试试看。"

2. 一位推销员对顾客说："对于买我们的产品您可以放心，我们的产品在售后三年内免费保养与维修，您只要拨打这个电话，我们就会上门维修的。如果没有其他问题，就请您在这里签字吧。"

3. "这种裤子每条卖 60 元，如果您买 3 条的话，我再送您 1 条。"

4. "王处长，这种东西质量很好，也很适合您，您想买哪种样式的？"

5. "刘厂长，既然您对这批货很满意，那我们马上准备送货。"

6. 一个推销员到顾客的单位推销化工产品，他认为所推销的产品价格合理、质量很好，断定顾客非买不可。所以，在见到顾客寒暄了几句之后，就把话题转到化工产品上来，立即就问："老王，我是先给你送 50 吨来，还是 100 吨全部都送来？"

小知识

成交环节中最易犯的十种错误。

1. 因过程太长而未能实现成交。你的顾客是各种各样的，许多顾客并不都需要一个完整的推销展示过程，所以当顾客已经表示"买"时，你仍然按部就班地进行"推销"展示就是多余了。

2. 有不正确的认识倾向。如果你对你自己或所推销的产品心存疑惑，你的顾客也会感觉到，因而有可能拒绝从你这里购买。

3. 每次拜访没有提出成交请求。成功的推销人员认为，应当使每次拜访都表现出为实现成交而做。

4. 方法失效。推销人员应有意识地促使自己学习和使用一些新颖的成交意向表达方式。应当知道，如何提出成交请求是一种技术，它可以不断改进提高。

5. 推销展示做得不充分。要想实现成交，应确保顾客明白你的产品或服务的优点是什么。

6．没能不懈努力。如果在听到第一次"不"之后就泄气了，你也将成功的可能性束缚了起来。

7．确定成交的时间过长。所有有经验的推销人员都听说过有关在成交之后又停止的事。所以一旦成交，应在感谢顾客之后立即离开。

8．缺乏演练。与同事进行演练，是提高成交技巧的好方法，也可以在与小业务往来客户的交往中锻炼，这样可有效地控制推销损失和获得有价值的销售经验。

9．没有选择方法。应该在心中留有一个或更多的选择方案，针对不同的顾客用不同的方法。

10．未见兔子先撒网。不应该指望每次推销展示都能进入到提示成交的层次。记住，除非获得订单，否则你什么也没做成。

资料来源：李世宗．现代推销技术[M]．北京：北京师范大学出版社，2007．

任务三 做好售后管理

任务引入

张伟在推销准备、推销接近、推销洽谈、解决顾客异议及促成交易各个阶段都做得尽善尽美。那么，在交易达成后，张伟的推销活动是否全部结束了呢？回答是否定的。从现代推销学的角度看，成交并非意味着推销活动的终结，而仅仅只是"关系推销"进程的开始。

任务1：张伟需要做好成交后的追踪。

任务2：张伟必须协助做好售后服务。

任务分析

在签订完买卖合同之后，张伟应及时地向顾客告别，根据合同的规定和要求，做好货物发放、装运、安装与操作指导等后续服务工作，保持与顾客的联系，了解顾客对购买产品的满意状况，解决顾客在使用产品中所遇到的各种问题，真正让顾客满意，并发展和巩固双方之间的友谊，为树立良好的口碑和下一次更大规模的交易打下坚实的基础。

知识链接

成交后追踪是指推销人员在成交签约后继续与顾客交往，并完成与成交相关的一系列工作，以更好地实现推销目标的行为过程。推销的目标是在满足顾客需求的基础上实现自身的利益。顾客利益与推销人员利益是相辅相成的两个方面，在成交签约后并没有得到真正的实现。顾客需要有完善的售后服务，推销人员需要回收货款以及发展与顾客的关系，于是成交后追踪就成为一项十分重要的工作。

一、成交后的追踪

（一）成交后跟踪的意义

成交后追踪是现代推销理论的一个新概念。其中一些具体的工作内容，在传统的推销工作中已有体现。但把它概括为成交阶段的一个重要环节，则体现了它对于现代推销活动的重要性，进一步体现了以客户为中心的营销理念。成交后追踪的意义主要表现在以下几个方面。

1．成交后追踪体现了以满足顾客需求为中心的现代推销观念

成交后追踪使顾客在购买商品后还能继续得到推销人员在使用、保养、维修等方面的服务，以及购买后如果在质量、价格等方面出现问题能得到妥善的解决。这两个方面使顾客需求得到真正意义上的实现，使顾客在交易中获得真实的利益。所以说，成交后追踪是在现代推销观念指导下的一种行为。

2．成交后追踪使企业的经营目标和推销人员的利益最终得以实现

企业的经营目标是获取利润，推销人员要获取报酬，如何获取？只有收回货款后才能得以实现。而在现代推销活动中，回收货款往往是在成交后的跟踪阶段中完成的。

3．成交后追踪有利于提高企业竞争力

随着科学技术的进步，同类产品在其品质和性能上的差异越来越小。企业间竞争的重点开始转移到为消费者提供各种形式的售后服务。售后服务是否完善，已成为消费者选择商品时要考虑的一个重要方面。而各种形式的售后服务，也是在成交后的追踪过程中完成的。

4．成交后追踪有利于获取重要的市场信息

通过成交后的追踪，推销人员可以获取顾客对产品数量、质量、花色品种、价格等方面要求的信息。因此，成交后的跟踪过程实际上就是获取顾客信息反馈的过程，便于企业开发新的产品。

5．成交后的追踪有利于和顾客建立起良好的合作关系

成交后的追踪工作可以加强推销人员和顾客之间的联系，通过为顾客提供服务了解顾客的习惯、爱好和职业，从而有利于和顾客建立比较紧密的个人情感联络，有利于顾客重复购买或者推荐其朋友购买推销品。

（二）成交后追踪的内容

由于顾客需要的多样性，成交后追踪所包含的内容是非常丰富的，这里主要介绍与顾客建立和保持良好的关系、回收货款两个方面。

1．与顾客建立和保持良好的关系

在交易达成后，仍应保持一分冷静，不要得意忘形，谨防乐极生悲，要用诚挚的语言对顾客的合作表示感谢。如"能跟您达成这笔交易，我感到万分的高兴，谢谢您的支持。"但推销人员也应认识到，交易的达成是对购买双方都有利的事情，是一项互惠互利的交易，也不必过分地表示感谢。你帮助顾客解决了他们所遇到的问题，同时也获得了订单，是"双赢"的好事。

（1）与顾客保持良好关系的作用

在达成交易告别顾客后，推销人员应抓紧时间去落实买卖合同中的各项条款，应该认识到合同对推销人员的约束作用，推销人员在整个推销过程中自始至终都要坚持以顾客为中心，开辟与顾客之间的沟通渠道，并确保通道的畅通，保持与顾客的接触和联系，了解顾客对购买的满意状况，更重要的是利用通道来解决顾客的不满，发展并维持与顾客的长期合作关系。与顾客保持良好关系的作用表现在以下两个方面。

① 便于获取顾客对产品的评价信息。一方面，通过与顾客保持联系，可以获取顾客各方面的反馈信息，作为企业正确决策的依据；另一方面，通过做好成交的善后处理工作，能使顾客感觉到推销人员及其所代表的企业为他们提供服务的诚意，便于提高推销人员及其企业的信誉。

② 有利于发展和壮大自己的顾客队伍。成交之后，经常访问顾客，了解产品的使用情况，提供售后服务，与之建立并保持良好的关系，可以使顾客连续地、更多地购买推销品，并且可以防止竞争者介入，抢走顾客。同时，老顾客还会把他的朋友介绍给推销人员，使其成为推销人员的新客户，使顾客队伍不断发展和壮大。

作为推销人员应该清楚地认识到，生意在很大程度上决定于人与人之间、公司与公司之间的关系。推销人员应当发展、培养和维系这种关系，只有这样才能使生意兴隆。

案例6-7

德国著名的奔驰汽车公司的销售服务措施简直就是撒向全国乃至全世界的两张网。它的第一张网是推销服务网：任何一位顾客或潜在的顾客在它的推销处或推销人员那里，都可以对其汽车的样式、性能、特点等得到全面的了解。而且根据顾客的不同需求和爱好，对诸如车型、空间设备、车体设备、车体颜色，甚至不同程度的保险钥匙等，都可以分别给以满足。第二张网是维修网：奔驰公司在国内共设了 1 000 多个维修站。维修站的工作人员技术娴熟、态度热情、修车速度快。在任何一条公路上，汽车出了故障，车主只要向就近的维修站打个电话，维修站就会派技术人员来帮助修理，或者将车拉到站里进行修理，一般的修理项目当天就能完成，不影响车主使用。

资料来源：李海琼. 现代推销技术[M]. 杭州：浙江大学出版社，2004.

问题：结合案例谈谈服务的重要性。

【启示与思考】

21 世纪的企业竞争，"产品"已不是唯一制胜法宝，唯有运用"服务"策略，才能赢得更大的竞争优势。奔驰汽车的成功不仅仅在于其产品质量的精良，更重要的是它所提供的全方位的售后服务。可以预料，随着汽车市场竞争的加剧，它将带给顾客更多的利益和需求的满足。

（2）与顾客保持联系的方法

推销人员应积极主动地、经常地深入顾客之中，加强彼此之间的联系。联系的方法多种多样，主要有以下几种。

① 通过信函、电话、走访、面谈、电子邮件等形式。通过这些方式既可以加深感情，又可以询问顾客对企业产品的使用情况、用后的感觉、是否满意、是否符合自己预期的要求、有什么意见和建议，并及时将收集到的信息反馈给企业的设计和生产部门，以便改进产品和服务。

② 通过售后服务、上门维修的方式。

③ 在本企业的一些重大喜庆日子或企业举行各种优惠活动时，邀请顾客参加、寄送资料或优惠券等。如新产品的开发成功、新厂房的落成典礼、新生产流水线的投产、产品获奖、企业成立周年庆典、举办价格优惠或赠送纪念品活动等，都是很好的机会。

④ 在国家规定的节日或者传统的节日到来之前，向客户致以节日的问候。问候可以是电话、邮件，也可以是联谊活动或者赠送小礼品。

⑤ 在属于顾客个人的节日，如生日、结婚纪念日等有特殊意义的时刻，向他们致以节日的问候，将会给顾客留下十分深刻的印象并迅速拉近与客户的距离，但是要做到这些，需要推销人员做个有心人。

上述这些实用的方法有利于推销人员与顾客相互记住对方，更重要的一点是无论做什么事都要富有人情味。发送一张贺卡、一份剪报或一篇文章的复印件并不需要周密思考，也不需要花很多的时间和精力，关键是给顾客留下深刻印象，其秘密就是亲自动笔写的几句话。

（3）了解顾客的满意程度

顾客满意度是指顾客对购买活动及其购买物品的感受，即推销过程及推销品满足顾客期望的程度。如果实际感受与购买预期相吻合，顾客就会满意；如果实际感受与购买预期有较大的反差，则顾客就不会满意。如果顾客满意，就会倾向于继续购买推销人员所推销的其他物品并保持高度的品牌忠诚。

案例6-8

玛丽·凯化妆品公司的美容师，会在顾客买了化妆品准备回家使用时，与顾客约定多少时日以后请顾客再来一次，详细讨论化妆及化妆品的有关事项。到时如果顾客没来，美容师会在两个星期内打电话给顾客，询问使用化妆品的情形："组合化妆品好不好用？是不是比以前更漂亮了？"美容师询问的目的主要在于发觉顾客对产品的"不满意"有哪些？然后做针对性处理，使顾客百分之百满意。公司董事长玛丽·凯·阿什认为，顾客对产品不满意，表示有问题发生，解决顾客的不满意就是解决问题。

资料来源：www.tianya.cn/techforum/content/152/537968.shtml

问题：谈谈顾客满意度管理的重要性。

【启示与思考】

许多推销人员认为"顾客百分百满意"是老调重弹，没有什么好强调的，其实这正是成功的推销人员之所以能够成功之处。维持与顾客的紧密联系是非常必要的，即使没有什么事发生，平常推销人员也要定期与顾客联系，问候顾客："有没有需要帮忙的事情？"

顾客满意程度对于推销人员本人或者其所代表的公司都是非常重要的，为了及时收集顾客对购买过程的感受，许多公司设立了专门的售后服务部门对顾客使用情况进行跟踪和管理。作为推销人员本身，也应该高度重视与顾客的售后联系，随时准备好解决顾客使用产品过程中所遇到的问题，争取顾客进行重复购买或者介绍朋友进行购买。

2. 回收货款

销售的目的就是在顾客获得所需产品的同时，企业也能够快速回笼货款。收不回货款的推销是失败的推销，会使经营者蒙受损失，所以在售出货物后及时收回货款，就成为推销人员的一项重要工作任务。

在现代推销活动中，赊销、预付或者为中间商铺货作为一种商业信用，在销售中扮演着非常重要的角色，是企业占领市场、扩大销售额的重要手段。如何才能及时、全额地收回货款是降低企业经营风险的关键因素。要做好货款的回收工作，需要从下面几个方面加以注意。

（1）在商品销售前进行顾客的资信调查。顾客的资信主要包括顾客的支付能力和信用记录两个方面。在推销前，从多方面了解顾客的资信状况，是推销人员选择顾客的重要内容，同时也是能够及时全额地回收货款的安全保障。否则，即使销售了产品，但是由于顾客资信不良而造成烂账，反倒不如没有成交。

（2）在收款过程中保持合适的收款态度。如果因为采取不恰当的态度而影响收回货款，那是得不偿失的。因此，推销人员应针对不同的客户、不同的情况，采取相应的收款态度。一般情况下，收款态度过于软弱，就无法收回货款；收款态度过于强硬，容易引起冲突，不利于企业形象，而且会影响双方今后的合作。所以，推销人员在收款时要态度认真、有理有节。这样，既有利于货款的回收，又有利于维持双方已经建立起来的良好关系。

（3）正确掌握和运用收款技巧。推销人员掌握一定的收款技巧，有利于货款的回收。例如：

- ✧ 成交签约时要有明确的付款日期，不要给对方留有余地。
- ✧ 按约定的时间上门收款，推销人员自己拖延上门收款的时间，会给对方再次拖欠当借口。
- ✧ 如果不能及时收款，就以公司有规定为由暂停有关的产品安装程序，从而引起顾客的重视而早日付款。
- ✧ 注意收款的时机，了解顾客的资金状况，在顾客账面上有款时上门收款。
- ✧ 争取顾客的理解和同情，让顾客知道马上收回这笔货款对推销人员的重要性。
- ✧ 收款时要携带事先开好的发票，以免错失收款机会，因为客户通常都凭发票付款。
- ✧ 如果确实无法按约收款，则必须将下次收款的日期和金额，在客户面前清楚地做书面记录，让顾客明确认识到这件事情的严肃性和重要性。

这里介绍的只是一些常用的收款技术。在实际工作中，还需要推销人员针对不同的顾客，灵活机动，临场发挥。无论采用何种技术，目的是明确的，即及时、全额地收回货款。

二、售后服务

售后服务是指企业及其推销人员在商品到达消费者手里后，为保证顾客正常使用而继续提供的各项服务工作。售后服务的目的是为顾客提供方便，保证客户的满意度，促进企业的推销工作。随着人们收入水平的提高，顾客不仅要求买到中意的商品，而且更要求买到商品后能够方便地使用。

（一）开展售后服务的原因

1. 服务是产品价格的一部分

购买者所支付的产品价格本身就包含了服务的费用，他们有权享用，也应当得到完善的服务享受。当然，服务的范围、程度要看推销品的技术复杂程度、销售额大小、长期合作的可能性而定。

2. 售后服务是顾客对产品正常使用的必备条件

确保产品能够正常使用是推销人员分内的事，不管所售产品是什么，只要购买者有售后服务的要求，需要运输与安装、调试、示范及培训，需要了解有关的特殊知识和操作技巧，推销人员就有义务做好善后工作。

3. 售后服务是与顾客建立信任关系的基础

不管顾客是一次性购买还是多次惠顾，良好的售后服务都能够不同程度地提高顾客的满意度，增强顾客对推销人员及其所代表的公司的信任。

4. 售后服务是稳定企业及其推销人员业务的有力保障

要扩大销售额，有两条基本途径：一是找到新顾客；二是出售更多的产品给老顾客。良好的售后服务对这两种增加销售额的途径都有很大帮助。

案例6-9

温彻斯特公司是一家专门定做服饰的公司，麦克是该公司的金牌销售员。有一次，麦克在接到比尔的订单后，遇到了缺料的问题。首先是温彻斯特公司已经把仓库的灰色布料用完，仓储部门虽然紧急订购灰色布料，但麦克还是无法如期交出比尔的灰色西装，需延后3个星期才能交货。另外，也欠缺蓝色布料，大概需6个月后才有蓝色布料供应。麦克准备把无法如期交货的坏消息通知比尔。

麦克："比尔，很抱歉。您定做的灰色西装恐怕要延后3个礼拜交货，因为公司的炭灰色布料消耗得很快，库存的布料被用光了，公司正紧急订购炭灰色的布料。"

比尔："没有关系，麦克，谢谢你打来电话。"

麦克："蓝色布料也被用光了，您订的蓝色西装恐怕也要延迟交货了。比尔，真对不起，您定做的两套西装都因为布料短缺而不能按时交货。这种情况在以前是没有发生过的。"

比尔："没有关系，没有关系。你只要到时候把做好的蓝色西装和灰色西装交给我就可以了。"

麦克："比尔，我还有一些坏消息和一些好消息，您想听坏消息还是好消息?"

比尔："什么样的坏消息？"

麦克："坏消息是指蓝色布料的短缺恐怕长达 6 个月，而好消息是指，有一种替代品能替代目前正短缺的蓝色布料。这种替代品无论在材料、颜色、质量方面都和短缺的蓝色布料一样，只是在布料的编织上有一点点的不同。不过，这种不同是很难看出来的。以替代品做成的西装是每套 525 元。"

比尔："那不是比原来的价格贵 50 元吗？你还说是好消息？"

麦克："我已经跟公司谈过了。公司方面愿意以原来的价格 475 元卖给您。如果您认为可以，我想这几天把样品布料带给你看，由您做最后的决定。"

比尔："那太好了，谢谢你，麦克。"

麦克把不能如期交货的问题做了圆满的解决。在解决问题当中，麦克表现了他诚实、细心的处事态度。在他和比尔之间有了一个"好的开始"后，他们的"好"关系也将持续下去。这是一次成功的推销。

资料来源：http://tieba.baidu.com/p/117923073?pn=2

问题： 结合案例谈谈售后服务的重要性。

【启示与思考】

不论销售什么产品，如果不能提供良好的售后服务，就会使努力得来的生意被竞争对手抢走。赢得订单，固然是推销工作的一个圆满"结束"，但从长远看，这只是一个阶段性的结束，不是永久的、真正的结束，反而是拓展推销事业的"开始"——开始提供长久的、良好的售后服务。在本案例中，麦克不仅主动和比尔联系，还为比尔提供不能如期收货的弥补方案，麦克的售后服务打动了比尔的心，也使麦克在同行中具有很大的竞争力。

（二）售后服务的内容

售后服务包含的内容非常丰富。随着竞争的加剧，新的售后服务形式更是层出不穷，提供给顾客更多的利益和需求的满足。从目前来看，售后服务主要包括下列内容。

1. 送货服务

对购买大件商品，或一次性购买数量较多，自行携带不便以及有特殊困难的顾客，企业均有必要提供送货上门服务。原来这种服务主要是提供给生产者用户和中间商的，如今已被广泛地应用在对零售客户的服务中。例如，在激烈的市场竞争中，一些家具经销商十分重视及时送货上门。这种服务大大地方便了顾客，刺激了顾客的购买。

2. 安装服务

有些商品在使用前需要在使用地点进行安装。由企业的专门安装人员上门提供免费安装，既可当场测试，又可保证商品质量。同时，上门安装还是售后服务的一种主要形式。例如，著名的海尔公司销售空调器后，会为顾客提供免费安装，安装人员为了不给顾客带来麻烦，他们自带鞋套，自带饮水，并在空调器安装完毕后帮助顾客将室内收拾整齐，同时给顾客仔细讲解使用、保养方法，耐心解答顾客的疑问，深受顾客欢迎。

3. 包装服务

商品包装是在商品售出后，根据顾客的要求提供普通包装、礼品包装、组合包装、整件包装等的服务。这种服务既为顾客提供了方便，又是一种重要的广告宣传方法。如在包装物上印上企业名称、地址及产品介绍，能起到很好的信息传播作用。

4.“三包”服务

“三包”服务是指对售出商品的包修、包换、包退的服务。企业应根据不同商品的特点和不同的条件，制定具体的“三包”方法，真正为顾客提供方便。

实质上，包换也好，包退也好，目的只有一个，那就是降低消费者的购物风险，使其顺利作出购买决策，实现真正意义上的互惠互利交易。当顾客认识到企业为顾客服务的诚意时，包退、包换反过来会大大刺激销售。不仅提高了企业信誉，还赢得了更多的顾客。

5. 帮助顾客解决所遇到的其他问题

推销人员必须向对待自己的问题那样对待顾客的问题，因为从长远看，只有顾客获得成功，你才能再次与顾客进行交易，来扩大自己的成交额。同时，推销人员处理顾客所遇到的问题的速度，也体现了你对顾客的重视程度。

根据经验，售后服务的质量越高、次数越多，越能获得顾客一再的惠顾，顾客介绍朋友上门的意愿也越高。重视售后服务的推销人员在经过 2 年以后，会发觉销售额的 80%是来自老顾客或老顾客的介绍。

小知识

客户是怎样失去的：

（1）1%是由于老客户去世了。

（2）3%是由于老客户搬迁，离开了原来的区域。

（3）4%是非常自然的流动——因为好奇心而不断更换品牌。

（4）5%是由于购买了朋友或亲人推荐的产品。

（5）9%是由于选择了便宜的产品。

（6）10%是由于长期对产品有抱怨情绪。

（7）68%是由于客户的需求得不到关注，客户的抱怨得不到及时处理。

资料来源：刘敏兴. 销售人员专业训练[M]. 北京：中国社会科学出版社，2003.

任务总结

张伟知道成交是整个推销活动中最重要的一个环节，直接关系到推销的成败。他对推销成交的体会如下。

（1）推销人员要想顺利地达成交易，必须能识别顾客发出的各种成交信号，准确捕捉到信号，及时把握成交时机。

（2）在推销成交的过程中，要注意成交中的一些基本问题：如要有正确的成交心态、防止第三者对成交的破坏、关键时刻亮出绝招、锲而不舍地做出推销努力等。

（3）要获得推销的成功，除了掌握成交的一些基本技巧外，也应熟悉常用的推销方法，根据推销人员自身、推销品及推销对象的情况，选择合适的一种或几种推销方法在实践中加以运用，并不断提炼总结和完善。这些方法包括请求成交法、假定成交法、选择成交法、从众成交法、最后机会成交法、优惠成交法、小点成交法、总结利益成交法、体验成交法和保证成交法等。

（4）达成交易并不是推销过程的终结，而是关系推销的开始。在推销成交后，要做好成交后的追踪，采取必要的措施保住顾客。由于服务是产品价格的一部分，服务是顾客正常使用产品的必备条件，服务是建立信任关系的基础，服务有助于推销额的增加等方面的原因，推销人员必须依据顾客及中间商的不同情况，随同产品的出售提供不同种类的售后服务。

业务技能自测

一、判断题

1．当客户发出成交信号时，请立即停止产品介绍，索要订单。（　　　）

2．在顾客同意购买你的商品之前，就假定他已决定要购买，这样做属于强迫推销法。（　　　）

3．在回收货款时，尽量做到有理有节，既不能太软弱，也不能太强硬。（　　　）

4．任何时候都应当让顾客有这样一种感觉：你是在认真地对待他的抱怨，并且对这些抱怨进行事实调查而非逃避责任。（　　　）

5．网络购物中，客服人员告诉顾客"七天内如果产品不影响二次销售，可无条件退货"是一种保证成交法。（　　　）

二、选择题

1．下列现象中，属于成交信号的有（　　　）。
    A．顾客询问新、旧产品的比价　　　　　B．顾客问产品售后服务
    C．客户打哈欠　　　　　　　　　　　　D．客户皱眉
    E．客户询问能否试用商品

2．"这种酒有两种包装，你要精装的还是简装的？"推销人员使用的这种成交方法是（　　　）。
    A．请求成交法　　　　　　　　　　　　B．选择成交法
    C．假定成交法　　　　　　　　　　　　D．总结利益成交法

3．推销人员对比较各种口红的客户说："你手上这支很适合你的肤色和年龄。来，我替你装好。"这种成交方法是（　　　）。
    A．保证成交法　　　　　　　　　　　　B．假定成交法
    C．小点成交法　　　　　　　　　　　　D．选择成交法

4．最佳的成交时机是顾客购买心理活动过程的（　　　）阶段。
    A．兴趣　　　　　　B．欲望　　　　　　C．确信　　　　　　D．认识

5．推销人员对顾客说："小姐，这种牌子的化妆品是某某明星常用的，她的评价不错，使用效果很好，价钱也合理，我建议您买来试试看。"这种成交方法是（　　　）。
    A．请求成交法　　　　　　　　　　　　B．假定成交法

C．从众成交法　　　　　　　D．体验成交法

思考与讨论

1．阻碍推销人员成交的心理障碍有哪些？如何克服？
2．作为推销人员，应掌握哪些成交策略？
3．推销活动中有哪些成交的主要方法？
4．如何和顾客建立良好的关系？
5．遇到顾客延期付款时，推销人员该如何处理？

实训题

【实训目标】

1．培养学生掌握推销成交的策略，并能灵活运用。
2．培养学生掌握推销成交的方法，并能灵活运用。

【实训内容】

运用不同的成交方法与各种类型的顾客成交。

【实训要求】

1．要求学生在推销成交过程中正确识别并捕捉成交信号。
2．每个小组必须使用请求成交法、选择成交法、从众成交法、小点成交法、体验成交法、保证成交法与顾客成交。
3．要求老师对学生的情景模拟进行点评。

【组织与实施评价】

1．学生分组，每组4～6人。
2．运用的推销成交方法与技巧不能少于4种。
3．小组两两结合进行模拟操作。

【考核要点】

1．根据学生的现场控制能力、观察能力、灵活应变能力、语言表达能力等来进行评分。
2．学生小组互相评分。

案例分析

案例一　克里斯·亨利的推销经历

克里斯·亨利（Chris Henry）是一个工业用阀门、法兰、密封圈及密封剂的推销员，

他正在访问壳牌石油公司（Shell Oil）的购买者格雷·马斯洛，希望他能使用 Furmanite 牌子的密封制品来防渗透。克里斯刚和购买者讨论完产品的特色、优点、利益，也说明了公司的营销计划和业务开展计划，他感觉到快大功告成了。以下是他们二人的推销对话。

克里斯：让我来总结我们曾经谈到的。您说过您喜欢由于快速修理所节省下来的钱，您也喜欢我们快速的反应而节省的时间，最后一点我们的服务实行 3 年担保。是这样的吧？

格雷：是的，大概是这样吧。

克里斯：格雷，我提议带一伙人来这里修理这些阀门渗透，您看是让我的人星期一来呢，还是别的什么时候？

格雷：不用这么快吧！你们的密封产品到底可不可靠？

克里斯：格雷，非常可靠。去年，我们为美孚（Mobil）做了同样的服务，至今为止我们都未因担保而返回修理，您听起来觉得可靠吗？

格雷：我想还行吧。

克里斯：我知道您作出决策时经验丰富、富有专业性，而且您也认同这是一个对你们厂正确的、有益的服务，让我安排一些人来，您看是下星期还是两周内？

格雷：克里斯，我还是拿不定主意。

克里斯：一定有什么原因让您至今犹豫不决，您不介意我问吧？

格雷：我不能肯定这是否是一个正确的决策。

克里斯：就是这件事让你烦恼吗？

格雷：是的。

克里斯：只有您自己对自身的决策充满自信，您才可能接受我们的服务，对吧？

格雷：可能是吧。

克里斯：格雷，让我告诉您我们已经达成共识的地方。由于能够节省成本，您喜欢我们的在线修理服务；由于能得到及时的渗透维修，您喜欢我们快捷的服务回应；而且您也喜欢我们训练有素的服务人员及对服务所做的担保。是这些吧？

格雷：没错。

克里斯：那什么时候着手这项工作呢？

格雷：克里斯，计划看起来很不错，但我这个月没有钱，或许下个月我们才能做这项工作。

克里斯：一点也没问题，格雷，我尊重您在时间上选择，下个月 5 号我再来您这里确定维修工人动身的时间。

分析思考：

1. 列表说明推销员使用了哪些成交方法？
2. 多重成交技术的优缺点各有哪些？
3. 克里斯是否应该再次提出成交？为什么？
4. 假定克里斯觉得他能达成更多的成交额，您认为他可能会怎样做？

案例二 一种新颖盒子销路的打开

日本大阪有一家公司，经过精心设计，研制了一种可放置茶具、餐具等物品的盒子，这种盒子可以像百叶窗那样上下移动，颇有新意，且外形美观。可投放市场以后，却销售不佳，盒子在仓库里堆积如山。

有一位来自东京的推销员在了解了这些情况之后，对该公司的经理说："给我1 000只盒子，让我来试试看。"仅仅过了一个月，盒子的订单就开始源源不断了。原来这位推销员拿着盒子到一家家旅馆去推销。"请把这种盒子放在客房的冰箱上面，我们过去是先用白布铺在冰箱上，白布上再放置杯子、开瓶启子等东西，上面再盖上白布，每天每间客房要换洗两块白布。如果把这些用品放在盒子里，就用不着天天换洗白布了，我把盒子留几个在你们旅馆里，过两个星期再来看看。"

就这样，盒子留在了旅馆，试用下来，旅馆的服务人员及旅客都觉得它很不错，于是各旅馆纷纷提出要货的要求，订单开始源源不断地出现在公司经理的办公桌上。

分析思考：

1．推销员在推销盒子时是怎样激发起顾客的购买欲望的？
2．这位推销员使用的是哪一种推销成交方法？

学习情境七　推销管理

◇ 了解推销管理过程中推销人员的选拔、培训的重要性。
◇ 理解推销管理过程中推销人员薪酬与激励管理对企业的重要性。
◇ 掌握推销培训的程序和推销培训的方法。
◇ 熟悉推销人员的组织结构。
◇ 掌握推销管理的基本内容。

技能目标

◇ 能够完成基本的推销人员选拔和培训工作。
◇ 能够制定推销人员基本薪酬体系。
◇ 能够制定推销人员基本的激励管理措施。
◇ 能够对推销效益进行科学的评估。

导入案例

地板上的 100 美元

不同的人对掉在地板上的 100 美元的反应是不同的，从这些不同的反应中可以看出一个人是否具备成为一名优秀销售人员的基本素质。这里有两种最具代表性的反应，第一种反应是立即向经理报告："我发现地板上有 100 元美钞，它长 16 厘米，宽 12 厘米，采用英国的水纹纸，有防伪像和华盛顿人头像，是美国的 X2 版，在中国大陆也有流通⋯⋯"像这样的话他可以喋喋不休地说一个小时，这类人往往是留过学的海归派。第二种反应是看到美元后大叫："哇噻，经理，这是真正的美钞啊！咱们二八开分了它怎么样？"这类人大多是高中毕业生。那么哪类人才是企业需要的销售人员呢？

企业需要的销售人员一定是那种把美钞从地板上捡起来，交给领导并提出分钱要求的人，而喋喋不休讲理论的人不是企业需要的。本情景将介绍企业在销售人员招聘中如何找出有第二种反应的人——顶尖的销售人才，然后对他们进行销售培训和管理，使企业拥有一支高素质的、强劲的销售队伍，从而促进企业的发展。

资料来源：http://wenku.baidu.com/view/2edee01da76e58fafab0032c.html

任务一　推销人员的组织管理

任务引入

张伟经过几年的努力已成长为销售部经理，他深刻地认识到：企业销售收入的实现离不开推销人员，如何最大限度地发挥每一名推销人员的力量，建立科学合理的推销计划、严格执行的考核体系和能充分调动推销人员积极性的激励机制，是关系到企业生存和发展的大事。因此，面对目前我国的人力资源市场上称职的推销人员供不应求的状况，如何管理好销售队伍是现在身为销售经理——张伟困惑的问题。

任务1：推销人员的招聘、甄选、培训、指导与激励。

任务2：推销人员的绩效评估。

任务分析

商品推销是现代企业营销中的一项重要工作，它的流动性强，弹性大，可控性低，加强对推销行为的组织与管理，完善对推销行为的监督与控制，是非常必要的。推销管理的目的在于把整个推销活动纳入到企业的科学化、现代化管理之中，提高推销效率，降低推销成本，巩固推销成果，促进推销目标的实现。

知识链接

企业要获得推销的成功，核心问题是选择具有高素质的推销团队。如果把市场经济中的企业比作一列行驶的火车的话，这列火车行驶速度的快慢则取决于推销人员。广告、公关为推销创造有利的环境，营业推广提供了吸引顾客的有力武器，而沟通企业与顾客的关系则要靠推销人员。他们不仅是企业的对外代表，也是企业的联络员、信息员与服务员，不仅为企业创造价值，同时也在推销着企业的形象。因此，通过招聘选拔一批人数较多、素质较高的推销人员，是企业经营成功的关键。

一、推销人员的选拔

在发展一支高素质的推销团队的过程中，人是最重要的因素。企业一切产品与服务的销售都必须通过推销人员来完成。在销售活动中推销人员既代表公司，又联系顾客；既要为企业获得利润，又要为客户尽职尽责。要完成如此艰巨的任务，就必须有较高的素质。因此，如何选聘推销人员，并且加以训练，以符合企业的要求，是一项非常重要的工作。

（一）合格推销人员的条件

企业营销实践表明，凡是能够出色地完成销售任务的推销人员，必须具备一定的条件或较高的素质。

关于合格推销人员的任职条件，不同的人有不同的说法。

日本学者认为，推销人员是一切企业成本的回收人员。无论多么巨大的设备投资，无论多么有力的广告宣传，只有通过推销活动才能收到成果。因此，企业应当雇佣有推销能力的推销人员。而具有推销能力的推销人员应具备商品知识能力、对顾客的理解能力、搜集信息的能力和丰富话题的能力。商品知识能力包括对商品的制造、使用、市场状况的认识和了解能力；对顾客的理解能力包括识别顾客需求、分析顾客消费行为和发展趋势的能力；搜集信息的能力包括搜集客户、商品、竞争对手、市场和行业等方面信息的能力；丰富话题的能力是指推销人员要能与不同类型的顾客打交道，要能与他们进行有效的沟通。

我国台湾地区以推销训练见长的林有田先生则认为，合格推销人员应当具备 5A 4 力。5A 是指善于分析（Analysis）、善于接触（Approach）、频繁联系（Attach）、主动出击（Attack）和有利共享（Account），4 力是指情报力、行动力、吸引力和说服力。

我国台湾地区的另一学者范扬松认为，要成为推销高手必须具有以下素质。

（1）具有专业精神，义无反顾，不断激励自己，向业绩巅峰挑战。

（2）讨人喜欢的人品，包括诚实、努力、乐观、负责、谦虚。

（3）精通三项知识，包括商品知识、推销知识及人性知识。

（4）了解勇气的价值，具有推销的决断力、自信与意志力。

（5）不可有错误的斗志，坚持己见，随时与客户"战斗"。

（6）忠诚的心，忠于客户、忠于公司、忠于上司。

（7）勤勉、手勤（写信）、口勤（联络）、脚勤（热心拜访）。

（8）每次推销都视为一次杰作，不断地修正、创新方法。

美国销售管理专家查尔斯•M.富特雷尔认为，成功的推销人员应具备的素质包括精力充沛、高度自信、追求物质财富、工作勤奋、很少需要监督、坚持不懈、有竞争心、良好的外表、讨人喜欢、能够自律、聪明、以成就为导向、良好的沟通技巧。

由以上讨论可知，要成为合格的推销人员是不容易的，推销人员应努力锻炼和实践，逐步达到具有较高素质的任职条件。国外有学者将推销人员应具备的素质简化为"3H1F"模式，如图 7-1 所示。

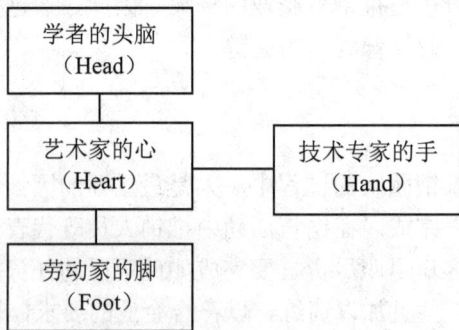

图 7-1　推销人员素质的"3H1F"

3H 是指 Head、Heart 和 Hand，1F 是指 Foot。Head 是指推销人员要有学者的头脑，要注意推销创新；Heart 是指推销人员要有艺术家的心，要会观察市场和客户；Hand 是指推销人员要有技术专家的能力，要了解产品及其使用的知识；Foot 是指推销人员身体首先要健康，要能主动寻找客户。可见，推销人员应当具备综合素质。

（二）推销人员的选拔程序与方法

选拔优秀的推销人员对于企业开拓市场、赢得利润至关重要，如果好的推销人员被企业竞争对手选聘，那么对企业是很大的损失。如果选拔失误，企业不仅不能期望该推销人员创造良好的推销业绩，对企业发展作出贡献，而且还可能对企业的形象和声誉造成损害。企业选拔推销人员，可以选自企业内部，也可以对外公开招聘。从企业内部选拔，由于被选人员已经具备企业产品技术知识，对企业的经营状况、营销目标及策略有所了解，可以减少培训时间与内容，能迅速增强销售力量。

选拔程序通常由应聘人员先填好应聘表格，包括年龄、性别、受教育程度、健康状况、工作经历、本人特长、联络方法等基本项目，据以判断是否符合事先决定的候选人的基本条件，然后进行面试。面试可由企业销售经理、人事经理和资深推销人员进行，以考察应聘人员的语言能力、仪表风度、推销态度、临场应变能力、健康状况，以及所具有知识的深度、广度等。

除此之外，还可辅之以心理测验的方法。心理测验的基本类型和内容如下。

（1）能力测验。用以了解一个人全心全力从事一项工作的结果怎样，也称最佳工作表现测验，既包括语言的运用能力、归纳能力、理解能力、解决难题的能力等智力方面的测验，也包括知觉能力、反应灵敏度、稳定性及控制能力等特殊资质方面的测验。

（2）性格测验。用以了解应试人员在未来的推销工作中将如何做他每天的工作，也称典型工作表现测验，包括对工作条件、待遇、晋升等的看法与意见的态度测验，以及个性测验和兴趣测验。

（3）成就测验。用以了解一个人对某一工作或某项问题所掌握知识的多少，因为每项工作都需要特殊技巧，需要不同的知识，企业认为必要时应设计特殊资质方面的测验。

案例 7-1

某知名大公司欲招聘人才 5 名。经过三轮淘汰，11 位应聘者胜出，他们将参加由总裁亲自面试的最后角逐。而面试当天出现了 12 名考生。"先生，第一轮我就被淘汰了，但我想参加今天的面试。"坐在最后一排的男子站起身说。在场的人都笑了，包括站在门口闲看的一位满头白发的老奶奶。

总裁颇有兴趣地问："你第一关都没过，来这儿有什么意义呢？"

男子说："我掌握了很多财富，我本人也是财富。虽然我只有本科学历，中级职称，但我有 10 年的工作经验，曾在 16 家公司任过职……"总裁打断他说："先后跳槽 16 家公司，我并不欣赏。"

男子说："先生，我没有跳槽，是那 16 家公司先后倒闭了。我很了解那 16 家公司，也曾与大伙努力挽救它们，虽然不成功，但我从它们的错误与失败中学到了许多东西。我只有 32 岁。我认为这就是我的财富！……"站在门口的老奶奶这时走进来，给总裁泡了杯茶。

男子离开座位，边走边说："这10年经历的16家公司，培养、锻炼了我对人、对事、对未来的敏锐洞察力，举个小例子吧——真正的考官，不是您，而是这位泡茶的老奶奶。"

全场11个考生哗然，惊愕地盯着泡茶的老奶奶，老奶奶乐了："很好！你被录取了，顺便问一下，我的表演'失败'在哪里？"

资料来源：http://www.docin.com/p-678351376.html

问题：这个案例对企业进行推销人员招聘有何启发？

【启示与思考】

此案例可以说是众多招聘考试的一个缩影。如何挑选高质量的推销人员一直是每一个公司推销决策的重要问题。在美国，一项对500多家公司调查的结果表明，27%的销售人员创造了52%的销售额。在这种状况下，公司会想方设法考验申请者，以达到选拔满意员工的目的。在这个案例中，我们看到的是一场激烈的面试。面试是招聘方对申请者最常用，也是最关键的甄选程序。越是大公司，越是知名公司，甄选的程序就越多，也越复杂。与众不同，胆大心细，是这位男子最终获得成功的关键。明确推销人员甄选的步骤和方法，做到心中有数，有的放矢，对我们把握机会，实现愿望是大有裨益的。

二、推销人员的培训

（一）推销人员培训的程序

推销培训程序分为四个步骤，如图7-2所示。

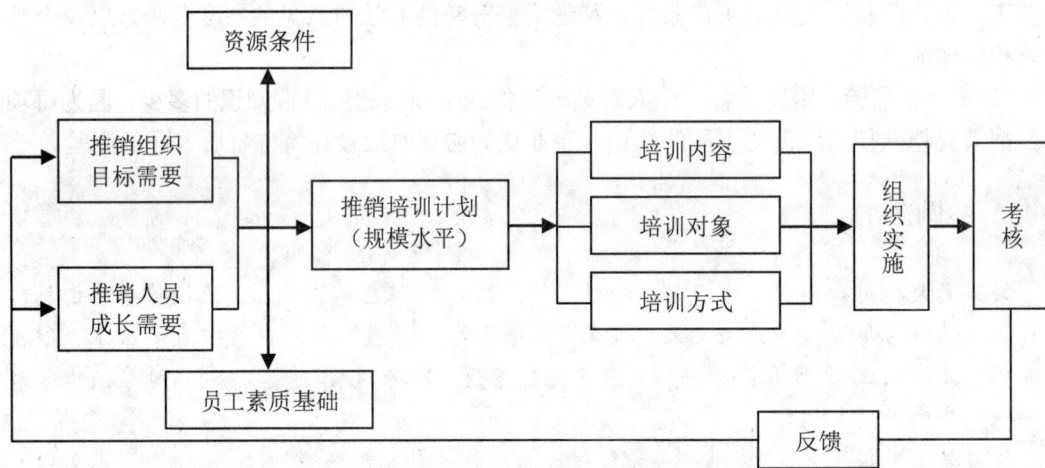

图7-2　推销人员培训的程序

推销人员培训的第一步是制订培训计划，培训计划要反映企业目标和推销人员的个人目标，同时要考虑企业的资源和员工的现有素质；第二步是决定推销培训的内容、对象和方法；第三步是推销培训的组织与实施；第四步是对推销培训的效果进行评估与考核，总结经验，为下一次培训提供帮助。

推销人员培训的关键在于培训的有效组织与实施，国外学者提出了一个LDOS培训模式。LDOS 分别是英文 Lecture（讲解）、Demonstrate（示范）、Operate（实践）与 Summary（总结）这四个词的首字母缩写，推销人员 LDOS 培训模式也就包括了以下四个方面的内容。

1．讲解

讲解是培训程序中的第一步。在此阶段培训者应准备好各种将要用到的教具，如活页夹、幻灯机、投影仪、录像机、录音机等。特别是以计算机为主的多媒体的运用，更能极大地提高培训的效果，是保证推销人员培训水平的有效方法。在此阶段讲解的重点是围绕培训目标展开，每一讲都应有明确的教学目标，应向受训者讲清楚从这一讲中可学到什么知识、获得什么技能、得到什么回报或利益，应告诉受训者学什么、做什么，更应告诉他为什么要这样学、这样做，使其知其然又知其所以然。

2．示范

除了讲解外，培训者应有足够的示范来辅助、强化讲解的内容，示范应能展示完成一种推销功能的操作与维护的正确方法，培训者应亲自动手示范，同时也可利用一些教具示范，如表格、录像机、幻灯机等。

3．实践

培训的第三个程序是实践。所谓实践是在培训者的指导下让受训者动手去做，通过动手做来更好地理解、消化、吸收培训者所讲解的内容，把它变成自己的东西。实践是必要的，尤其是在学习技巧的时候。有些人光靠听讲、看别人做几遍是无法掌握该技巧的，他们需要动手操作。在实践中，一旦受训者发生错误操作，培训者应及时纠正，严格操作程序，不允许走捷径、草率应付。另一方面，培训者应善用激励机制，对操作认真、掌握正确的受训者给予及时的肯定与鼓励，以强化动手的效果。作为警示，培训者应告诉受训者操作时易犯或常见的错误，提醒受训者避免发生同样的错误，提高操作的效率。对于操作错误的受训者可进行适当有效的处罚，如加时操作或某个环节进行重复操作。对于进步较慢、跟不上进度的受训者，培训者可以用角色扮演、短剧表演以及"教练带受训者"或"师傅带徒弟"等方式，使受训者掌握操作要领与技能。实践最后阶段再安排一些重复练习，以加强实践效果。

4．总结

总结是 LDOS 程序的最后阶段，培训者和受训者一起对前三个阶段的内容进行回顾、总结，强化受训者已正确掌握的技能和知识，肯定成绩，指出不足，预告下一轮培训的目标与内容。

"讲解—示范—实践—总结"这一培训程序是一个不断重复并逐步提高的过程，每个培训项目总是始于讲解，经过示范、实践，止于总结，由总结再循环至新的讲解。在此程序中培训者负责讲解、示范和指导，受训者则要用心听讲，用心操作，一起总结。此程序的反复进行，可使受训者不断进步、不断提高，直至掌握全部培训内容。

（二）推销人员培训的方法

推销人员培训的方法很多，企业在选择方法时往往根据培训目标和企业实际。美国学者 Robert E.Hite 和 Wesley J.Johnston 将培训方法分为四类：第一类是向推销人员集体传授信息的方法，如讲授法、示范法等；第二类是推销人员集体参与的方法，如销售会议法、角色扮演法、案例研讨法等；第三类是向推销人员个人传授信息的方法，如推销手册、函授、推销简报等；第四类是推销人员个人参与的方法，如岗位培训法、计划指导法、岗位轮换法等。这四类方法如图 7-3 所示。

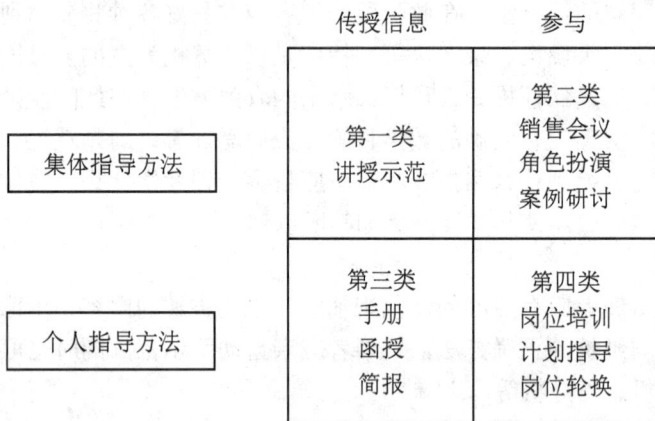

	传授信息	参与
集体指导方法	第一类 讲授示范	第二类 销售会议 角色扮演 案例研讨
个人指导方法	第三类 手册 函授 简报	第四类 岗位培训 计划指导 岗位轮换

图 7-3　推销人员培训方法

下面详细介绍企业常用的培训方法。

1. 讲授法

讲授是企业最广泛应用的训练方法。此方法为单向沟通的训练方法，受训人获得讨论的机会甚少，因此不易对受训情况进行反馈，而培训者也无法顾及受训人的个体差异。此法最适用于有明确资料做内容的培训，可为其他形式的训练奠定基础。使用此方法时必须注意以下几点。

（1）讲授者上课前应有充分准备，如纲要及各种图表之类。

（2）利用如何、何时、何地、何故等问题加以说明，并设法与受训人交换意见，鼓励他们发问。

（3）讲授时以能兼用示范为佳，即利用各种视觉器材，如实物、模型或影片等，特别是要使用多媒体教学，以加强受训人的理解。

（4）每次讲授时间不宜过长，因听讲人能集中注意力听讲的时间甚短，通常半小时后其兴趣即逐渐减低直至消失。

2. 销售会议法

现代企业最频繁召开的日常性会议就是销售会议，有总经理主持的整个企业的销售会议，也有销售部经理主持的部门销售会议，一般是对上周或上月或上一季度的销售情况做详尽的总结，讨论当前的销售形势，制订将来的销售方针、策略和计划，并整理会议纪要，编印销售简报，把过去和未来的销售信息传达给所有的推销人员。销售会议是一个很好的销售人员继续培训的机会，只要在每次会议的议题中增加培训的内容即可。有时候，特别是召开销售部门会议时，只要让全体推销人员一起参加，便是一个很好的培训机会。与会的推销人员针对销售中遇到的问题和困难，一起讨论，相互学习，取长补短，一是可以提高销售会议的质量，二是可以帮助推销人员进步。

销售会议法为双向沟通的培训方法，可使受训人有表达意见及交换思想、学识、经验的机会，讲师也容易了解受训人对于教材重点问题的掌握程度，还可针对某一专题进行讨论。但会议主持人应注意以下各点。

（1）解释会议的背景、目标及利益。

（2）宣布会议讨论的目的、任务及方法。

（3）介绍会议讨论的计划、如何准备及讨论程序。

（4）特殊实例的应用及讨论。

（5）准备好各种说明图表。

（6）利用各种器材、模型及电影，使会议直观生动。

（7）会议主持人作最后的归纳及评判。

3. 案例研讨法

案例研讨法是指选择有关实例，并书面说明各种情况或问题，使受训人运用其工作经验及所学理论寻求解决之道。目的在于鼓励受训人思考，并不着重于获得某一恰当的解决方案。

这种方法后来又发展成为业务游戏法和示范法两种。

业务游戏法是假装或模仿一种业务情况，让受训人在一定时间内作一系列决定。在每一决定作出之后，业务情况都会发生新的变化，如此可观察受训人如何适应新情况。此法的最大优点是，可研究受训人所作决定在一段时间后及不稳定情况下的效果如何。多利用此法来训练销售经理，而非训练推销人员。

示范法是指运用幻灯片、影片或录像带的示范训练方法。此法适宜在中小型场地中进行的培训中使用。如果主题是经过选择的，且示范用的影视制品由具有经验及权威的机构来制作，则可大大提高受训者的记忆效果。

4. 角色扮演法

角色扮演是指培训者安排受训者分别担任客户或推销人员的角色来模拟实际发生的推销过程的一种培训方法。这种方法要求受训者以真实的客户或推销人员自居，面对客户的种种问题、要求、非难、拒绝进行介绍、讲解、展示、说服、处理异议、交易促成等。角色扮演有两种组织方式，一种是事先认真计划并安排好人选、角色、情节动作、内容说词等；另一种是事先不作计划安排，也不规定情节内容，让受训者在演练中自然地随机应变，机动灵活地处理各种问题。

5. 岗位培训法

在销售岗位培训推销人员是一个比较行之有效的方法。推销人员的岗位培训和其他岗位培训一样，有许多有益的方面。例如，适应性强，它适用于各种类型的销售部门，对新、老推销人员进行培训均可采用此法；它无须大笔的预算，无须培训工具，也无须占用工作以外的时间，但是却能多快好省地发现推销人员的长处与短处，帮助他们强化优点、克服缺点、提供动力，促进推销人员能力的提高等。当企业新招聘的推销人员在对本企业以及产品和服务有了必要的了解之后，岗位培训就可以开始了。在岗培训涉及的内容一般有知识、技能、工作习惯和工作态度四个方面。

三、推销人员的激励

（一）激励推销人员的必要性

企业销售目标的实现有赖于推销人员积极努力的工作，如果推销人员的主动性得到充分协调，就能创造良好的推销业绩。对于大多数推销人员来说，经常给予表彰和激励是非常重要的和必要的。从主观上来说，绝大多数人的本性是追求舒适轻松的工作和生活，而回避需要付出艰苦努力的劳动。只有给予物质的或精神的激励，人们才能克服与生俱来的惰性，克服种种困难，满腔热情地投入工作。从客观上来说，推销工作的性质使得推销人员常年奔波在外，脱离企业、同事和家人，极易产生孤独感；推销工作的时间没有规律，会对推销人员的身心健康产生不利影响；推销工作竞争性很强，推销人员常常和竞争对手直接接触，时时感受到竞争的压力；推销人员在工作中被顾客拒绝是常有的事，即使付出艰苦的努力也不一定能得到订单，经常受到挫败会使他们的自信心受到伤害。管理部门应当充分认识推销工作的特殊性，经常不断地给予推销人员激励，才能使推销人员保持旺盛的工作热情。另外，推销人员经常出差，不能很好地照顾家庭，可能引起家庭矛盾或导致婚姻危机，推销人员个人也会被身体健康状况或债务等多方面问题所困扰。推销管理部门也应注意到这方面问题，采取妥善的方法激励推销人员克服困难。

（二）激励推销人员的原则

激励推销人员的措施必须具有科学性和合理性，否则将会产生副作用，不仅起不到调动、鼓舞推销人员工作积极性的作用，相反还会挫伤其原有的工作热情。推销管理部门在对推销人员进行激励时，应当根据企业、产品、销售地区、推销环境和推销人员的不同情况制定出合理的激励方案。其所应遵循的原则如下。

1．公平竞争

所制定的奖励标准和所给予的奖赏必须公平合理。奖励的标准必须恰当，过高或过低都会缺乏驱动力。所给予的奖赏，应考虑到推销人员工作条件的不同和付出努力的差别。

2．明确公开

推销管理部门实行奖励的有关规定必须很明确，并公开宣布，让推销人员充分了解和掌握奖励目标和奖励方法，促使他们自觉地为实现目标而努力。否则，就不可能产生积极的效果。

3．及时兑现

对推销人员的奖励，应当按预先的规定，一旦达到奖励目标就兑现许诺，使达标者及时得到奖赏。如果拖延奖励时间，给推销人员造成开空头支票的感觉，将会沉重打击他们的积极性。

（三）推销人员的报酬管理

建立合理的报酬制度，对于调动推销人员的积极性和主动性，保证推销目标的实现，有着重要意义。推销人员自身的工作能力、工作经验和完成任务的情况是确定报酬的基本依据。但是，推销人员的工作具有较大的独立性、流动性和自主性，他们的工作环境极不稳定、风险较大。在选择推销人员报酬制度时，也应考虑企业的特征、企业的经营政策和目标、财务及成本上的可行性、行政上的可行性和管理上的可行性等因素。推销人员的报酬形式主要有薪金制、佣金制和薪金加奖励制等三种形式。

1. 薪金制

即给推销人员固定的报酬。这种报酬形式主要以工作的时间为基础，与推销效率没有直接联系。这种制度简便易行，可简化管理部门的工作。

薪金制的优点是：第一，推销人员有安全感，在推销业务不足时不必担心个人收入。正在受训的推销人员以及专门从事指导购买者使用产品和开辟新销售区域的推销人员，都愿意接受薪金制。第二，有利于稳定企业的销售团队，因为推销人员的收入与推销工作并无直接关系，领取工资的原因在于他们是本企业的员工。第三，管理者能对推销人员进行最大限度的控制，在管理上有较大的灵活性。因为收入与推销效率不直接挂钩，所以根据需要在推销区域、顾客、所推销的产品等方面进行必要的灵活调整时，矛盾一般也比较少。

薪金制的主要弊端是：缺乏弹性，缺少对推销人员激励的动力，较难刺激他们开展创造性的推销活动，容易产生平均主义，形成吃"大锅饭"的局面。

薪金制适用的情况是：企业希望推销人员服从指挥、服从工作分配；某些推销管理人员，如企业的中高级推销管理人员，若其付出的努力与推销结果之间的关系不密切，需要集体努力才能完成的销售工作。

2. 佣金制

即企业按推销人员在一定期间内实现销售量或利润的大小支付相应的报酬。这种制度比薪金制有较强的刺激性，可以使推销人员充分地发挥自己的才能，管理部门也可根据不同的产品和推销任务更灵活、更有针对性地运用激励的手段。

实行这种形式，推销人员的收入便是他们在既定时期内完成的推销额或利润额乘以一个给定的百分比，这个百分比我们称为佣金率。推销人员的收入主要取决于两个因素：一是在既定时期内完成的推销额或利润额；二是给定的佣金率。

佣金制的优点是：第一，能够把收入与推销效率结合起来，鼓励推销人员努力工作；第二，有利于控制推销成本；第三，简化了企业对推销人员的管理。为了增加收入，推销人员就得努力工作，并不断提高自己的推销能力，不能吃苦或没有推销能力则自行淘汰。

佣金制的缺点是：第一，收入不稳定，推销人员缺乏安全感；第二，企业对推销人员的控制程度较低，因为推销人员的报酬是建立在推销额或利润额基础上的，因而推销人员不愿意推销新产品，不愿意受推销区域的限制，也不愿意做推销业务以外的工作；第三，企业支付给推销人员的佣金是一个变量，推销的产品越多，佣金也就越多，这样，推销人员往往只注重眼前销售数量的增长，而忽视企业长远利益，甚至出现用不正当的手段来推销商品的现象。

佣金制一般适用于：某种商品积压严重，需要在短期内削减库存、回收资金；某种新产品为了尽快打开销路，需要进行特别积极的推销。

3. 薪金加奖励制

即企业在给推销人员固定薪金的同时又给不定额的奖金。这种形式实际是上述两种形式的结合，一般来说，它兼有薪金制和佣金制的优点。这种报酬形式通常是以固定工资为主，再加上占推销额或利润额很小比率的佣金，它尽可能地吸取两种形式的优点，又尽量避免其缺点。这种形式既可保证推销人员获得稳定的个人收入，便于对推销人员的控制，又能起到刺激的作用，求得在安全与刺激之间的某种平衡。但值得注意的是，企业必须处理好固定工资和佣金之间的比例关系。但这种形式实行起来较为复杂，增加了管理部门的工作难度。由于这种制度比较有效，目前越来越多的企业趋向于采用这种方式。

（四）激励推销人员的方法

管理部门可以根据企业自身情况和内部人员状况灵活地运用多种激励推销人员的方法，以便激发推销人员的潜能，保证推销目标的实现，促进企业的发展。具体地说，激励推销人员的方法主要有以下几种。

1．目标激励法

企业首先建立一些重要的推销目标，如销售数量指标，规定推销人员一定时期内访问顾客的次数、订货单位平均批量增加额等。这样使推销人员感觉工作有奔头、有乐趣，体会到自己的价值与责任，从而增加了努力上进的动力，使企业的目标变成了推销人员的自觉行动。采用这种方法，必须将目标与报酬紧密联系起来，达到目标就及时给予兑现。

2．强化激励法

强化激励法有两种方式：一是正强化，对推销人员的业绩与发展给予肯定和奖赏；二是负强化，对推销人员的消极怠工和不正确行为给予否定和惩罚。通过奖惩分明，奖勤罚懒激励推销人员不断地努力。

3．反馈激励法

推销管理部门定期把上一阶段各项推销指标的完成情况、考核成绩及时反馈给推销人员，以此增强他们的工作信心和成就感。

4．竞赛激励法

销售工作是一项很具挑战性的工作，每天都要从零开始，充满艰辛和困难，所以销售经理要不时地给推销人员加油和充电，开展业绩竞赛就是一种好的形式。竞赛奖励的目的是，要鼓励推销人员付出比平时更多的努力，创造出比平时更高的业绩。竞赛实施需要对以下各个方面进行深入细致的准备：竞赛主题、参赛对象、竞赛办法、入围标准、评奖标准、评审过程、奖品选择等。

案例 7-2

一个部门来了两个销售代表。一个是新招进来的销售代表，另一个是已经进入公司一年的销售代表。新销售代表从来没有做过电脑硬件的销售，也没有很好的销售经验。另一位销售代表年龄比他大六七岁，在一家很著名的 IT 行业的公司做过几年的销售。部门的销售经理在与他们进行面谈的时候，发现那位年龄大一些的销售代表在经验上和销售技巧方面都远远超过新销售代表。

第一个季度过去了，两个人都没有完成任务，这在经理的预计之内，因为他们刚刚接触新的客户，需要时间来拓展。后来，新销售代表的业绩居然比那位经验丰富的销售代表好一些，这使得经理非常奇怪。在接下来的季度里，经理有几次与他们一起去拜访客户，很明显，老的销售代表表现得更好。所以，经理认为上个季度的成绩是一个巧合，下个季度老销售代表的业绩一定能上去。一个季度渐渐过去，新销售代表完成了任务，老的销售代表的销售额还跟上个季度差不多，依然没有完成任务。

经理承担着巨大的压力，必须完成团队的销售任务，他必须提高这个销售代表的业绩。销售经理首先要找到原因。销售业绩取决于两个方面：一个是销售代表见客户时的表现，另外一个是销售代表与客户在一起的时间。老销售代表的销售技能不错，说明问题不在销售技能上，经理就开始注意他有多少时间与客户在一起。经理每周与他一起讨论他的销售报表中每一个订单时，发现这些订单没有进展，并且没有新的机会加到销售报表中来。他为什么没有找到新的机会呢？销售经理开始仔细地与他一起讨论手中每一个客户的情况，结果发现他根本不了解他的客户，这说明他几乎没有花时间和客户在一起。

当经理发现这一点时，就找他谈话，并向他了解他的每一个客户的情况，例如，客户有多少电脑、买电脑用于哪些方面、各个部门负责哪些工作、他们的应用系统的现状如何、每个客户信息中心的负责人姓名、信息中心的主要任务是什么。经理后来问销售代表："你最近去见过这些客户吗？"他犹豫了一下，承认没有。经理询问原因，他终于将原因说了出来：他进入公司以后的第一个季度，他们部门的经理离开了，新的经理上任以后调整了他的客户，因此，他的业绩受到了影响。他的心态受到了打击，所以觉得即使每天去见客户并与客户建立了良好的关系，客户也可能被分走。

销售经理立即将一份准备好的 PIP（业绩提高计划）拿出来，要求他必须在两个月的时间内完成本季度任务的 60%，最终要 100%地完成本季度任务。销售经理告诉他："我理解你为什么会有这样的想法，但是我不能原谅你拿着公司的薪水，却不履行自己作为销售代表的职责。"销售代表在 PIP 上签了字。如果他不能在限定的时间内完成规定的任务，意味着他要开始找新的工作了。

PIP 签完以后，销售代表的态度和工作方法开始变了。他开始要求与经理一起去见客户，并且经常与经理讨论项目的情况。这个季度结束的时候，他超额完成了销售任务，拿到了往常没有拿到的销售奖金。

资料来源：欧阳小珍. 销售管理[M]. 武汉：武汉大学出版社，2003.

问题： 1. 案例中老销售代表不好好拜访顾客的原因是什么？
　　　　 2. 为什么他后来变得积极了？

【启示与思考】

激励作为一种重要的管理方法被广泛应用，特别是在视人才为资源的当今社会更加备受企业青睐。提高推销人员的销售业绩，不仅要有科学的激励方法，还应有与之相配套的报酬制度及组织结构。

四、推销的绩效评估

（一）推销绩效评价指标

对推销绩效的评价是一个复杂的过程，不能简单地从拥有多少顾客、销售额、销售量等指标来评价一个推销人员的能力和业绩。对推销绩效的评价，既要讲求质量，也要讲求数量；既要考察当前，又要考察长远。推销人员对企业的绩效评估体系比较敏感，因为这直接影响他们的收入，间接影响了他们的工作积极性和工作方法，从而也影响了企业自身的利益。对推销人员常用的绩效评价指标有以下几个。

1. 销售额、销售利润与销售增长率

这是最常用的指标，从静态和动态的角度评价推销人员作出的努力与贡献。

2. 销售资源占用

即推销人员每完成 1 元钱的销售，需要占用企业多少销售资源，这些销售资源包括被顾客占用的流动资金、使用的促销资源（如赠品、折扣、人力成本）、企业无形资产投入等。

3. 所推销产品的结构

公司出于长期战略方面的考虑，可能会推出系列产品，每类产品完成不同的市场功能，如有的产品是打击竞争对手的、有的产品是获取长期利润的、有的产品是提升品牌形象的等。这些不同的产品企业希望实现的销售目标也不同，如用来打击竞争对手的产品，价格相对较低，推销难度较小，甚至不需要主动推销就可以实现销售，此类产品企业获利较低，甚至是负利润，企业并不希望大量销售，只要完成对竞争对手的包围和打击就可以了；用来获取长期利润的产品，推销起来有一定的难度，但却是企业希望实现大批量销售的产品。这些差异仅从销售额中是看不出来的，忽略了这些，就混淆了不同推销人员对企业长期发展的真正贡献。

4. 拥有的顾客数量、质量及新顾客开发情况

该指标决定了企业长期发展的潜力，并且此项投入与产出有一定的时滞性。追求眼前利益的推销人员极易满足现状，不愿意开发高质量的新顾客，这在短时间内，特别是销售旺季，看不出问题，一旦销售进入淡季，问题就会出现。

忽视这个指标，会打击重视开发新顾客的推销人员的积极性，因为他们花费时间与精力开发新顾客，不一定马上会获得回报，可能还需要更多的投入才能持续下去，这些有可能为企业带来长期的收益。

5. 其他

如工作热情、团队合作精神、坏账情况等。

值得注意的是，对推销人员的评价应当从纵向和横向两个方面进行。纵向评价时，主要比较同一推销人员现在和过去的工作业绩，主要包括销售额、毛利、销售费用、新增顾客数、丧失顾客数等数量指标。横向评价时，要注意不同区域、市场成熟度、竞争激烈程度之间的差异，这样的评价才是客观、合理的。

（二）推销绩效考核的方法

推销业绩考核的方法很多，通常采用的方法主要有横向考核法、纵向考核法和尺度考核法。

1. 横向考核法

横向考核法是通过把参与推销活动的人员的销售业绩进行比较、排队的方式所进行的考核。在对推销人员完成的销售额进行对比和排队过程中，还必须要把推销人员的销售成本、销售利润以及客户对其服务的满意程度等因素考虑进去。

为了说明横向考核法的使用，这里假设有 A、B、C 三位推销员参加了本年度的推销活动，我们分别从销售额、订单平均批量和每周平均访问次数三个因素来分别对三人进行综合业绩考核。销售额、订单平均批量和每周平均访问次数分别列入表 7-1 中。根据各因素的重要性程度，把年销售额的权数定为 5，订单平均批量和每周平均访问次数的权数分别定为 3 和 2。

表 7-1 推销员的业绩考核表

考 核 因 素	考 核 指 标	推销员 A	推销员 B	推销员 C
年销售额	1. 权数	5	5	5
	2. 目标/万元	5 000	4 000	6 000
	3. 完成/万元	4 500	3 200	5 700
	4. 达成率/%	90	80	95
	5. 绩效水平（1×4）	4.5	4.0	4.75
订单平均批量	1. 权数	3	3	3
	2. 目标/万元	800	800	600
	3. 完成/万元	640	720	540
	4. 达成率/%	80	90	90
	5. 绩效水平（1×4）	2.4	2.7	2.7
每周平均访问数	1. 权数	2	2	2
	2. 目标/万元	25	20	30
	3. 完成/万元	20	17	24
	4. 达成率/%	80	85	80
	5. 绩效水平（1×4）	1.6	1.7	1.6
绩效合计 1×4		8.5	8.4	9.05
综合效率（绩效合计除以总权数）/%		85	84	90.5

在建立三个因素的目标时，由于每个因素对不同地区的销售人员建立的目标是不一样的，所以应考虑地区差异的影响。考虑到 C 所处的地区潜在客户较多，竞争对手较弱，我们把推销员 C 的销售额定为 6 000 万元，高于推销员 A 的 5 000 万元和推销员 B 的 4 000 万元，而推销员 A 所处的地区内有大批量的买主，所以其订单平均批量订得相对高一些。每个推销员每项因素的完成率等于他所完成的工作量除以目标数，随后将完成率与权数相乘就得出绩效水平，再把各项因素的绩效水平相加，除以总权数 10，即可得到各个推销员的综合业绩效率。从表 7-1 中可以看出，推销员 A、B、C 的综合效率分别为 85%、84% 和 90.5%，推销员 C 的综合推销绩效最佳。

2．纵向考核法

纵向考核法是用一位推销人员现在的推销业绩和其过去取得的推销业绩进行比较的方式进行考核的一种方法。这里的推销业绩比较可以选择销售额、毛利、销售费用、新增客户数、失去客户数、每个客户平均购买额、每个客户平均毛利等数量指标进行比较。这里以推销员 D 为例说明，各项指标数据列入表 7-2 中。

表 7-2　推销员 D 的业绩考核表

考 评 因 素	年　份			
	1999	2000	2001	2002
1. 产品 A 的销售额/元	376 000	378 000	410 000	395 000
2. 产品 B 的销售额/元	635 000	660 000	802 000	825 000
3. 销售总额/元	1 011 000	1 038 000	1 212 000	1 220 000
4. 产品 A 定额达成率/%	96.0	92.6	88.7	85.2
5. 产品 B 定额达成率/%	118.3	121.4	132.8	131.1
6. 产品 A 毛利/元	75 200	75 600	82 000	79 000
7. 产品 B 毛利/元	63 500	66 000	80 200	82 500
8. 毛利总额/元	138 700	141 600	162 200	161 500
9. 销售费用/元	16 378	18 476	18 665	21 716
10. 销售费用率/%	1.62	1.78	1.54	1.78
11. 销售访问次数	1 650	1 720	1 690	1 630
12. 每次访问成本/元	9.93	10.74	11.04	13.32
13. 平均客户数	161	165	169	176
14. 新客户数	16	18	22	27
15. 失去客户数	12	14	15	17
16. 每个客户平均购买额/元	6 280	6 291	7 172	6 932
17. 每个客户平均毛利/元	861	858	960	918

　　销售经理可以从表 7-2 中了解到推销员 D 的有关情况。推销员 D 的总销售量每年都在增长（第 3 行），但并不一定说明他的工作很出色。对不同产品的分析表明，推销员 D 推销产品 B 的销售量大于推销产品 A 的销售量（第 1 行和第 2 行）。对照产品 A 和 B 的定额达成率（第 4 行和第 5 行），推销员 D 在推销产品 B 上所取得的成绩很可能是以减少产品 A 的销售量为代价的。根据毛利额（第 6 行和第 7 行）可以看出，推销产品 A 的平均利润要高于产品 B，推销员 D 可能靠牺牲毛利率较高的 A 产品为代价，推销了销量较大、毛利率较低的产品 B。推销员 D 虽然在 2002 年比 2001 年增加了 8 000 元的总销售量（第 3 行），但其总销售额所获得毛利总额实际减少 700 元（第 8 行）。销售费用占总销售额的百分比基本得到控制（第 10 行），但销售费用是不断增长的（第 9 行）。

　　从销售费用上升的趋势看，好像无法以访问次数的增加加以说明，因为总访问次数还有下降的趋势（第 11 行），这也许与取得新客户的成果有关（第 14 行）。从每年失去客户数的上升趋势说明（第 15 行）推销员 D 在寻找新客户时，很可能忽略了现有客户。最后两行每个客户平均购买额和每个客户平均毛利，要与整个公司的平均数值进行对比才有意义。如果推销员 D 的这些数值低于公司的平均数，也许是他的客户存在地区差异性，也许是他对每个客户的访问时间不够，可用他的年访问次数与公司推销员的平均访问次数相比较。如果他的平均访问次数比较少，而他所在销售区域的距离与其他推销员的平均距离并无多大差别，则说明他没有在整个工作日内工作，可能是他的访问路线计划不周。

3. 尺度考核法

尺度考核法是给考评的各个项目都配以考核尺度，并制作出一份考核比例表加以考核的方法。在考核比例表中，把每个考核因素划分出不同等级的考核标准，再根据每个推销人员的表现进行评分，并可对不同的考核因素按其重要程度给予不同的权数，最后核算出总的考核得分。

任务二　确立推销人员的组织与规模

任务引入

在企业的销售和销售管理过程中，张伟深刻地认识到：要使企业销售活动高效，就必须有一个科学、合理的推销组织与推销规模，因为一个科学、高效的推销组织能凝聚全体推销人员的智慧和才干，使每一位成员心往一处想、劲往一处使，朝着预定目标奋勇前进，圆满完成各项销售任务。一个科学、高效的推销组织协调各子部门的利益，能避免各子部门之间推诿责任、相互扯皮现象的发生，从而使该组织成为一个具有战斗力、凝聚力的团队。

任务 1：推销人员组织的建立。

任务 2：推销人员组织规模的确定。

任务分析

一个科学、合理的推销组织是提高工作效率的基本保证。马克思说：一个乐手是自己指挥自己，而一个乐队就需要一个乐队指挥。一个完整、科学的推销组织能有效调动各位成员的积极性，从而提高组织的效率。

同样，推销人员规模是否适当，直接影响着企业的经济效益。推销人员过少，不利于企业开拓市场和争取最大销售额；推销人员过多，导致成本增高。

知识链接

一、推销人员组织的基本类型

为了实现企业的经营目标，必须根据企业的具体情况选择合适的推销组织形式。大体上，推销组织的种类可以划分为地域型推销组织、产品型推销组织、顾客型推销组织和职能型推销组织四种。

如果一家企业只把一条产品线的产品销售给一个最终用户时，其推销人员的组织结构就比较简单。该企业可采取按地理区域划分推销队伍结构；如果企业向多种类型的顾客销售多种产品，可能需要一种按产品划分的或按市场划分的推销队伍结构。

（一）地域型推销组织模式

地域型推销组织是一种最简单的推销组织模式，即每个销售经理被指派负责一个地区，作为该地区经销该企业全部产品线的唯一代表，而销售经理则向更高一级的销售主管负责。图7-4是按地区规划的销售组织模式。

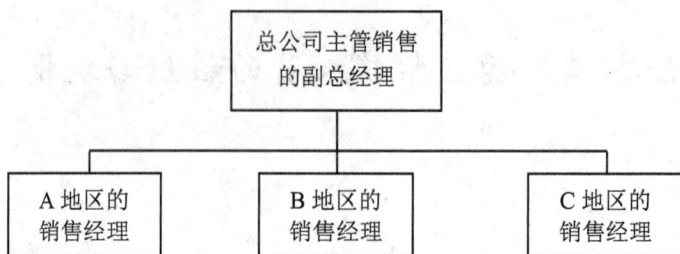

图 7-4　地域型推销组织模式

（二）产品型推销组织模式

产品型推销组织是指在企业内部建立产品经理组织制度，以协调职能型推销组织中部门之间的关系。企业所生产的各类产品差异很大，产品品种太多，以致按职能设置的推销组织无法处理的情况下，建立产品经理组织制度是适宜的。其基本做法是，由一名产品销售经理负责，下设几个产品线经理，产品线经理之下再设几个具体产品经理去负责各具体的产品销售工作，如图7-5所示。

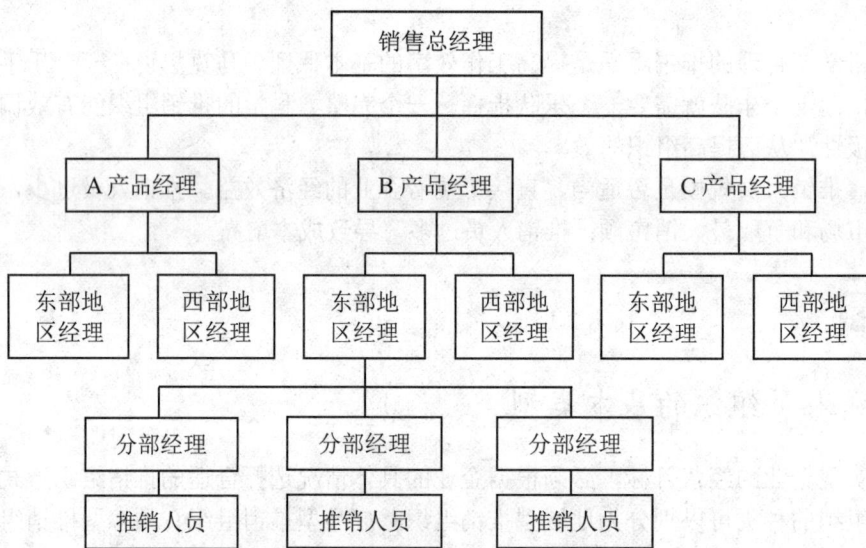

图 7-5　产品型推销组织模式

（三）顾客型推销组织模式

企业常常按照顾客类别来组织推销队伍。公司对不同的行业安排不同的销售队伍，按大客户或一般客户安排推销人员，按现有业务或新业务发展安排不同的销售队伍，如图7-6

所示。例如，美国国际商用机器公司就在纽约为金融界和经纪人客户分别设立了单独的销售处，在底特律为通用汽车公司设立了一个销售处，在附近的迪邦又为福特汽车公司设立了一个销售处。

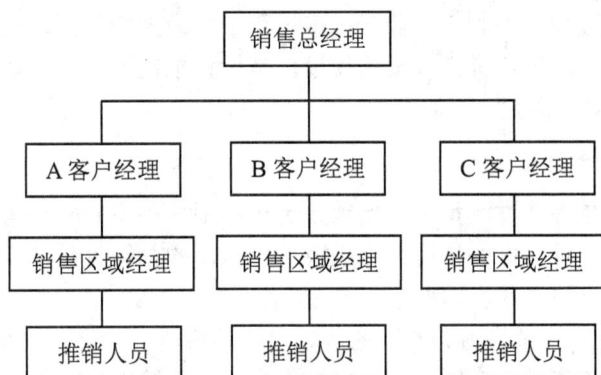

图 7-6　顾客型推销组织模式

（四）职能型推销组织模式

当企业只有一种或很少几种产品，或者企业产品的销售方式大体相同时，按照销售职能设置组织结构就比较有效。但是，随着产品品种的增多和市场的扩大，这种组织形式就暴露出发展不平衡和难以协调的缺点。既然没有一个部门能对某产品的整个销售活动负全部责任，那么，各部门强调各自的重要性，以便争取到更多的预算和更大的决策权力，致使销售总经理无法进行协调。推销人员不可能擅长所有种类的销售活动，他可能是某一项具体销售工作的专家（如网络销售、向零售商批发等），基于这一想法有些公司采用了职能型销售组织模式。

由于这种模式所需管理费用较大，因此，规模较小的公司不宜采用。产品线较多、规模较大的公司，其产品销售覆盖市场范围广泛，很难协调不同的销售职能，故多采用这种专业程度较高的推销组织模式，如图 7-7 所示。

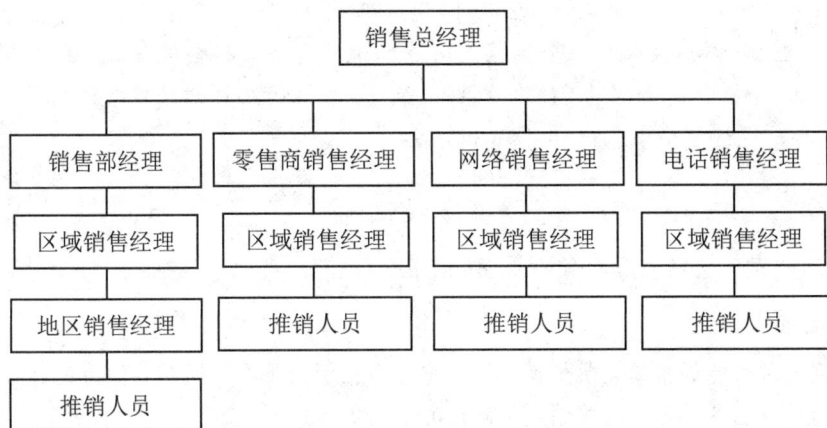

图 7-7　职能型推销人员模式

二、确定推销人员组织规模

推销人员是进行有效推销的关键性因素。推销人员规模是否适当，直接影响着企业的经济效益。推销人员过少，不利于企业开拓市场和争取最大销售额；推销人员过多，导致成本增高。因此，合理地确定推销人员的规模，是设置推销组织的重要问题之一。推销人员规模的确定方法有如下两种。

（一）销售能力分析法

销售能力分析法是指通过测量每个推销人员在范围大小不同、销售潜力不同的区域内的销售能力，计算在各种可能的推销人员规模下，公司的总销售额及投资回报率，以确定推销组织人员规模的方法，其步骤如下。

（1）测定推销人员在销售潜力不同的区域内的销售能力。销售潜力不同，推销人员的销售绩效也不相同。销售潜力高的区域，推销人员的销售绩效也高。但是，销售绩效的增加与销售潜力的增加并非同步，前者往往跟不上后者。美国经济学家沃尔特·J.山姆洛通过调查发现，某公司推销人员在具有全国1%销售潜力的区域内，其销售绩效为16万美元，而在具有全国5%的销售潜力的区域内，其销售绩效为20万美元，即全国销售潜力的每1%平均绩效仅为4万美元。因此，必须通过调查测定各种可能的销售潜力，以确定销售人员的销售能力。

计算在各种可能的推销人员规模下，公司总销售额的公式为

$$公司总销售额=每人平均销售额×推销人员数 \qquad (7\text{-}1)$$

案例 7-3

公司配备200位推销人员在全国范围内进行推销，为使每位推销人员的推销条件相同，可将全国分成200块销售区域，其中每块都具有全国0.5%的销售能力，每位推销人员的销售绩效为9万元。按照式（7-1）进行计算，该公司的总销售额为

$$9×200=1\ 800（万元）$$

公司若配备50位推销人员在全国范围内进行推销，即可将全国分成50块具有相等销售潜力的区域，每块具有全国的2%的销售潜力，每位推销人员的销售绩效为25万元。依式（7-1）计算，可得该公司的总销售额为

$$25×50=1\ 250（万元）$$

资料来源：钟立群. 现代推销技术[M]. 北京：电子工业出版社，2009.

问题：结合案例总结测算推销人员总销售额的过程。

【启示与思考】

可以根据各种可能的推销人员规模，测算出每个推销人员在不同销售潜力的销售区域的销售绩效，从而计算出各种可能的推销人员规模的总销售额。

（2）根据投资报酬率确定最佳推销人员规模。根据以上方法计算所得的各种可能的推

销人员规模的总销售额（销售收入），以及通过调查得出的各种情况的销售成本和投资情况，就可算出各种推销人员规模的投资报酬率，其计算公式为

$$投资报酬率=（销售收入-销售成本）/投资额 \qquad (7\text{-}2)$$

其中：投资报酬率最高者即为最佳推销人员规模。

运用这种方法来确定推销人员规模，首先必须有足够的地区来作相同销售潜力的估计，运用时比较困难。另外，在研究中仅将该地区的销售潜力作为影响销售绩效的唯一因素，忽略了地区内顾客的组成、地理分散程度及其他因素的影响。

（二）推销人员工作负荷量分析法

该方法是根据每个推销人员的平均工作量（如企业所需拜访的客户数）来确定推销人员规模的方法，其步骤如下。

（1）将顾客按年度销售额分为若干个等级。

（2）确定各等级顾客的最佳访问次数。

（3）计算该公司推销人员的总工作负荷量。将各等级的顾客数与该等级中每个顾客的每年拜访次数相乘，得出公司推销人员对各等级顾客的推销工作负荷量；对各等级顾客的推销工作负荷量的总和，应为公司推销人员的总工作负荷量。

（4）测量并规定每一个推销人员每年的平均拜访次数。

（5）计算该公司所需推销人员数。以公司的总工作负荷量除以该公司每一个推销人员每年的平均工作量，即为所需的推销人员数。

案例 7-4

某公司估计有 1 000 个 A 级顾客，1 500 个 B 级顾客，1 000 个 C 级顾客。由经验得知，对每位 A 级顾客每年需做 20 次业务拜访，对每位 B 级顾客每年需做 12 次拜访，对每位 C 级顾客每年只需做 5 次拜访。

资料来源：http://www.doc88.com/p-6012085365712.html

问题： 若规定每位推销人员每年的工作量为 860 次拜访，则需要多少名推销人员？

【启示和思考】

我们必须先算出该公司的总工作负荷量，再退出该公司需要多少名推销人员。

任务三　客户管理

任务引入

又到了年底了，张伟销售部门新来的小刘觉得有些困惑：自己从事销售工作已经有一年了，工作努力是有目共睹的，每天花费大量时间联系顾客、供货、结算、介绍新品等，忙得不亦乐乎。一年下来，手头也有了数量不少的忠诚顾客。年终总结，小刘的销售额在

公司推销员的排名遥遥领先，可是当按照销售利润排名时，小刘就落在后面了。拿公司会计的话来说，小刘是"吃力不讨好""事倍功半"。小刘如何才能做到"事半功倍"呢？

　　任务1：客户管理的原则。

　　任务2：客户管理的方法。

任务分析

小刘碰到的问题是许多推销人员都感觉困惑的问题。工作态度不是不积极不努力，每天都感觉很忙，也有许多老顾客和忠诚顾客，就是业绩上不去。其实，小刘应该知道下面的关系：

$$忠诚顾客 \neq 利润$$

即使有大量的老顾客，如果顾客质量不高，即使他们的忠诚度很高，也不会带来好的业绩。小刘所犯的错误就是没有区别对待顾客，对顾客一视同仁，平均花费了时间和精力，没抓住重点。

知识链接

客户管理是推销人员的重要职责之一，通过参与对客户科学而有效的分析与管理，推销人员可以从中了解客户整体的销售状况及其发展动态，以对市场需求作出正确的判断，并采取相应的对策，真正实现以客户为中心的营销理念，提高企业的销售业绩。

客户管理是指通过培养企业的最终客户、分销商和合作伙伴对企业及其产品更积极的偏爱和偏好，留住他们并以此提升企业业绩的一种营销策略。

客户管理的目的，在于促使企业从以一定的成本取得新顾客转向想方设法留住现有顾客，从取得市场份额转向取得顾客份额，从发展一种短期的交易转向开发顾客的终生价值。总之，客户管理的目的是从实现顾客和企业两方面利益考虑，追求顾客价值的最大化。

一、客户管理的内容

为赢得顾客的高度满意，建立与客户的长期良好关系，在客户管理中应开展多方面的工作。

（一）顾客分析与识别

客户管理的目的不是对所有与企业发生关系的顾客都一视同仁，而是从所有这些顾客中识别哪些是一般顾客，哪些是主力顾客，然后以此分类，有针对性地提供合适的服务，使企业价值目标与顾客价值目标相协调。因此，企业对客户的管理，首先是要分析谁是自己的顾客，分析顾客的基本类型是什么（个人购买者、分销商还是制造商），分析顾客的需求特征和购买行为，分析顾客差异对企业利润的影响等。

对顾客进行差异化分析时，可采用美国数据库营销研究所休斯教授的 RFM 模型。

R——Recent，顾客最近一次购买的情况。对顾客最近一次购买情况的信息进行收集和跟踪，用以分析顾客在沟通之后是否能够持续购买，从而了解顾客对企业提供的即时产品和服务是否有所反应。

F——Frequent，购买频率，即顾客在测试期间的购买次数。高消费频率意味着更大的市场感召力。如果将该信息与最近一次购买情况和花费金额相参照，就能够准确判断一定区域和时期内的一般顾客和主力顾客，使企业的营销策略更有针对性。

M——Monetary，花费金额。花费金额能够为企业提供顾客在一定时期的需求量信息。如果将该信息与其他信息相参照，可以准确预测一定时期、一定区域内的销售量、市场占有率等信息，从消费金额中确定哪些人的需求量大、原因是什么，为供应链上的企业生产、采购提供依据。

案例 7-5

一般人都会认为做出租车司机是靠运气。运气好就能拉几个高价值的长途客人，运气不好的话拉的都是低价值客人。在招手即停的几秒钟内，普通的出租车司机很难判断出客人的价值。但是善于观察和分析的臧勤却不这么认为。他举例说明了两个场景。

场景一：医院门口，一人拿着药，另一人拿着脸盆，两人同时要车，应该选择哪一个客人？

答案是：选择拿脸盆的那个客人。因为拿着脸盆在医院门口打车的是出院的病人，出院的病人通常会有一种重获新生的感觉，重新认识生命的意义——健康才最重要，因此他不会为了省一点车钱而选择打车去附近的地铁站，而后换乘地铁回家。而拿药的那位，很可能只是小病小痛，就近选择不远的医院看病，所以打车的距离不会很远。

场景二：人民广场，中午12:45，三个人在前面招手。一个年轻女子，拿着小包，刚买完东西。还有一对青年男女，一看就是逛街的。第三个是个里面穿绒衬衫的、外面羽绒服的男子，拿着笔记本包。应该选择哪一个客人？

答案是：选择拿笔记本包的那个客人。因为在这个时刻拿笔记本包出去的是公务拜访，很可能约的客户是下午两点见面，车程约一小时。而那个年轻女子是利用午饭后的时间溜出来买东西的，估计公司很近，赶着一点钟回到公司上班。那对青年男女手上没什么东西，很可能是游客，也不会去很远。

资料来源：http://www.ccmw.net/article/11301.html

问题： 企业和出租车司机识别客户有何相同点和不同点？

【启示与思考】

如何从茫茫人海中有效识别不同价值的客户，提高企业的总体收益和利润，许多企业已经在利用客户属性和消费行为特征来进行客户识别了。出租车司机"三秒钟识别客人"功夫讲究的是又快又准。与此相比，许多企业识别客户特征和客户价值的过程和方式要复杂得多。

（二）企业对顾客的承诺

承诺的目的在于明确企业提供什么样的产品和服务。顾客在购买任何产品和服务时，总会面临着各种各样的风险，包括经济利益、产品功能和质量以及社会和心理方面的风险等，因此要求企业作出某种承诺，以尽可能降低顾客的购物风险，获得最好的购买效果。企业对顾客承诺的宗旨是使顾客满意。

（三）与客户交流信息

企业与客户之间的交流是一种双向的信息交流，其主要功能是实现双方的互相联系、互相影响。实质上，客户管理过程就是企业与客户交流信息的过程，实现有效的信息交流是建立和保持企业与客户良好关系的途径。

（四）以良好的关系留住客户

为建立和保持企业与客户的长期稳定关系，首先需要良好的基础，即取得顾客的信任；其次要区别不同类型的客户关系及其特征，并经常进行客户关系情况分析，评价关系的质量，保持企业与客户的长期友好关系。

案例7-6

一位客户在销售员的帮助下买下了一所大房子。房子虽说不错，可毕竟是价格不菲，所以总有一种买贵了的感觉。几个星期之后，房产销售员打来电话说要登门拜访，这位客户不禁有些奇怪，因为不知他来有什么目的。星期天上午，销售员来了。一进屋就祝贺这位客户选择了一所好房子。在聊天中，销售员讲了好多当地的小典故。又带客户围着房子转了一圈，把其他房子指给他看，说明他的房子为何与众不同。还告诉他，附近几个住户都是有身份的人，一番话，让这位客户疑虑顿消，得意满怀，觉得很值。那天，销售员表现出的热情甚至超过卖房子的时候，他的热情造访让客户大受感染，这位客户确信自己买对了房子，很开心。一周后，这位客户的朋友来这里玩，对旁边的一幢房子产生了兴趣。自然，他介绍了那位房产销售员给朋友。结果，这位销售员又顺利地完成了一笔生意。

资料来源：http://wenku.baidu.com/view/d7dd3d2c2af90242a895e5d0.html

问题： 本案例说明了什么？

【启示与思考】

学会跟踪客户，慢慢地公司会积累下一大群客户资源。跟踪工作能使公司的客户记住公司，一旦客户采取行动时，首先就会想到这家公司。

小知识

有资料显示，获取一个新顾客的成本是保留一个老顾客成本的 5 倍，一个公司如果将其顾客流失率降低 5%，其利润就能增加 25%~85%，企业利润率的高低取决于老顾客的寿命期限。可见，加强顾客管理，发展和维系与顾客的关系，非常重要。

二、客户管理的原则

对客户进行管理应遵循以下原则。

（一）客户反馈管理

客户反馈对于衡量企业承诺目标实现的程度、及时发现在为顾客服务过程中的问题等方面具有重要作用。投诉是客户反馈的主要途径，如何正确处理客户的意见和投诉，对于消除顾客不满、维护客户利益、赢得顾客信任是十分重要的。更新、调整、剔除过时的或已经变化了的资料，及时补充新的资料。对客户的变化进行跟踪，使客户管理保持动态性。

（二）突出重点原则

有关不同类型的客户资料很多，我们要透过这些资料找出重点客户的重点资料。重点客户不仅要包括现有的客户，而且还应包括未来客户或潜在客户，为企业选择新客户、开拓新市场提供必要的资料帮助。

（三）灵活运用原则

客户资料的收集管理，目的是在销售过程中加以运用。所以，在建立客户档案、客户数据库之后，不能束之高阁，要以灵活的方式及时全面地提供给销售人员及其他有关人员，为其决策提供依据，提高客户管理的效率。

（四）专人负责原则

许多客户资料都是保密的，不宜流出企业，只能供内部使用，尤其不能落入竞争者之手。所以，客户关系的管理就要规定明确的管理办法，客户管理系统应由专人负责管理，严格控制对客户资料的利用和借阅。

小知识

客户多的企业，未必就是赚钱的企业，能与客户保持良好关系、做好客户管理，才是企业永续经营的基础。

案例 7-7

顾客总是慕名而来，也满意而去。走进这家商店，经常看到不少妇女在等她，在她的顾客中，有政府女职员，有在公司工作的女职员，也有女律师、女医生，还有政府官员和企业界巨头的夫人。她们不仅每隔一定时间就到塞西尔那里去买鞋，而且当准备出差或旅行时也去她那里，以觅一双舒适美观的鞋。妇女们喜欢去她那里买鞋并非那里的鞋特别时髦，也不是店里的设施特别讲究，而是塞西尔给予她们的那种特殊的、情意绵绵的关注和服务，当她接待顾客时，会使顾客感到好像她生活中除你之外再没有任何人似的。如果这双鞋你穿着不合适，她是不会让你买的，如果另一双鞋穿在你脚上不好看，她也决不会卖给你，她进库房为你拿出来挑选的鞋，有时可多达 300 双。每次你试穿一双，她都陪你照镜子，而且她有时会跪在你脚下，帮你穿上、脱下。

资料来源：http://www.doc88.com/p-31175146748.html

问题： 塞西尔为什么这样做？你会不会认为她的服务成本很高？

【启示与思考】

塞西尔这样做，自有她的服务观念，人们都希望生活中有些令人高兴的事，而大部分妇女，她们到她这里来，所需要的正是热情周到的服务。这种服务观念像一块强大的磁石，吸引了众多忠实的顾客。

三、客户分析

（一）确定客户组合

客户管理中有一条重要的原则，就是帕累托的"80/20"原则，即企业的80%利润来自于20%的客户；企业的80%的麻烦来自于20%的客户；企业付出的80%的时间只带来20%的优质服务。因此，通过"80/20"原则对客户进行分析，可以发现其中的某些客户及其给企业带来的影响，以便找出不同类型客户：给企业带来大部分利润的客户，只买某些产品或某种服务的客户，需要最多服务的客户及最少服务的客户。得到这些信息后，就会发现，最费时间，花费又多的服务，是为很小一部分客户提供的服务；最大宗的买卖及最大的利润来自相对很小的一部分客户。当知道某些客户比其他客户给企业带来的影响更大时，企业就可以作出正确的决定：如何使用有限的资源进行更加有效的服务。

为此，要按照不同的方式划分出不同类型的客户，根据其需求特点、需求方式、需求量的不同，采取不同的管理方式。划分客户意味着企业将向不同客户提供不同的服务，采用不同的销售模式。划分客户的方法很多，销售经理可以考虑按不同的因素划分客户类型，如按客户所在地、客户所购买产品的类型、客户在企业的采购额度；也可以按客户的收入、年龄与个性特征、购买的频率等划分客户类型；还可以按客户与公司的交易数量、客户的经营范围等划分客户类型。

在划分客户类型的基础上，企业所选择的客户类型构成了企业的客户组合。在确定客户组合时，有下列三种策略可供企业选择。

1. 集中策略

企业对市场上所有的客户不加区别地对待，把构成市场的客户群当作一个整体。选择这一策略的前提，是所有的客户都为企业创造相等的价值。企业之所以假设所有的客户给企业创造了相等的价值，是因为鉴别不同客户的价值会花费很大的成本，或者按不同客户的价值选择企业的行动方案会耗费很高的成本。

在这种客户组合中，买者和卖者之间的关系经常是可以替代的，并且以宽泛的同质性和自我选择为基础，所以比较适合于大市场物品营销的企业。

2. 区分策略

企业把精力集中于能给企业带来更大总体收益的特殊销售区域，或者某种类型的客户身上。企业要这样做，需要更充分的客户信息资料，以对客户进行有价值的划分，即使这样也不可避免地会带来一部分利益上的损失。此外，企业将自己的命运放在一部分客户的身上，也会使企业营销的风险增加。

企业可以选择对一个市场内的几个客户群提供服务，前提是企业生产的产品在吸引其他客户群的同时，不减小或破坏对企业最好客户群的吸引力。

3．个性化策略

当企业所面对的客户在关系价值、偏好或者需求上存在很大差异时，企业可以以单个客户为对象，管理其关系组合。这比其他的管理策略需要更深入的客户信息，而且需要更成熟的联系技术。随着信息技术的改进以及客户模型的完善，企业完全有可能在个人层面上对大量的客户进行管理，实现一对一的营销。

案例 7-8

张先生是一家软件公司的销售工程师，深知客户关系管理之道，平时邀请客户共餐，节假日贺卡、电话送祝福等，并把客户档案维护作为重要内容去做，想尽一切办法与客户保持良好的关系。一日，当打听到一位重要客户的夫人过生日时，张先生试图给客户一个惊喜，在没有任何暗示的情况下突然而至。万万没有想到的是，这位客户不仅没有表现出预想的惊喜，反而面带不悦，后来更是逐步疏远张先生和他的同事。

A企业是生产和销售治疗性病和保健用品的公司，为了推销其最新研制和生产的性医疗药品，在选择大药房等渠道销售的同时，还通过性病医院的途径获取患者的个人档案以邮寄该药物的相关宣传资料。结果一患者以侵犯公民隐私权的名义将A公司和性病医院推上了被告席。

资料来源：http://www.alibole.com/anews-8348.html

问题：以上两个案例中为什么推销人员或企业的做法让客户不满，对我们有什么启示？

【启示与思考】

这是两个典型的客户关系管理不当的案例。张先生本意是要通过客户夫人的生日试图进一步加深彼此之间的友谊，从而促进业务关系的巩固和发展，却万万没有想到会被客户抵触，起到适得其反的效果。显然，张先生已经迈入了生意上的"雷区"，没有把握好"商务"与"友谊"之间的界限，认为二者可以"合二为一"。至于A公司，在理想状态下，凡是性病患者都可以确定为自己的潜在客户，只是该企业在获取信息及宣传产品的时候，在客户关系管理方面处理得不够妥当，犯了侵犯个人隐私权或者不经意间将个人隐私放大和公开化的错误。

这两个案例同时反映了这样的问题，即企业该如何把握客户关系管理的尺度，从而既能够培养客户忠诚度以增进企业效益，又不会做过火，灵活掌握一个"度"，能够与客户保持适当的距离。因此，分析问题寻找对策已经成为客户关系管理的一个重要课题。

（二）客户分析的方法与程序

进行客户管理，不仅要对客户资料进行采集，而且要对客户资料进行多方面的分析，包括客户构成分析、客户与本公司的交易业绩分析、不同产品的销售构成分析、不同产品的销售毛利率分析、产品周转率分析、交易开始与交易中止分析等。

1. 客户构成分析

（1）将自己负责的客户按不同的方式进行划分，如可以分为批发店、零售店、代理店、特约店、连锁店、专营店等。

（2）小计各个分类客户的销售额。

（3）合计各分类客户的总销售额。

（4）计算各个客户销售额在分类中占分类销售额的比重及其在总销售额中的比重。

（5）运用 ABC 分析法将客户分为三类：A 类客户，企业的重点客户，占企业总销售额的 80%；B 类客户，企业未来的潜力客户，占企业总销售额的 15%左右；C 类客户，企业的小客户，占企业总销售额的 5%左右。

小知识

重点客户管理十策：

（1）优先保证大客户货源充足。

（2）充分调动大客户中的一切与销售相关的因素，包括最基层的营业员与推销员，提高大客户的销售能力。

（3）新产品试销应首先在大客户中进行。

（4）充分关注大客户的一切公关及促销活动、商业动态，并及时给予支援或协助。

（5）安排企业高层主管对大客户的拜访工作。

（6）根据大客户不同的情况，和每个大客户一起设计促销方案。

（7）经常性地征求大客户对营销人员的意见，及时告诉营销人员，保证沟通畅顺。

（8）对大客户制定适当的奖励政策，如各种折扣、促销让利、销售竞赛、返利等，有效刺激客户的销售积极性和主动性。

（9）保证与大客户之间信息传递的及时、准确，把握市场脉搏。

（10）组织每年一度的大客户与企业之间的座谈会。

2. 客户与本公司交易业绩分析

（1）掌握各客户的月交易额或年交易额，方法是：直接询问客户、查询有关资料、由本公司销售额推算、咨询有关机构等。

（2）统计各客户与本公司的月交易额或年交易额。

（3）计算出与各客户的交易额占本公司总销售额的比重。

（4）检查该比重是否达到了本公司所期望的水平。

3. 不同产品的销售构成分析

（1）将自己对客户销售的各种产品按销售额由高到低排列。

（2）合计所有产品的累计销售额。

（3）计算各种产品销售额占累计销售额的比重。

（4）检查是否完成公司所期望的产品销售任务。

（5）分析不同客户产品销售的倾向及存在的问题，检查销售重点是否正确，将畅销产品努力推销给潜力客户，并确定以后产品销售的重点。

4．不同产品的销售毛利率分析

（1）将自己所负责的对客户销售的产品按毛利额大小排序。

（2）计算各种产品的销售毛利率。

5．产品周转率分析

（1）核定客户经销产品的库存量。通过对客户的调查，将月初客户拥有的本公司产品库存量和月末客户拥有的本公司产品库存量进行平均，求出平均库存量。

（2）将销售额除以平均库存量，得出产品周转率。

6．交易开始与交易中止分析

（1）交易开始。企业应制订详细的销售人员客户访问计划，销售人员如果访问客户 5 次以上而无进展，则应从访问计划表中删除。如果访问成功，则开始交易。开始交易时，销售人员应填写客户交易卡。客户交易卡由企业统一印制，一式两份，有关事项交由客户填写。客户交易卡主要项目包括客户名称、总部所在地、交易对象所在地、通信地址及电话、开业时间、资本额、职工人数、管理者人数、设备、经营者年龄、信用限度申请额、基本约定、回收条件等。销售人员向销售主管提交客户交易卡，得到认可后向销售经理提交报批手续，然后才能与客户进行交易。无论是新客户还是老客户，都可依据信用调查结果设定不同的附加条件，如提供个人担保、提供连带担保或提供抵押担保等。

（2）交易中止。在交易过程中，销售人员如发现自己所负责的客户信用状况发生变化，应及时报告上级主管，采取对策，甚至停止交易。例如，当遇到客户的票据或支票被拒付或延期支付时，销售人员要尽一切可能收回货款，将损失降到最低点。如果确需停止交易，则经请示销售经理同意后，通知客户。

四、客户管理流程

（一）建立客户档案

在实施客户关系管理之前，首先要做好客户信息的收集，即建立客户档案。为了控制资金回收，必须考核客户的信誉，对每个客户建立信用记录，规定销售限额。对新老客户、长期或临时客户的优惠条件也应有所不同。客户档案一般应包括以下三方面的内容。

1．客户原始记录

即有关客户的基础性资料。它往往也是企业获得的第一手资料，具体包括客户代码、名称、地址、邮政编码、联系人、电话号码、银行账号、使用货币、报价记录、优惠条件、付款条款、税则、付款信用记录、销售限额、交货地、发票寄往地、企业对口销售员号码、佣金号码、客户类型等。

2．统计分析资料

主要是通过顾客调查分析或向信息咨询业购买的第二手资料，包括顾客对企业的态度和评价，履行合同情况与存在问题、摩擦，信用情况，与其他竞争者交易情况，需求特征和潜力等。

3．企业投入记录

企业与顾客进行联系的时间、地点、方式（如访问、打电话）和费用开支，给予哪些优惠（如价格、购物券等），提供产品和服务的记录，合作与支持行动（如共同开发研制为顾客产品配套的零配件、联合广告等），为争取和保持每个客户所做的其他努力和费用。

以上是客户档案的一般性内容。要注意，无论企业自己收集资料，还是向咨询业购买资料，都需要一定的费用，各企业收集信息的能力也是不同的。所以，客户档案应设置哪些内容，不仅取决于客户管理的对象和目的，而且也受到企业的费用开支和收集信息能力的限制。各企业应根据自身管理决策的需要、顾客的特征和收集信息的能力，选择确定不同的客户档案内容，以保证档案的经济性、实用性。

（二）监测客户信息

企业必须了解客户的需求。企业通过建立一种实时的客户信息监测系统，将客户信息和服务融入到企业的运行中去，从而有效地在企业内部传递客户信息，尤其是在销售部门和生产部门之间。

企业经常会发现不同的客户存在不同的服务要求：大公司允许较长的供货期，而小企业则要求在一两天内供货。根据客户需求，企业可以建立大型分销中心和产品快速供应中心，将销售、订单处理和管理集成在一起，将客户服务和销售结合在一起，建立起一种既提高服务又降低成本的方法。

（三）采取适当行动

获知客户的喜好和需要并采取适当行动，建立并保持顾客的忠诚度。这是做起来事半功倍但也是最容易被忽视的一项工作。如果企业与顾客保持广泛、密切的联系，价格将不再是最主要的竞争手段，竞争者也很难破坏企业与客户间的关系。例如，在您为母亲的生日订购蛋糕后，店员会于次年您母亲生日来临之前提醒您；当您打电话给一家饭店的客房服务部时，他们可能以您的名字来向您问候。通过提供超过客户期望的服务，可将企业极力争取的客户发展为忠实客户，因为争取新客户的成本要远远超过保留老客户。而且随着客户和企业间的来往，客户的个别需求和偏好也会变得更详细、明了。

客户关系管理如此重要，以至于许多企业已经把它作为当前工作的重点。但是我们也应该看到，要维护完整、即时且跨部门的客户信息是一项较难完成的工作。

小知识

一位业务遍及全球的经理，刚从纽约飞往伦敦并下榻于与他在纽约入住的同一家连锁酒店时，他在卫生间发现了他最喜欢的牌子的洗发水，而这个信息是他离开酒店上飞机前不经意告诉酒店的。你能想象他今后一定会乐意继续入住这家连锁酒店。这就是酒店快速将顾客资料进行整理、分类并进行运用的结果。

任务总结

张伟在长期的推销工作以及推销队伍管理实践中，通过不断地探索及理论的学习，及时地总结反省，得出以下几点心得。

（1）推销战略目标的实现需要对推销人员进行有效的组织与管理，推销人员的组织与管理包括推销人员的甄选、培训、报酬、激励、监督和评估等环节，推销人员的甄选因企业而异。

（2）推销培训是推销人员组织和管理的必要环节。事实证明，训练有素的推销人员所增加的销售业绩要比培训成本更大。而且，那些未经培训的推销人员其工作并不理想，他们的推销工作很多是无效的。做好推销培训首先要有培训计划，培训计划需要明确以下问题：培训目标、培训时间、培训地点、培训方式、培训师资、培训内容等。制订了培训计划后，就要选择培训方法，常用的培训方法主要有讲授法、销售会议法、案例研讨法、角色扮演法、岗位培训法。

（3）对推销人员激励的方式有环境激励、目标激励、物质激励和精神激励等。竞赛是企业常用的激励推销人员的工具，它可采取多种形式，充分发挥推销人员的潜力，促进销售工作的完成。

（4）推销绩效的评估是指企业或推销人员对一定时期内推销工作状况的评定与估价。具体地表现为对推销业务的核算。推销绩效评估的具体内容是通过一定的项目或指标系列的核算来实现的。推销绩效评估的指标主要有：销售额、销售利润与销售增长率；销售资源占用；所推销产品的结构；拥有的顾客数量、质量及新顾客开发情况；其他。如工作热情、团队合作精神、坏账情况等指标。推销绩效评估的主要方法有横向考核法、纵向考核法和尺度考核法等。

（5）为了实现企业的经营目标，必须根据企业的具体情况选择合适的推销组织形式。大体上，推销组织的种类可以划分为地域型推销组织、产品型推销组织、顾客型推销组织和职能型推销组织四种。

（6）客户的分析与管理是推销管理的重要环节，其主要包括客户分析、客户管理和大客户管理等内容。客户分析包括建立客户档案、客户分类、客户管理分析。

业务技能自测

一、判断题

1. 销售绩效的增加与销售潜力的增加并非同步，前者往往跟不上后者。（　　）
2. "讲解—示范—实践—总结"这一培训程序是一个一次性过程，不需要重复循环。（　　）
3. 销售会议法为双向沟通的培训方法，可使受训人有表达意见及交换思想、学识、经验的机会。（　　）
4. 所有产品、所有客户的利润提成都应该是一样的。（　　）
5. 客户管理的目的不是对所有与企业发生关系的顾客都一视同仁。（　　）
6. 各企业应根据自身管理决策的需要、顾客的特征和收集信息的能力，选择确定不同的客户档案内容，以保证档案的经济性、实用性。（　　）

二、选择题

1．推销组织的类型有（　　　）。

    A．地域型推销组织模式　　　　　　　　B．产品型推销组织模式

    C．顾客型推销组织模式　　　　　　　　D．职能型推销组织模式

2 推销人员应具备的素质简化为"3H1F"模式，其中3H1F代表（　　　）。

    A．Foot　　　　　　B．Heart　　　　　　C．Hand

    D．Head　　　　　　E．Fast

3．激励推销人员的方法主要有（　　　）。

    A．目标激励法　　　B．强化激励法　　　C．反馈激励法　　　　D．竞赛激励法

4．美国数据库营销研究所休斯教授的RFM模型进行客户分析，RFM指（　　　）。

    A．顾客最近一次购买的情况　　　　　　B．购买频率

    C．购买愿望　　　　　　　　　　　　　D．花费金额

5．客户管理的原则包括（　　　）。

    A．客户反馈管理　　　　　　　　　　　B．突出重点原则

    C．灵活运用原则　　　　　　　　　　　D．专人负责原则

思考与讨论

1．试述推销激励对推销工作有何意义？

2．客户管理的主要工作是什么？

3．如何做好大客户管理？

实训题

项目一　推销人员的选拔与应聘

【实训目标】

使学生掌握选拔推销人员的原则和来源，具有优秀推销人员的素质和能力。

【实训内容】

选择日用品、饮料等行业，观察学习其选拔推销人员的原则和来源，并实际参与应聘。

【实训要求】

1．按照选拔推销人员的来源进行分析。

2．选择一个行业进行分析，讨论在选拔推销人员时应该看重其经验、学历还是其他方面，为学生提供一个相互交流、学习、促进的平台。教师进行评议。

【组织与实施评价】

1. 以小组为单位，到相关行业企业了解企业选聘推销人员的要求和内容，做好记录。
2. 要求学生到相关行业企业实际参与应聘。
3. 要求每个学生将自己遇到的各种困难罗列出来；小组讨论解决方法，并写出多种方案。
4. 以小组为单位向全班汇报这次实训遇到的困难及感受。
5. 以小组为单位写一篇实训总结。

【考核要点】

1. 根据学生所写出的文案教师进行评分。
2. 根据学生在班里的汇报、别的小组给予的评价进行评分。

项目二　推销组织的建立

【实训目标】

训练学生"推销组织结构"的设计能力、推销人员的选派能力。

【实训内容】

某大城市有一家生产饮料的企业，主要产品有乌龙冰红茶、怡神橙汁、大力神运动饮料三种产品。公司计划在该市东部、西部和中部作为重点推销区域。请学生为该公司设计"推销组织结构。"

【组织与实施评价】

1. 每 5 人组成一个推销小组，以小组为单位进行讨论。
2. 以小组为单位，一个小组介绍自己设计的推销组织结构，其他小组做评委。

【考核要点】

1. 以小组为单位写一份实训报告，根据学生所写出的文案教师进行评分。
2. 根据学生在班里的汇报、别的小组给予的评价进行评分。

案例分析

案例一　推销人员的绩效考核

有一家家电销售公司，该公司是华南的一家国营企业，家电制造和销售是其主营业务，2010 年的销售额为 5 亿元人民币。当时这家企业正在改制，改制之后必须自负盈亏。如果销售额达不到 5.5 亿元预定目标的 90%，即 4.95 亿元人民币，企业将陷入严重的财务困境。

为了在改制后增强竞争力，提高利润和销售额，并且塑造一种以业绩为导向的企业文化，公司总经理希望在改制之前投资一条新的空调生产线，力争通过销售夏季新产品为公司增加 25% 的收入，同时他还决定采用一套新的绩效考核和管理体系。2011 年年初，该公司的改制基本完成，新的生产线引进到位，调试成功后即可生产新产品，而新的绩效考核和管理体系也旋即启动。

眼看年中考核将至，该公司的销售副总裁开始着急起来，因为他刚刚得知销售部有可能完不成前半年的主要考核指标。在此之前，他已经花了很大力气拿到了大批新型空调的订单。但是，这批订货必须在炎热天气到来之前送到客户手中。如果不能在 5 月 15 日前发货，客户就有权取消订单。然而，几个月来新生产线一直处于调试阶段，很可能不能如期交货。

相比之下，主管生产的副总裁却显得踌躇满志，他的两项主要考核指标——质量和产量——都完成得非常出色，例如次品率比原来降低了近 50%，远远超过了设定的目标。对于新产品他不是不关心，可是如果现在就生产新产品，那么根据经验，机器的停工时间肯定会增加，从而导致产量下降。此外，新产品质量达标也是一个费时费力的过程，搞不好会顾此失彼，导致次品率上升。年中考核马上就开始了，他决定等考核后再着手完成新产品的生产任务。

不难看出，该家电公司的销售部和生产部矛盾突出，由于生产部门要把新产品的投产时间推迟到年中绩效考评之后，销售部门有可能无法按时交货。最终的结果可能是：新产品无法使公司的销售额增加 25%，公司无法达到预定销售目标的 90%。

资料来源：http://wenku.baidu.com/view/09f6c70f76c66137ee061900.html

分析思考：

1．造成销售目标完不成的主要原因是什么？

2．绩效体系有什么问题，如何改进？

案例二　推销人员培训是多余的

关金庸是某厂推销员，当他看到报纸上刊登了"推销员培训班"的招生启事，就去找推销科长要求报名。这位 20 世纪 50 年代就从事推销工作的老科长不以为然地说："推销这玩意儿不是书本上、课堂里能够学到的。有的人天生就是推销的坯子，有的人再学习、再苦练也不行。我劝你别花那份冤枉钱，也别费那么多时间，有空多跑几个客户比什么都强。"

资料来源：刘志敏．推销策略与艺术[M]．北京：中央广播电视大学出版社，2011．

分析思考：

这位老科长的话是否有道理？你是怎样想的？

学习情境八　综合模拟实训

实训目的

- ◇ 通过实训掌握推销的基本方法和技能，提高综合运用已学理论知识去分析和解决问题的能力。
- ◇ 通过实训了解推销各环节的准备工作。
- ◇ 通过实训掌握推销礼仪和与客户沟通的技巧。
- ◇ 通过实训了解顾客购买的基本心理活动，熟悉顾客类型。
- ◇ 通过实训掌握寻找顾客、接近顾客、推销洽谈、处理顾客异议、推销成交的整个环节和过程。
- ◇ 通过实训训练学生推销中客户拜访与沟通的能力、促成交易的能力、推销案例分析的能力、提出问题与解决问题的能力。
- ◇ 通过实训了解推销的组织与管理，培养学生团队精神，提高协作能力。

实训要求

- ◇ 组建销售团队。全班学生自由组合，分为若干小组，每一组为一销售团队。
- ◇ 各销售团队根据前期收集的顾客资料，完成一项真实的销售任务。
- ◇ 对销售团队整体要求：凝聚力强，运作状况佳，分工协作，按时优质完成每一环节的任务。
- ◇ 对个人的要求：服从团队利益，履行职责完成销售任务，团队成员在实训项目中要承担不同的角色，并进行角色轮换。
- ◇ 团队负责人应全面协调本团队的各项工作，应根据实训的任务，合理分配实训项目的时间，明确团队成员的分工。各团队成员应团结协作，共同完成实训任务。
- ◇ 每人须完成实训内容设计中的相关练习。
- ◇ 在实训结束后一星期内，以团队为单位提交一份实训报告，总结团队成功经验与教训，实训报告的字数不得少于 3 000 字。

任务一　推　销　准　备

一、推销岗位准备

1. 寻访准备

（1）每位学生以家人介绍、朋友介绍、老师推荐、主动接近等方式，选择三名推销从业人员作为自己的寻访对象。

（2）了解你所选中的寻访对象的个人基本情况，如年龄、工作年限、工作经验、推销业务范围、主要工作经历。

（3）制作寻访卡片。内容自己设计，要能全面记录寻访内容。

（4）拟定向寻访对象要提出的几个主要问题。

（5）约定具体的寻访时间。

2．寻访推销人员

（1）和推销人员见面，介绍自己的寻访目的、寻访内容。

（2）向推销人员提问，了解他（她）的推销工作情况，并记录在卡片上。重点了解推销工作的性质和重要性，同时了解一些推销技巧。

（3）整理寻访资料，补充完整。

（4）撰写寻访报告 1 000 字，记录寻访过程，总结收获和心得。

推销岗位准备评分表如表 8-1 所示。

表 8-1　推销岗位准备评分表

评价项目	评价要求	分　值	得　分
自制卡片	卡片制作规范，内容设计合理、全面	10	
填写卡片	资料填写详实、真实	20	
推销工作重要性	能从推销人员的工作中总结出推销工作的重要性及含义并具有的特色	20	
推销工作的特点	根据推销工作的特点，对推销工作有一定的了解	20	
推销工作的原则	能举例说明推销人员在具体的推销工作中是如何运用推销原则的	20	
综合性	报告文体正确、语言流畅、逻辑性强	10	
合计		100	
评语			

二、职业素养准备

（1）学生按照老师的要求，每人独立填写一份老师提供的素质调查问卷。

（2）在填写的过程中，注意读清题目，如实填写，保证问卷数据的真实性和完整性。

（3）问卷完成后，根据自己的填写情况，总结自己的得分。

（4）教师讲解问卷得分情况所表示的含义。

（5）收集全班同学得分情况分布。

（6）教师对学生的能力倾向、素质状况予以分析点评，并帮助学生确立自信。

三、推销礼仪准备

1. 项目准备和学习

（1）选择某一特定工作场景（如化妆品推销、礼品推销、儿童用品推销、办公用品推销等）。

（2）确定工作场景的特点，明确推销工作的重点内容和重点对象是什么。

（3）了解推销人员服饰仪容礼仪、体态礼仪、拜访礼仪等内容规范。

（4）根据工作场景确定推销人员个人形象设计的突出特点。

2. 推销人员服饰设计

（1）选择得体的服装、鞋袜款式和颜色。

（2）试穿服装，征询其他同学的意见。

3. 推销工作模拟

（1）根据礼仪要求，各团队针对拜访工作（或接待工作）设计相应的推销工作过程。

（2）团队讨论，成员可以充分发表自己的意见。

（3）模拟演练。各团队分出接待方和拜访方，对推销工作进行模拟。

（4）团队总结，改进方案。

办公室拜访礼仪评分表如表 8-2 所示。

表 8-2　办公室拜访礼仪评分表

评价项目	评价要求	分　值	得　分
办公室拜访礼仪	提前预约	15	
	拜访有礼	20	
	适时告退	15	
合计		50	
评语			

办公室接待礼仪评分表如表 8-3 所示。

表 8-3　办公室接待礼仪评分表

评价项目	评价要求	分　值	得　分
办公室接待礼仪	问候	5	
	引见	15	
	上茶	10	
	交谈	10	
	送客	10	
合计		50	
评语			

应用练习：你为完成销售任务做了哪些准备？列出你的销售计划？

_____

_____

_____

_____

_____

_____

_____

_____

任务二　目标顾客寻找

一、顾客需求调研

（1）根据本地经济发展特点，结合市场需求，选择某一产品作为推销品。

（2）选择有网络资源的场所，要求学生对推销品资料进行收集。

① 推销品的基本情况、产地、品牌、主要特点或优点。

② 推销品的目标顾客群体情况。

③ 推销品的主要销售渠道和价格。

④ 推销品在本地区的市场占有情况和主要竞争对手。

⑤ 其他需要的资料。

（3）整理记录网络资料，总结顾客需求总体情况。

（4）团队间相互交流情报信息。

应用练习：客户需求分析。重要的不是客户要买什么，而是为什么要买？

_____

_____

_____

_____

_____

二、顾客资料整理

（1）至少用三种以上的方法寻找顾客。

（2）记录寻找顾客的工作日志。

（3）对收集到的顾客信息进行分析、筛选。

（4）制作顾客信息卡。

项目评分表如表 8-4 和表 8-5 所示。

表 8-4　项目评分表（一）

评价项目	评价要求	分值	得分
顾客资料卡	设计精美、项目齐全、资料真实有效	30	
约见备忘录	时间安排合理、工作程序流畅完整，资料齐备	30	
接近顾客语言设计	语言精练、经典	40	
总分		100	
评语			

表 8-5　项目评分表（二）

评价项目	评价要求	分值	得分
寻找方法	用三种以上方法寻找顾客	10	
工作日志	内容记载全面、认真	20	
评价方法	方法运用得当，能根据推销品的特点，确定相应的目标顾客	30	
审查报告	审查项目全面，报告叙述过程具有逻辑性，结论合理	40	
总分		100	
评语			

三、顾客资格审查

（1）依据收集的顾客信息，分析顾客的需求状况、支付能力、决策权限。

（2）确定推销品的目标顾客。

（3）撰写 500 字的顾客资格审查报告。

（4）提交报告，由教师与其他团队评价。

应用练习：你打算如何寻找客户？列出你的销售机会？待开发客户：有足够的购买力；

销售方的产品或服务确能给对方带来利益。

_____

_____

_____

_____

_____

_____

_____

任务三　顾客约见和接近

一、顾客约见

（1）团队讨论，撰写约见个人客户的备忘录。

（2）团体讨论，撰写约见法人客户的备忘录。

（3）确定约见对象、明确约见目的、安排约见时间、选择与确定约见地点。

（4）由团队负责人分配角色，设计电话约见场景。掌握约见顾客的方式与技巧。

（5）由教师和别的团队对电话约见评价。

应用练习：约见顾客前的准备——推销品准备

产品特性分析如表8-6所示。

表8-6　产品特性分析

项　　目	特　征	优　点	利　益	证　据
性能				
外形				
用途				
材料				
耐用性				
方便程度				

你的准备：我们卖什么？我们与竞争对手有什么不同？我们的优势或卖点是什么？如果我们的价格并不是最低，客户有什么理由买我们的产品与服务？我们知道客户的业务与

行业吗？我想好了如何与客户沟通吗？

_____

_____

_____

_____

_____

_____

_____

二、顾客接近

（1）列出准备接近的客户名单。

（2）根据客户的个人信息，判断客户的类型及特点。

（3）选择接近顾客的方法与技巧。

（4）团队讨论，设计见面语。

（5）各团队展示设计的见面语，并互相点评。

应用练习：介绍产品，写出一个产品陈述，以满足顾客需要，从而接近顾客。

_____

_____

_____

_____

_____

任务四 推销洽谈

一、洽谈方案制定

（1）根据选择的推销品制定洽谈方案。

① 洽谈方案的资料准备。通过网络、实地调查等方式掌握推销品的特点、定位、市场地位及主要竞争对手的相关信息。

② 撰写洽谈方案。确定推销洽谈的目标；洽谈时的准备工具；洽谈的具体内容。最重要的是要选择合适的推销洽谈方法和策略。

（2）评出最优方案，团队按最优方案进行洽谈。

应用练习：根据针对性、倾听性、鼓动性、参与性、诚实性原则与客户洽谈，需要适应不同的人际沟通风格。

你的准备：

为了更好地与驾驭者（主管型）的客户沟通，你将如何准备和变通风格？

_____

_____

_____

为了更好地与富有表情（易动感情型）的客户沟通，你将如何准备和变通风格？

_____

_____

_____

为了更好地与善于分析（深思熟虑型）的客户沟通，你将如何准备和变通风格？

_____

_____

_____

为了更好地与亲切（支持型）的客户沟通，你将如何准备和变通风格？

_____

_____

_____

_____

二、洽谈过程实施

（1）各销售团队两两对应，分角色扮演推销人员和顾客，实施模拟推销。

（2）项目准备。

① 将最优方案再次完善与优化。

② 根据产品与顾客特点，选择恰当的推销洽谈方法。

③ 推销洽谈时，关注个人形象设计及拜访等礼节。

④ 准备摄像机，对各团队的推销洽谈过程进行全程录像。

（3）项目执行。

① 各团队抽签决定模拟洽谈的出场顺序。

② 各团队布置各自项目实施场景。

③ 每一团队模拟洽谈结束后，由教师和其他团队根据评分表（如表 8-7 所示）打分。

表8-7　项目评分表

评 价 项 目		评 价 要 求	分　值	得　分
方案（洽谈实施的模拟方案）	操作程序与步骤	计划周密；工具齐全；模拟准确；洽谈关键内容无遗漏；总结及时	10	
方案（洽谈实施的模拟方案）	文字表达	专业、流畅、用词准确	10	
方案（洽谈实施的模拟方案）	方法运用	合理；符合场景设计	10	
模拟洽谈	礼仪	符合推销人员的礼仪要求	10	
模拟洽谈	语言	洽谈过程中语言流畅、表述清楚、逻辑性强	20	
模拟洽谈	方法	方法运用准确，富有成效	20	
模拟洽谈	技巧	技巧应用灵活，现场控制力强	20	
总　分			100	
评语				

④ 学生可以点评，老师对每个团队进行点评。

应用练习：就你所销售的产品，你打算如何与客户沟通？请按照 SPIN 提问式销售法准备你的询问问题清单。

S：情况性问题（Situation Questions）

目的：用来探求购买者现状的客观信息。

你的准备：

_____

P：难题性问题（Problems Questions）

目的：用来发现客户正经历的问题或不满的问题，正是销售方能够解决的问题。

你的准备：

_____

I：隐喻性问题（Implication Questions ）

目的：使客户感受到隐藏性需求的重要与急迫性。

你的准备：

_____

_____

_____

_____

_____

N：需求－代价的问题（Need－payoff Questions）

目的：让客户产生明确的需求，以鼓励客户将重点放在解决方案上，并明了解决问题的好处与购买利益。

你的准备：

_____

_____

_____

_____

_____

三、顾客异议处理

（1）教师组织各团队到当地商场进行实地观察（注意事前安全教育）。

（2）各团队成员假扮顾客与营业员接触，记录营业员接待顾客的态度、举止及如何处理顾客的异议。

（3）有意识设置购买障碍，并针对营业员处理异议的方法撰写短评。

处理顾客异议评分表如表8-8所示。

表8-8　处理顾客异议评分表

评价项目	评价要求	分值	得分
出勤表现	团队出勤情况由团队负责人评价	20	
观察记录	记录详实	20	
障碍设置	障碍设置合理，并具备一定的专业性	30	
短评	能从处理顾客异议的原则、策略、方法等方面入手	30	
总分		100	
评语			

应用练习：回答异议练习。
真的有效果吗

_____

_____

_____

_____

我没有时间

_____

_____

_____

_____

考虑考虑再说

_____

_____

_____

_____

我现在不需要

_____

_____

_____

_____

价格太贵了

_____

_____

_____

_____

任务五　交 易 达 成

一、成交洽谈

1．成交准备

（1）各团队根据前期选定的推销品，准备成交方案。

（2）模拟成交场景准备。

2．项目实施

（1）各团队采用角色扮演法、情景演练法进行成交模拟，并全程录像。

（2）模拟过程中要快速识别并捕捉成交信号，灵活运用成交策略、方法及技巧。

（3）演练结束后，由学生及教师点评打分。

推销成交评价表如表 8-9 所示。

表 8-9　推销成交评价表

评价项目		评价要求	分　值	得　分
方案	操作程序与步骤	计划周密；工具齐全；模拟准确；交易内容全面；总结及时	20	
	文字表达	专业、流畅、用词准确	10	
模拟成交	方法运用	合理、符合场景设计	10	
	礼仪	符合推销人员的礼仪要求	10	
	语言	语言流畅、逻辑清晰	20	
	信号识别	能准确识别顾客的各种成交信号	10	
	方法	成交方法运用准确、富有成效	10	
	技巧	技巧应用灵活、现场掌控自如	10	
总分			100	
评语				

应用练习：以前面练习所确认之需要为基础，写出一个达成交易的陈述。主要目的是了解对方价格预期；倾听沟通信号；促成交易。

回顾利益

_____

_____

_____

_____

下一步骤

_____

_____

_____

_____

确认

_____

_____

_____

_____

二、买卖合同拟定

（1）查阅买卖合同范本。

（2）根据团队的推销品及交易条件拟定一份买卖合同。

（3）学生及教师对各团队的买卖合同评价并打分。

项目评价表如表 8-10 所示。

表 8-10　项目评价表

评 价 项 目	评 价 要 求	分　　值	得　　分
资料查询	至少在五个网站查阅相关资料（记录网址）	10	
	整理的资料完备、知识性强	20	
拟定合同	合同的订立符合基本原则及相关法律	10	
	买卖合同的内容、项目齐全	40	
	合同拟定格式规范	20	
总分		100	
评语			

三、售后服务

（1）根据推销品的特点，确定售后服务的种类。

（2）确定售后服务的频次。

（3）对售后服务进行抽检，增加对企业及产品的满意度。

应用练习： 通过优质的售后服务，培养长期合作关系，创造重复购买机会，提高客户满意度，附加值营销。

_____

_____

_____

_____

最后，根据上述各个实训环节进行综合评价，综合评价表如表 8-11 所示。

表 8-11　综合评价表

项　　目	评 分 标 准	分　　值	得　　分
组织、设计	场景设置、氛围、道具安排与摆放	4	
组织、设计	参加人员占团队人数 50%以上	3	
组织、设计	角色分配合理、均衡	3	
推销品	推销品的选择是否有代表性，是否有特点，是否有样品	5	
寻找顾客	潜在顾客的确定方法是否恰当，准顾客是否符合条件（根据推销品的特点）	10	
推销接近	接近顾客的方法和技巧的实施情况	10	
推销洽谈	洽谈的导入、技巧和方法是否适当	15	
异议处理	处理异议的方法、技巧是否得当	15	
达成交易	能否把握有效的成交时机，成交策略和方法的运用是否得当	15	
推销现场表现	服饰及握手、接（打）电话、递（接）名片、面谈的礼节	5	
推销现场表现	营销理论的运用情况	5	
推销现场表现	演示过程的完整性	5	
综合印象		5	
合计		100	

参 考 文 献

1. 李玮. 金牌推销员的 100 个细节[M]. 深圳：海天出版社，2005.

2. 谭一平. 推销精英的十年总结：中式推销[M]. 北京：企业管理出版社，2006.

3. 赵月华. 卖手——冠军推销手册[M]. 北京：人民中国出版社，1998.

4. （美）巴顿·威姿，史蒂芬·卡斯伯里. 销售与顾客关系管理[M]. 小约翰·坦纳，胥悦红，等，译. 北京：人民邮电出版社，2008.

5. 夏凯，田俊国. 赢单九问[M]. 厦门：鹭江出版社，2010.

6. 钟立群. 现代推销技术[M]. 北京：电子工业出版社，2005.

7. 刘德胜. 甜言蜜语推销法[M]. 西安：陕西旅游出版社，2000.

8. 胡善珍. 现代推销——理论、实务、案例、实训[M]. 北京：高等教育出版社，2010.

9. 张晓青. 现代推销实务[M]. 北京：地质出版社，2010.

10. 吴健安，等. 现代推销学[M]. 大连：东北财经大学出版社，2006.

11. 孟昭春. 成交高于一切[M]. 北京：机械工业出版社，2010.

12. 简彩云，等. 推销与谈判——原理·技巧·实务[M]. 上海：上海财经大学出版社，2008.

13. 梁洪波. 现代推销实务[M]. 北京：人民邮电出版社，2010.

14. 吴金法. 现代推销理论与实务[M]. 大连：东北财经大学出版社，2002.

15. 马里. 世界上最伟大的推销员杰拉德的故事[M]. 北京：海潮出版社，2002.

16. 刘志敏. 推销策略与艺术[M]. 北京：中央广播电视大学出版社，2011.

17. 李情民. 现代推销理论与实务[M]. 合肥：合肥工业大学出版社，2009.

18. 王红. 现代推销技术[M]. 武汉：武汉大学出版社，2009.

19. 薛辛光. 实用推销技术[M]. 北京：中国经济出版社，2008.

20. 李世宗. 现代推销技术[M]. 北京：北京师范大学出版社，2007.

21. 刘厚均. 推销技术[M]. 郑州：郑州大学出版社，2008.

22. 易开刚. 现代推销学[M]. 上海：上海财经大学出版社，2008.

23. 陈守则. 现代推销学[M]. 北京：机械工业出版社，2010.

24. 龚荒. 商务谈判与推销技巧[M]. 北京：清华大学出版社，2010.

25. 艾敏. 推销一点也不难：掌握成功推销的技巧[M]. 北京：中国宇航出版社，2008.

26. 冯华亚. 推销技巧与实战[M]. 北京：清华大学出版社，2010.

27. 张照禄. 谈判与推销技巧案例评析[M]. 成都：西南财经大学出版社，2009.

28. 谢和书. 推销实务与技巧：学习情境·案例分析·项目训练[M]. 北京：中国人民大学出版社，2010.

29. 张敬贤. 推销理论与技巧[M]. 北京：机械工业出版社，2005.

30. 彭先坤. 推销技巧[M]. 北京：北京理工大学出版社，2011.

31．董原．商务谈判与推销技巧[M]．广州：中山大学出版社，2009.

32．沃伦·H.施米特，等．谈判与冲突化解[M]．北京：中国人民大学出版社，2000.

33．付晓明．超级销售细节训练[M]．北京：北京科学技术出版社，2004.

34．邱少波．现代推销技能[M]．北京：立信会计出版社，2005.

35．刘敏兴．销售人员专业训练[M]．北京：中国社会科学出版社，2003.

36．李海琼．现代推销技术[M]．杭州：浙江大学出版社，2004.

37．张晓青，高红梅．推销实务[M]．大连：大连理工大学出版社，2007.

38．于雁翎．推销实务[M]．广州：广东高等教育出版社，2006.

39．刘敏兴．销售人员专业技能训练[M]．北京：中国社会科学出版社，2003.

40．杨子明．业务员销售技能培训金典[M]．北京：中国纺织出版社，2005.

41．漆浩．推销员特训教程[M]．北京：中国盲文出版社，2003.

42．李涤非．推销技术[M]．北京：中国劳动社会保障出版社，2008.

43．谢宗云．销售业务实务[M]．大连：东北财经大学出版社，2009.

44．艾敏，刘军．推销一点也不难[M]．北京：中国宇航出版社，2008.

45．熊银解．销售管理[M]．北京：高等教育出版社，2005.

46．肖军．推销理论与技巧[M]．长沙：湖南大学出版社，2005.

47．（英）托尼·克拉姆．关键客户——如何与最有价值的客户建立有活力的关系[M]．北京：中国人民大学出版社，2005.

48．（美）亚特·索布查克．销售人员电话沟通技巧[M]．刘艳霞，译．北京：电子工业出版社，2014.

49．王军旗．商务谈判——理论、技巧与案例[M]．北京：中国人民大学出版社，2014.

50．万融．商品学概论[M]．北京：中国人民大学出版社，2016.